# 아동관찰 및 행동연구

노명숙

창지사

# 머리말

본 저서는 지금까지 대학과 교육 및 보육 관련 일에 종사하는 예비교사가 배웠던 아동발달을 관찰 및 행동지도, 부모상담을 함께 연계하여 살펴보고 실제 보육현장에서 적용방안을 모색하고자 하였다.

본서는 총 4부로 구성하였다.

1부에서는 아동행동관찰로서, 아동행동관찰의 기초에 해당하는 관찰의 개념, 관찰의 방법, 관찰의 실제에 대해 기술하였다.

2부는 발달 지원 및 상담으로, 아동의 문제행동을 전반적인 발달 관점에서 이해하고, 상담할 수 있도록 하기 위해 아동발달의 개요, 아동의 발달, 아동발달의 문제, 문제행동 지도방법, 아동상담의 이론적 모텔을 5장에 걸쳐 제시하였다.

3부는 가정과의 협력으로서, 아동문제행동은 유아교육기관과 전문기관에서만 단독으로 해결할 문제가 아니라 근본적인 원인을 제거해야 하는데 그러기 위해서는 가정과의 긴밀한 협력이 필요하다. 이에 부모의 적극적인 부모참여 프로그램과 부모교육 및 부모상담에 대해 제시하여 영유아 보육기관과 상담기관과의 협력방안을 제시하였다.

4부는 상담윤리와 전문가 연계로서, 발달 지원 전문가와 전문기관 현황과 상담 윤리와 법적 조항을 제시하였다.

본서를 통해 아동발달상에 문제행동이나 부적응행동을 하는 아동을 관찰하고, 이해하여, 적절하게 발달을 지원할 수 있는 아동상담과 부모상담이 영유아 보육기관에서 활발히 전개되길 바란다.

본서가 출판되기까지 아낌없이 지원해주신 기관과 지인들에게 감사드린다.

2017년 11월

노 영 숙

# 차 례

PART I

# 아동행동관찰

1장. 관찰의 기초

2장. 관찰의 방법

3장. 관찰의 실제

CHAPTER 1

# 관찰의 기초

## 1. 관찰의 개념

### 1) 관찰의 정의

관찰(觀察)에 대한 사전적 정의는 '사물의 현상이나 동태 따위를 주의하여 잘 살펴봄'이다. 그러나 아동관찰은 우리나라 사전적 정의보다 영어 표현에 좀 더 가깝다. 관찰(observation)은 'the act of making and recording a measurement'로 '(살핀 후에) 측정치를 만들고 기록하는 행위'까지를 포함하는 것이다. 즉, 아동관찰은 아동의 행동 이해를 위해 정보를 수집하고 구체적인 방법으로 아동행동을 평가하여 기록하는 것을 의미한다.

아동관찰이란 연구자나 보육교사가 관심을 가지고 있는 대상이나 현상에 대한 정보를 얻고, 특정 상황에서 나타나는 아동의 행동 양상을 살펴보고 체계적으로 기록하는 것을 말한다. 아동관찰은 아동들이 실제로 하는 행동에 대한 정보를 얻는 데 있어 중요한 자료 수집방법이 되며, 언어발달단계 수준이 낮은 아동발달을 연구하는 데 유용한 방법이 된다.

## 2) 관찰의 목적

관찰의 목적은 아동의 발달 수준을 파악하여 아동의 현재 상황을 이해하고 바람직한 교육을 실현하고자 하는 것이다. 또한 아동의 개인차를 파악하여 의사표현을 잘 못하는 아동이 어떤 개인적 특성과 취향 및 선호도를 가지고 있는지를 파악하여 적절하게 도움을 줄 수 있다. 더불어 아동발달을 고려한 교사의 관찰일지는 학부모와 상담할 때 근거자료로 활용될 수 있다. 학부모들은 자녀의 발달에 대해 기록한 교사의 관찰일지를 통해 정보를 듣고, 자녀의 어린이집 생활을 알게 되며 가정에서의 양육에 어떻게 참고할 것인지 의논하게 된다.

교사는 부모 면담에서 얻은 아동발달 관련 정보와 더불어 교사의 직접적인 관찰을 토대로 교육내용 및 교수 실제에 적용할 수 있다. 어떤 아동은 특정 영역의 발달이 또래보다 낮은 수준이라면 발달을 촉진할 수 있는 방안을 함께 모색하고 관찰 결과 아동이 특별히 좋아하는 놀이나 장난감을 통해 활용할 수 있는 교수방법을 제시하여 문제를 해결해나갈 수 있다.

관찰은 교수 활동을 위한 기초자료로 활용된다.

첫째, 관찰을 통해 아동이 흥미를 느끼는 영역이 어떤 부분인지 살펴서 이를 기반으로 하는 교수 활동을 계획한다.

둘째, 아동의 언어 표현, 또래 관계, 행동 등을 관찰함으로써 발달 수준을 파악하고 이를 교육활동에 반영한다.

셋째, 관찰을 통해 아동의 강점뿐만 아니라 문제행동이나 약점을 파악하여 이를 지원할 수 있는 교육활동을 한다.

넷째, 관찰자료는 부모면담이나 상담에서 활용된다. 구체적인 관찰기록을 공유함으로써 부모에게 객관화된 자녀의 상황을 인식하도록 하여 부모-교사 간 아동발달 지원에 협력자가 된다.

## 2. 관찰의 필요성

영유아 및 아동은 여러 가지 발달적 특성으로 인해 관찰이 정보수집에 유용하게 활용된다. 영유아 및 아동은 아직 언어표현이 자연스럽지 못하기 때문에 목소리나 몸짓 등의 비언어적인 행동으로 하는 언어표현이 상호작용에서 중요하게 역할을 한다. 관찰은 이러한 비언어적 행동으로 표현하는 영유아 및 아동은 대상의 자료 수집을 위해 필요하다. 또한 장시간 주의집중할 수 없는 영유아 및 아동에게는 시간이 필요한 평가나 면접으로는 적절한 정보를 얻기 힘들기 때문에 관찰이 적절한 방법이다. 그리고 아동 대상으로 검사도구 등을 활용하여 접근하면 위축되고 불안감을 가지기 때문에 적절한 응답을 기대하기 어렵다.

많은 연구 분야에서 양적 연구와 더불어 질적 연구를 병행함으로써 보다 연구대상의 특성에 맞춤형의 정보를 얻고자 한다. 아동 특성에 맞는 새로운 연구 및 평가 방법에서 관찰이 활용되고 있다. 이를 통해 실험식 상황이나 검사 상황에서 얻을 수 없는 아동에 대한 자료 제공, 교육과정 계획, 교육적 개입 활동이 가능해졌다.

## 3. 관찰 주의방법

똑같은 현상에 대해서 바라보는 관점에 따라 다르게 보이는 것처럼, 관찰은 관찰자가 대상을 어떻게 바라보느냐에 따라 달라질 수 있다. 그러므로 관찰의 주체인 교사의 역할이 중요하다.

관찰자는 관찰 계획을 한다. 관찰 계획은 먼저 특정 대상을 관찰하기 위해 적절한 시간대를 정한다(예 등·하원 시간, 식사시간, 자유선택활동 시간 등). 또한 관찰을 통해 얻고자 하는 내용과 관련된 특정 상황이나 행동에 대해서도 계획을 세울 수 있다. 예를 들어, 관찰자가 또래 관계에 관한 정보를 얻고자 할 때 자유선택활동 시간을 정하여 관찰함으로써 보다 효과적인 관찰이 가능해진다.

**[그림 1-1]** 아동의 놀이행동 관찰

## 관찰의 기초의 토론주제

1. "관찰"에 대한 자신만의 정의를 내려보시오.

2. 보육현장에서 아동관찰은 어떤 의미가 있을지 생각해 보시오.

CHAPTER 2

# 관찰의 방법

## 1. 관찰의 분류

아동발달에 대한 정보를 얻기 위해서 관찰 방법뿐만 아니라 면접이나 설문지를 활용하기도 한다. 각 자료수집의 방법이 장점과 단점이 있으므로 파악하고자 하는 아동발달 문제의 특성에 따라 적절한 방법을 선택해야 한다. 여기서는 관찰, 면접과 질문지, 표준화 검사를 이용하는 방법을 살펴본다.

|표 2-1| 아동발달 연구 자료 수집 방법

| 구분 | | 개요 | 장점 | 단점 |
|---|---|---|---|---|
| 관찰 | 자연 관찰 | 아동의 일상 환경에서 관찰 | 일상 환경에서 자연스럽게 발생하는 유아의 행동 자료 수집 | 자연적인 발생 빈도가 낮은 행동에 대한 자료수집 한계, 개인적 공간에 접근 어려움 |
| | 구조화 관찰 | 실험적인 일상 환경에서 관찰 | 통제된 환경에서 연구 관심사인 행동을 적극적으로 유도 가능 | 아동이 실험실에서 나타낸 행동은 일상 환경에서의 행동과 차이가 있을 수 있음 |
| 면접 | 구조화 면접 | 형식적인 면접 리스트 있음 | 문해 능력 없는 대상으로부터도 쉽게 정보 수집 가능 | 응답자가 솔직한 정보를 제공하지 않을 수 있음 |
| | 비구조화 면접 | 면접 리스트 없이 질문 | 응답자의 사고나 태도 등에 대해 심도 있는 자료 수집 가능 | 응답 자료를 수량화하거나 체계적으로 비교하기 어려움 |
| 질문지 | | 설문지 배부 후 회수 | 자료수집 용이, 다양한 관심사에 대한 정보 수집 가능 | 응답자가 정확한 정보를 제공하지 못할 수 있음 |
| 표준화 검사 | | 표준화된 검사 도구 활용 | 같은 연령대의 다른 아동들의 수행력과 비교 용이 | 연구 관심사인 변인을 측정할 수 있는 검사의 종류 한정 |

출처: 문혁준 외(2014), 재수정.

관찰은 관찰방법, 관찰참여, 기록방법에 따라 분류할 수 있다. 관찰방법에 따라 자연관찰·통제관찰로, 참여 정도에 따라 참여관찰·비참여관찰로 나누고 기록방법에 따라 일화기록법, 표본기록법, 평정척도법, 행동목록법, 시간표집법 등으로 분류한다.

### 1) 관찰방법에 따른 분류

첫째, 자연관찰은 일상적인 활동을 하는 아동을 대상으로 자연스럽게 다양한 기법을 사용하여 자료를 수집하는 방법이다. 물론 관찰자는 아동을 빤히 쳐다본다거나 오랜 시간 관찰하면서 “내가 너를 지켜보고 있다.”라고 암시를 주고 있을 필요는 없다. 그래서 관찰자는 훈련이 필요하다. 또한 관찰자는 편견 없이 아동을 관찰해야 하는데, 때때로 싸움을 하는 아동을 관찰할 때, "이 친구는 문제아일 거야."라고 단정 짓고 관찰을 하면 관찰에 오류가 생기게 된다. 따라서 관찰 결과의 오류를 막기 위해서는 미리 아동을 지레짐작하여 추측하지 않도록 해야 한다. 따라서 자연관찰 시 주의할 점은 관찰할 목적을 명확히 정해야 하고, 관찰을 어떤 식으로 기록할지에 대해서도 정해야 한다.

둘째, 구조화된 관찰을 통제관찰이라고 하며, 관찰할 때 통제가 이루어지는 관찰방법이다. 자연관찰보다 구체적인 행동이나 반응을 관찰하기에 적합하다. 구조화된 관찰 시 주의점은 절차가 표준화되어 있어야 하고, 관찰자가 관찰대상자를 관찰하면서 기록을 점수화하는 방법에 대해 숙련되어 있어야 한다. 또한 윤리적인 측면을 고려하여 관찰에 접근해야 한다.

### 2) 관찰참여에 따른 분류

첫째, 참여관찰은 집단의 구성원으로서 역할을 하면서 관찰하는 방법으로 관찰자가 아동과 생활하면서 친숙해지고 신뢰감을 얻으면서 함께 있는 것이다. 그러나 관찰자는 특정 대상자에게 편견을 갖지 않은 상태에서 투입되어야 하고, 관찰대상자에게 미리 어떤 기대를 하거나 특정하게 방향점을 제시하여서는 안 된다. 참여관찰을 하면서 아동들이 하는 말과 행동을 좀 더 귀 기울여서 듣고 내면의 소리에 다가갈 수 있도록 해야 한다. 다만 참여관찰은 다소 오랜 시간이 소요되기 때문에 이를 먼저 인식하여야 한다.

둘째, 비참여관찰은 관찰자가 관찰 현장에 직접 참여하지 않고 관찰만 하는 방법이다. 캠코더나 일방경을 활용하여 관찰할 수 있는데, 이 경우에는 관찰대상자들이 관찰자를 신경 쓰지 않기 때문에 보다 면밀하게 관찰할 수 있다.

### 3) 관찰기록방법에 따른 분류

첫째, 일화기록법은 아동의 어떤 행동이나 특정한 상황에 초점을 두고 관찰하면서, 서술하듯이 사실적으로 사건을 기록하는 방법이다. 예를 들면, "영희는 미술시간을 좋아한다."의 형식으로 기록하는 것이 아니라, "영희는 미술시간에 40분 동안 책상 위에 있는 사과를 그렸다."의 형식으로 기록하여야 한다.

둘째, 표본기록법은 관찰대상이 한 말과 행동을 자세하게 적고 순서대로 적으면서 미리 정해놓은 시간의 활동이 끝날 때까지 관찰대상이 한 말과 행동을 자세하고 객관적으로 적는 관찰방법이다. 관찰하는 대상에 대한 많은 정보를 얻을 수 있으며 관찰대상의 행동과 사건을 통해 사건의 전후 관계를 파악하여 문제행동을 파악할 수 있어서 도움을 줄 수 있는 장점을 가지고 있다. 그러나 관찰하는 데 있어서 연속적인 행동을 관찰하고 자세하게 기록하여야 하며 관찰대상자를 가장 자세하고 완전하게 표현해야 하므로 시간이 오래 걸린다. 또한 모든 행동을 다 기록하는 데는 한계가 있다는 단점이 있다.

셋째, 평정척도법은 관찰대상자를 관찰하여 행동의 질적인 차이를 점수화하는 등급별 구분으로 표시하는 방법이다. 유치원이나 어린이집에서 교사가 가장 많이 사용하는 방법이다. 어떤 행동을 하고 있는지 뿐만 아니라 질적인 특성의 차이를 판단할 수 있으며 유아발달의 전반적 측면을 관찰하고 평가할 수 있고, 쉽게 만들 수 있고 사용이 편하다는 장점이 있다. 그러나 이를 평정하는 판단의 오류가 있을 수 있으며, 행동의 수준만 기록되어 있어서 관찰대상자의 행동이 무엇 때문에 이루어졌는지 원인을 알 수 없다는 단점이 있다.

넷째, 행동목록법은 어느 한 시점에서 어떤 행동을 왜 하는지 출현 여부에 관심을 두고 기록하는 방법이다. 그래서 유아의 특정한 어떤 행동에 대해서 계속 빠르고 효율적으로 기록된다는 장점을 가지고 있다. 각 행동들이 나타날 때마다 관찰하여 체크하면 되기 때문에 빠른 시간 안에 정보를 얻을 수 있게 된다. 그러나 그러한 행동이 왜 일어났는지 원인을 알 수 없고 얼마 동안 그 행동이 지속되었는지 알 수 없다는 단점이 있다.

다섯째, 시간표집법은 특정한 행동을 특정한 시점에서 관찰하는 방법으로 일정한 시간 간격을 두고 관찰하여 기록하는 방법이다. 미리 선정된 행동을 여러 회에 걸쳐 관찰하면서 행동을 표집하는 것으로 예를 들어, 비교적 자주 일어나는 대표적 행동을 표집하는 것이다. 그래서 특정한 행동이 얼마나 발생했고 비교적 짧은 시간 동안 행동을 표집할 수 있다는 장점이 있으나 행동의 원인까지는 알 수 없고 서술적인 관찰기록이 아니기 때문에 유아에 대한 정보를 풍부하게 얻을 수 없다는 단점이 있다.

## 2. 면접과 질문지

유아발달 연구에서 자료를 수집할 때 흔히 사용되는 면접방식과 질문방식에 대해 살펴보면 다음과 같다. 먼저 구조화 면접 방식은 응답자에게 구두로 표준화되어 있는 질문을 하고, 그 응답을 기록하는 것이다. 다시 말해 구조화 면접에서는 각 연구 대상에게 동일한 내용에 대한 설문지가 작성되고, 그에 따라 면접이 진행된다. 이 방식은 응답 자료를 점수화하기 용이하고, 응답자 간 점수를 비교할 수 있다(문혁준·김정민·김태은·이진숙·이희선, 2014).

비구조화 면접은 보다 융통성 있고, 개방된 형식의 자료수집방법이다. 이를 통해 응답자의 사고와 관점 등에 대해 심층적인 자료가 나올 수 있다. 하지만 응답자의 답변은 질문에 따라 달라지므로 동일한 질문을 하기 어렵고 답변을 체계적으로 비교하기 어렵다.

질문지방식은 구조화된 질문을 서면 형식으로 제공하고 응답자에게 직접 답변을 표시하도록 하여 자료를 수집하는 것이다. 질문지를 사용하면 많은 정보를 상대적으로 빠르게 수집하며, 수집된 자료를 쉽게 수량화하여 분석할 수 있지만 면접이나 질문지 방식과 같이 응답자의 답변을 바탕으로 자료를 수집하기 때문에 정보의 정확성 여부는 한계가 있다.

## 3. 표준화 검사

표준화 검사는 동일 연령대 유아들의 점수 분포를 바탕으로 유아 개인의 점수를 해석한다. 예를 들어, 표준화 지능검사에서 지능은 평균이 100이고 표준편차가 10인 정규분포를 나타낸다. 따라서 어떤 아동이 지능검사에서 100점을 맞으면 이 아동의 지능은 평균 수준이라고 해석할 수 있다. 이처럼 표준화 검사는 개인의 발달을 평가할 수 있고, 상대적인 비교가 가능하다는 강점이 있으나 검사를 개발하고 규준을 만들기까지 시간과 비용이 소요되는 단점이 있다.

이렇듯 표준화 검사는 각 영역의 수행력을 평가하기 위해 표준화 과정을 거쳐 개발된 검사이다. 표준화 검사를 실시하면 개인의 수행력을 다른 사람들의 수행력과 비교할 수 있다. 유아를 대상으로 한 표준화 검사는 3~7세 유아의 지능을 측정하기 위한 한국 유아용 웩슬러 지능검사(Korean Wechsler Preschool and Primary Scale of Intelligence, K-WPPSI), 2~12세 사이 유아와 아동의 지능을 측정하기 위한 한국판 K-ABC(Korean version of the Kaufma Assessment Battery for Children), 생후 2주에서 만 6세 사이 아동의 발달 상태를 측정하기 위한 한국판 Denver 발달선별검사 Ⅱ, 만 4~6세를 대상으로 학습과 관련된 기본 능력을 측정하기 위한 유아용 종합학습능력 진단검사 등이 있다.

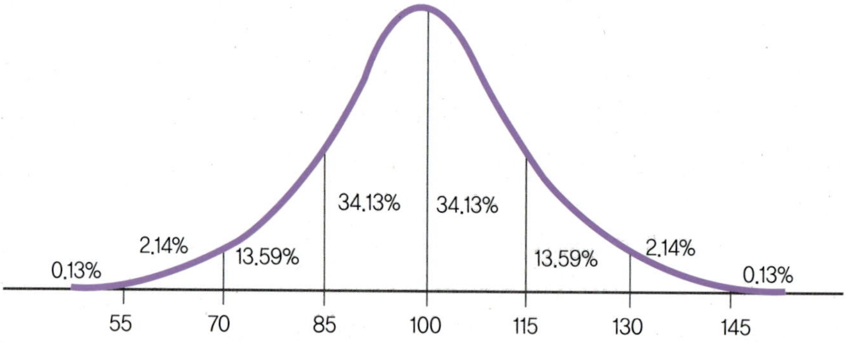


**[그림 2-1]** 지능의 정규 분포곡선

## 관찰의 방법의 토론주제

1. 아동발달 연구 자료 수집 방법에 대해 생각해 보시오.

2. 아동이나 부모 대상으로 "질문지법"을 통해 아동행동 설문지를 작성해 보시오.

CHAPTER 3

# 관찰의 실제

관찰은 일어난 사건을 이야기식으로 기록하는 서술식 기록(표본기록법, 일화기록법 등)과 미리 계획한 범주나 부호 체계를 이용하는 표기식 기록(행동목록법, 평정척도법, 시간표집법 등)이 있다.

## 1. 표본기록법

표본기록(specimen description)은 지속적인 관찰방법으로서, 관찰대상, 상황, 시간을 미리 정해놓고, 그 상황에서의 아동의 행동과 표현 등을 자세하게 기록하는 관찰방식이다. 즉, 관찰자는 대상, 시간(10~30분), 장면을 미리 결정하고 그 계획한 상황에서 일어나는 모든 행동이나 언어표현(비언어 포함) 등을 기록한다. 관찰자의 관심 영역 위주의 선택적 기록이 아니라 순서적으로 일어난 모든 일을 구체적인 묘사와 함께 객관적으로 기록하여야 한다. 참여 대상의 아동뿐만 아니라 상호작용이 이뤄지는 모든 사람의 행동과 언어를 기록한다. 대화의 경우 따옴표(" ")를 이용하여 기록한다.

표본기록법은 많은 원자료를 수집하여 시간이 흐름에 따라 정보의 양을 축적하여, 이후 관찰자 또는 다른 연구자가 평가, 또는 분석할 수 있게 하는 특성이 있다.

표본기록법의 장점은 모든 장면을 자세하고 객관적으로 기록하므로 아동에 대한 많은 정보를 얻을 수 있고, 공유할 수 있다는 것이다. 또한 필기도구 정도만 준비하면 되므로 간편하게 기록할 수 있는 장점이 있다. 그러나 기록하는 데 많은 시간이 걸리며, 한 번에 한 명밖에 기록하지 못한다는 단점이 있다.

표본기록법을 사용할 때의 주의할 점은 다음과 같다(이정환·박은혜, 1995).

① 시간은 10~30분 정도로 한다.
② 날짜, 시간, 관찰아동, 관찰자, 장소, 상황 등 일반적인 정보를 기록한다.
③ 지정된 상황에서 일어나는 아동의 행동이나 태도 등을 객관적으로 모두 기록한다.
④ 사건이 일어난 순서대로 기록하며, 시간대를 표시하고, 소요시간도 기록한다.
⑤ 상황이 일어나고 있는 현장에서의 기록으로 현재형으로 적고, 대화도 큰따옴표 " "를 이용하여 직접화법으로 적는다.

관찰자는 다음과 같은 양식을 참고하여 아동관찰을 하고, 요약과 추론을 하며, 이를 토대로 교수계획 및 제언을 기술할 수 있어야 한다.

|표 3-1| 표본기록법의 관찰 사례

<table>
<tr><th colspan="4">표본기록법(사례)</th></tr>
<tr><td colspan="2">관찰대상: ○○○</td><td>생년월일:</td><td>관찰일 현재연령:</td></tr>
<tr><td colspan="2">관찰자: ○○○</td><td>성별(남, 여):</td><td>관찰시간: 오전 11시 35~11시 40분</td></tr>
<tr><td colspan="3">관찰장면: 이야기 나누기 시간</td><td>관찰일자:</td></tr>
<tr><th>시간</th><th colspan="3">기록</th></tr>
<tr><td>11:35<br>11:38<br>11:40</td><td colspan="3"></td></tr>
<tr><td>요약</td><td colspan="3">• 정서발달–싫은 감정 표현이 서툴다.<br>• 인지발달–분류의 개념을 안다<br>• 사회성발달–친구들과 상호작용을 한다.</td></tr>
<tr><td>추론</td><td colspan="3">• 다른 친구가 끼어들어 ○○가 줄지어 늘어놓은 블록을 가지고 다른 형태를 만들 때 어떤 싫은 표현이나 화를 내지 않았다. 이는 ○○가 감정표현발달이 느린 것 같다.<br>• ○○가 비슷한 모양의 블록만을 꺼내서 길게 늘어놓는 것으로 보아 모양과 형태에 대한 분류 개념을 알고 있는 것 같다.<br>• 다른 친구와 함께 블록 늘어놓기를 하였다.</td></tr>
<tr><td>교수계획</td><td colspan="3">• 친구가 갑자기 끼어들었을 때 적절한 감정 표현을 할 수 있도록 지도한다.</td></tr>
<tr><td colspan="4">* 발달 영역(인지, 언어, 정서, 신체, 사회성) 및 누리과정별 영역(신체운동·건강, 의사소통, 사회관계, 예술경험, 자연탐구)과 관련하여 요약함</td></tr>
</table>

## 2. 일화기록법

일화기록(anecdotal records)은 아동이 보여주는 행동, 표현, 사건 등을 사실적으로 요약하여 간략하게 기록한다. 즉, 일화기록법은 직접적으로 관찰된 사건을 간결하게 요약한 것으로 사건(에피소드) 발생 후에 상세하게 기록하는 것이다. 교사는 중요한 사건에 대한 단서 위주로 짧은 단어(예 ○○, 미술, 빵 반죽, 주무르기, 호기심)를 기록하여 두고, 일과 후에 기록한 단어를 중심으로 문장을 의미 있게 완성(○○가 미술활동에서 여러 가지 반죽 주무르기를 했는데 빵 반죽이 손가락 사이로 비집고 올라오는 것을 보고 계속 반복하면서 웃었다)하여 기록하고, 해당 아동 관련 자료에 보관한다. 일화기록법은 중요한 단어나 짧은 문장 등으로 주로 사건 발생 이후에 기록하는 것으로서 짧은 시간 내에 있었던 일에 대해 간단명료하게 기록하기 때문에 기록지나 반구조화된 양식 등을 필요로 하지 않는다.

관찰자는 육하원칙을 적용한 신문기사처럼 사실적으로 언제, 어디서, 어떻게 무슨 일이 일어났으며, 아동은 어떤 행동과 표현을 했는지를 기록한다. 먼저 전체적인 상황에 대한 내용을 기술하고, 그 다음에는 하위 행동을 쓰고, 사건의 진행상황을 객관적으로 기술하는 것이다.

이러한 일화기록은 관찰을 통해 아동의 성장 발달에 의미 있는 자료가 되고, 교수활동 계획에 기여한다. 일화기록은 아동의 특성을 이해하기 위해 해당 아동이 보이는 구체적 행동이나 사건을 기록하는 것으로 많은 어린이집 현장에서 유용하게 활용한다. 관찰과 기록이 특정한 시간에 얽매이지 않으며 기록할 가치가 있는 경우에는 특별한 상황설정 없이도 일화기록이 가능하기 때문이다.

일화기록법의 장점으로는 특별한 계획이나 시간, 상황 등을 요구하지 않기 때문에 쉽게 사용할 수 있다는 것이다. 또한 간략하게 기록되므로 표본기록처럼 많은 시간을 요구하지 않는다. 하지만 행동을 표집하는 데 있어서 관찰자의 편견이나 선입견이 작용하기 쉬우며, 즉석에서 기록하지 못하고, 시간이 경과된 후에 기록하는 경우에 기억의 오류가 생길 수 있는 단점이 있다. 또한 주변 상황에 대한 충분한 기록이 없고, 아동행동의 일부만이 기록되기 때문에 이후 평가나 분석할 때 오류를 범하기 쉬운 점도 한계이다.

일화기록을 사용할 때의 주의할 점은 다음과 같다.

① 사건을 관찰한 후 가능한 한 빠른 시간 내에 기록한다.
② 아동의 한 가지 행동에 초점을 맞춘다.
③ 아동의 언어표현은 인용부호를 사용하여 그대로 기록한다.
④ 사실적 상황을 객관적으로 기록한다.

|표 3-2| 일화기록법의 관찰 양식

| 일화기록의 양식 | |
|---|---|
| 관찰대상: | 요일: |
| 관찰자: | 관찰시간: |
| 관찰장소: | |
| 사건: | |
| 해석: | |
| 관찰결과에 따른 제언: | |

## 3. 시간표집법

특정한 행동을 특정한 시점에서 관찰하는 방법으로 일정한 시간 간격을 두고 관찰하여 기록하는 방법이다. 즉, 시간표집(time sampling)은 시간을 정해서 관찰하는 방법으로 아동의 특정 행동이 일정 시간 동안에 얼마나 자주 일어나는지를 측정하는 관찰방식이다. 빈도를 알아보는 것이기 때문에 시간표집은 빈도 표집이라고도 한다. 사간표집은 비교적 짧은 시간 동안 시간 간격을 두고 측정하기 때문에 개인뿐만 아니라 집단도 관찰 대상이 된다. 미리 선정된 행동을 여러 회에 걸쳐 관찰하면서 행동을 표집하는 것으로 비교적 자주 일어나는 대표적 행동을 표집하는 것이다. 그래서 시간표집에서는 특정한 행동이나 사건이 일어난 빈도를 부호화하여 기록하기 때문에 비교적 짧은 시간에 정보를 얻는 등 시간과 노력을 절약할 수 있다. 또한 행동이나 사건에 대한 정의가 분명하고, 빈도로 측정하기 때문에 수량화하여 통계적 분석이 가능하며 신뢰도와 타당도가 높다. 하지만 시간표집은 대상 행동이나 사건이 자주 일어나는 것이어야 표집이 가능하므로, 적어도 15분마다 한 번 이상 나타나는 행동에만 사용할 수 있다는 한계가 있다. 또한 양적 관찰이기 때문에 그 행동이 일어나는 원인이나 기초정보를 파악하는 등 질적인 결과 도출이 힘들다. 그리고 시각적 관찰에 의존하므로 내면적 감정이나 사고 등은 관찰하기 힘들기 때문에 아동에 대한 정보를 풍부하게 얻을 수 없다는 단점이 있다.

시간표집 방법은 다음과 같다.

첫째, 관찰하고자 하는 특정 행동에 대해 구체적으로 정의한다.

둘째, 관찰시간과 간격을 정확하게 지켜야 한다.

셋째, 특정 행동을 측정하기 위한 관찰용지가 필요하고, 빈도수를 표기하는 방식도 사전에 정해야 한다.

|표 3-3| 시간표집법 양식

**시간표집 관찰지**

관찰아동: 생년월일: 년 월 일 (남, 여)

관 찰 일: 관 찰 일: 년 월 일

관찰상황: 관찰장소:

관찰시간: 시 분부터 시 분까지( 분간)

관찰간격:

| 관찰 행동(구체적 행동) | 관찰 회수(30초 혹은 1분 간격) | | | |
|---|---|---|---|---|
| | 1회 | 2회 | 3회 | .... |
| | | | | |
| | | | | |
| | | | | |
| | | | | |
| | | | | |
| | | | | |

## 4. 사건표집법

사건표집(event sampling)은 아동의 특정행동이나 사건을 표집하는 관찰 방식이다. 사건표집은 사건이라 할 수 있는 행동을 기록하는 것으로서, 행동의 빈도 · 심각성· 지속성 등에 대한 정보를 얻게 된다. 예를 들어, 아동의 또래 관계 친밀 행동을 관찰하려는 사건표집에서는 또래 관계 친밀 상황, 또래 관계 친밀 유형, 또래 관계 친밀 대상의 특징, 또래 관계 친밀행동 시 대화, 또래 관계 친밀행동 지속시간, 친밀행동 빈도 등에 대해서 기록한다.

시간표집과 달리 시간적 제약이 없이 사건이나 행동이 나타날 때마다 관찰하고 기록하며 대부분 개별 유아를 대상으로 한다. 또한 시간표집처럼 아동의 특정 행동이나 사건을 기록하기 위하여 부호화할 수 있다. 그러므로 충분한 관찰로 인해 아동의 특정 행동과 원인을 귀결짓는 데 유용하다는 장점이 있다. 하지만, 관찰자의 주관적 견해를 배제하기 어렵다는 단점이 있다.

사건표집 시 방법은 다음과 같다. 첫째, 관찰하려는 특정 행동이나 사건을 구체적으로 목록화한다. 둘째, 관찰장소와 시간을 정한다. 셋째, 구체적으로 목록화한 아동행동을 측정하기 위한 기록지를 만든다.

### 1) 서술식 사건표집

사건표집은 크게 서술식 사건표집과 빈도 사건표집으로 나눌 수 있다. 서술식 사건표집(narrative event sampling)은 아동의 특정 행동이 나타나게 된 배경과 원인을 밝히는 데 유용한 표집 방식이다. 행동(behavior)이 발생하는 원칙에 의거하기 때문에 ABC 서술식 사건표집이라고도 한다. 즉, 행동이 일어나기 전의 촉발사건(Accident Event, A), 관찰 대상인 행동이나 사건(Behavior, B), 행동으로 인한 결과(Consequence, C)를 순서대로 기록하는 방식이다.

서술식 사건표집은 행동이나 사건이 일어난 전후의 상황이 기록되므로 문제행동의 원인을 알아내는 데 유용하며, 시간표집과는 달리 빈번한 빈도로 나타나지 않는 행동도 관찰 가능하다. 그리고 서술식 사건표집은 아동 개인에 대한 질적 정보를 제공해준다. 하지만 서술식 사건표집은 관찰 기록자의 주관적 견해나 편견이 생기기 쉽고, 수량화하기 어려우며, 관찰시간이 예측하기 어려운 점이 있다.

|표 3-4| 서술식 사건표집의 관찰지 양식

서술식 사건표집 관찰지

관찰아동: 　　　　　　생년월일: 　년　월　일 (남, 여)

관 찰 일: 　　　　　　관 찰 일: 　년　월　일(　시　분)

관찰상황: 　　　　　　관찰장소:

| 관찰행동 | 촉발사건 | 사건 | 사건 이후 |
|---|---|---|---|
| | | | |

## 2) 빈도사건 표집

빈도 사건표집(frequency event sampling)은 관찰하고자 하는 특정 행동의 목록을 정하고, 그 행동이 일어날 때마다 기록하는 관찰방식이다. 서술식 사건표집이 질적인 정보를 제공한다면 빈도 사건표집은 양적인 정보를 제공해준다.

빈도 사건표집은 행동이 나타날 때마다 기록하는 방식으로, 관찰하고자 하는 행동을 구체적으로 정해놓은 관찰지 양식이 제공된다면, 별다른 시간이나 노력 없이도 손쉽게 사용할 수 있어 편리하다. 또한 수량화로 인하여 통계분석이 가능하여 신뢰도가 높다는 강점을 가지고 있다. 반면에 빈도 사건표집은 행동을 불러일으키는 원인과 배경에 대해서 알아내기가 힘든 단점이 있으며 아동 개인의 질적인 정보를 제공할 수 없다.

|표 3-5| 빈도 사건표집의 관찰지 양식

빈도 사건표집 관찰지

관찰아동: 생년월일: 년 월 일 (남, 여)

관 찰 일: 관 찰 일: 년 월 일

관찰상황: 관찰장소:

| 관찰행동 | 출현시간/지속시간 | 행동빈도 |
|---|---|---|
| | | |
| | | |
| | | |
| | | |
| | | |
| | | |
| | | |

※ 기타 :

## 5. 평정척도법

관찰대상자를 관찰하여 행동의 질적인 차이를 점수화하는 등급별 구분으로 표시하는 방법이다. 즉, 평정척도법(rating scale)은 아동행동이나 발달 정도를 수량적으로 점수화하여 표시하는 관찰방식이다. 평정척도는 평정(rate)이라는 용어와 척도(scale)라는 용어가 합성된 것으로 평정이란 어떤 대상이 되는 것의 정도나 가치를 가늠하는 것이며, 척도란 점수화하는 것을 말한다.

일반적으로 행동목록이 행동의 유무를 확인하는 관찰방식이라면, 평정척도는 이를 수량화하여 세분화시키기 때문에 분석이나 해석할 때보다 자세한 정보를 구할 수 있다.

평정척도는 주로 3단계, 5단계, 7단계 등을 많이 사용하나 관찰행동의 특성에 따라 변화가 가능하다.

평정척도는 시간이나 노력이 비교적 적게 요구되기 때문에 사용하기가 용이하며, 많은 인원을 대상으로 할 수 있다. 또한 양적인 분석뿐만 아니라, 평정척도의 세분화를 통해 어느 정도는 질적인 면도 살펴볼 수 있다. 그래서 유치원이나 어린이집에서 교사가 주로 많이 사용하는 방법이다. 어떤 행동을 하고 있는지 뿐만 아니라 질적인 특성의 차이를 판단하는지도 판단할 수 있으며 유아발달의 전반적 측면을 관찰하고 평가할 수 있고, 쉽게 만들 수 있고 사용이 편하다는 장점이 있다. 하지만 행동특성을 타당도 높게 표현할 수 있는 항목 개발이 쉽지 않고, 평정하는 관찰자의 평정 판단 오류로 인해 주관적 판단으로 이어질 수 있는 단점이 있고, 행동의 수준만 기록되어 있어서 관찰대상자의 행동이 무엇 때문에 이루어졌는지 원인을 알 수 없다는 한계가 있다.

일반적으로 평정척도는 기술 평정척도, 숫자 평정척도, 도식 평정척도로 나눌 수 있다.

첫째, 기술 평정척도(descriptive rating scale)는 간단한 어귀나 문장을 사용하여 평정의 단계를 나누는 방식이다. 예를 들면, '현재 자녀가 재원하는 어린이집의 급식에 만족하십니까?'라는 질문을 5단계로 평정하여 i) 매우 불만족스럽다 ii) 약간 불만족스럽다 iii) 그저 그렇다 iv) 대체로 만족스럽다 v) 아주 만족스럽다는 식으로 단계를 간단한 문장으로 기술하여 평정하게 한다.

둘째, 숫자 평정척도(numerical rating scale)는 위의 기술 평정척도에 단계별로 숫자를 부여하여 수량화하거나 행동 정도를 점수화하는 것을 말한다. 예를 들면, '어린이집 식단에서 음식의 간(소금농도)은 어떠합니까?'라는 질문 항목에 대해 1점부터 5점을 부여하여 숫자로 응답하게 하는 것이 숫자 평정척도이다.

셋째, 도식 평정척도(graphic rating scale)는 관찰자의 판단을 돕기 위해 기술적인 유목에 어떤 선을 첨가한 형태를 말한다. 도식이나 그림으로 나타내는 방법으로 수직선, 수평선, 음영 등을 사용하여 시각적으로 표현한다.

### |표 3-6| 평정척도 양식

## 유아 문제 행동 질문지

아동: 연령 및 성별: 세(남, 여)

기록자: 일시:

※기술평정척도

| 문항 | 전혀 아니다 | 아닌 편이다 | 보통 이다 | 약간 그렇다 | 매우 그렇다 |
|---|---|---|---|---|---|
| 1. 특별히 좋은 일이 없으면 행복해보이지 않는다. | | | | | |
| 2. 매사에 흥미가 없고, 귀찮아한다. | | | | | |
| 3. 자신감 없는 행동이나 표현을 한다. | | | | | |
| 4. 사소한 일에 짜증을 부린다. | | | | | |

※ 숫자평정척도

| 문항 | 전혀 아니다 | 아닌 편이다 | 보통 이다 | 약간 그렇다 | 매우 그렇다 |
|---|---|---|---|---|---|
| 5. 이유없이 또는 아주 사소한 일에 운다. | 1 | 2 | 3 | 4 | 5 |

※ 도식평정척도

6. 놀이나 과제 수행 시에 주의집중은 어느 정도합니까?

집중이 낮다 보통이다 집중력이 높다

1 2 3 4 5 6 7 8 9 10

## 6. 행동목록법

어느 한 시점에서 어떤 행동을 왜 하는지 출현 여부에 관심을 두고 기록하는 방법이다. 즉, 행동목록은 관찰하려는 특정 행동을 미리 선정하고, 그 행동 출현의 유무에 초점을 두고 체크하기 때문에 체크리스트(checklist)라고도 한다. 발달 수준이나 성취 수준 유무를 측정하거나 문제행동 출현 유무 등을 측정하는 데 사용된다.

그래서 유아의 특정한 어떤 행동에 대해서 계속 빠르고 효율적으로 기록된다는 장점을 가지고 있다. 각 행동들이 나타나는지를 관찰하여 체크하면 되기 때문에 빠른 시간 안에 정보를 얻을 수 있게 된다. 또한 행동목록은 행동 출현의 유무만을 측정하므로 기록방법이 쉽고, 양적 측정이기 때문에 통계분석이 용이하다. 또한 기간을 두고 반복 체크할 수 있으므로 아동의 발달 정도를 확인할 수 있으며, 부족한 부분에 대해 인식하고 보완할 수 있다는 강점이 있다. 그러나 그러한 행동이 왜 일어났는지 원인을 알 수 없으며 얼마 동안 그 행동이 지속되었는지 알 수 없는 등 질적인 부분을 살펴볼 수 없다는 한계가 있다.

|표 3-7| 행동목록 질문지 양식

## 언어발달 질문지

관찰아동: 생년월일: 년 월 일 (남, 여)
관 찰 일: 관 찰 일: 년 월 일
관찰상황: 관찰장소:

※ 다음은 아동의 언어발달에 관한 내용입니다. 각 문항을 읽고, 발달 여부를 체크하여 주십시오.

| 언어발달 | 행동목록 | 그렇다 | 아니다 |
|---|---|---|---|
| 말하기 | 질문을 하고 다른 사람의 질문에 대답한다. | | |
| | 자신의 말로 사실을 말하고 이해한다. | | |
| | 문제를 해결하기 위한 언어를 사용한다. | | |
| | 다양한 구어활동에 참여한다. | | |
| | 시청각매체를 활용하여 말소리를 녹음한다. | | |
| | 주의깊게 남의 말을 이해하고 생각을 나눈다. | | |
| | 의견을 말한다. | | |
| 듣기 | 메시지를 이해한다. | | |
| | 적절한 피드백을 제공한다. | | |
| | 말하는 사람과 메시지에 주의를 기울인다. | | |
| | 말하는 사람의 의사표현을 존중한다. | | |
| | 듣기의 목적을 이해한다. | | |
| | 메시지를 평가한다. | | |
| | 의미가 명확하지 않을 때 질문한다. | | |
| 쓰기 | 다양한 형태로 쓴다. | | |
| | 다양한 쓰기도구를 활용한다. | | |
| | 주제를 선택하여 자신의 생각을 쓴다. | | |
| | 구어와 문어를 구분하고 표현한다. | | |
| | 더욱 확장된 쓰기기술을 획득한다. | | |
| | 작문이 가능하다. | | |
| 읽기 | 다양한 문학경험을 주는 장르의 글을 읽는다. | | |
| | 자기가 지은 글을 읽는다. | | |
| | 더욱 확장된 읽기 기술을 획득한다. | | |

## 관찰의 실제의 토론주제

1. 일화기록법을 활용하여 주변의 아동의 행동을 관찰 · 기록해 보시오.

2. 평정척도법을 활용하여 척도를 하나 구성해 보시오..

PART II

# 발달 지원 및 상담

4장. 아동발달의 개요

5장. 아동의 발달

6장. 아동발달의 문제

7장. 문제행동 지도방법

8장. 아동상담의 이론적 모델

CHAPTER

4

# 아동발달의 개요

아동의 문제를 어떤 관점에서 보느냐에 따라 다양한 해석이 가능하다. 그러기 때문에 실제로 문제가 있다고 호소하는 아동의 행동이나 정서상태가 발달과정에서 나타나는 지극히 정상적인 행동이나 정서인 경우가 있으며, 단순히 문화적 차이에서 오는 견해차거나 양육자의 잘못된 양육방식이나 가치관에서 비롯된 경우도 있다(김윤옥·황선희, 2006). 그러므로 아동의 문제행동을 정확하게 판단하기에 앞서서 아동발달에 대한 전반적인 이해가 있어야 한다. 이러한 아동의 발달 전 과정에 대한 통찰적 관점을 통해 정확한 지도나 상담이 이루어질 수 있다.

예를 들면, 4살 된 아동이 어느 날 잠을 쉽게 못자고 무섭다고 하면서 울기도 하고 두려워하는 사례가 있다. 이런 경우 부모는 어린이집이나 유치원에서 무슨 일이 있었나 걱정하며 보육교사나 유치원 교사에게 질문하는 경우도 있다. 물론 실제로 불안을 일으킬 만한 사건으로 인해 수면에 어려움을 호소할 수도 있다 그렇지만 아동의 경우 책이나 다른 매체에서 경험한 것으로 인해 생긴 상상과 실제를 구분하지 못하여 무서워하는 경우도 있다. 이러한 아동의 상상과 실제 구별하지 못하는 발달단계 특성에 대해 숙지하고 있는 보육교사나 유치원교사는 이에 대해 전문적인 답변을 할 수 있을 것이다. 즉 일반적인 발달에 비추어 보았을 때 이 4세 아동은 특별한 문제행동이 아닐 수도 있는 것이다. 그러나 잘못된 방법으로 접근하여 이 아동에 대해 부적응행동을 보이는 것으로 간주되어 필요 이상으로 상담이나 치료를 받으면서 스트레스를 받게 할 수도 있다.

또 다른 예로 3세 아동이 내성적이고 차분한 성격인데 간혹 화를 내면 폭발적으로 물건을 집어던지면서 주체하지 못하는 공격성을 보인다. 그런데 부모는 “때가 되면 나아지겠지요.” 하며 안일한 태도로 상담받는 것을 주저하기도 한다. 어쩌면 이 아동은 과잉행동이나 정서불안의 문제를 가지고 있을 수 있다. 평상시에 차분한 성격이니 단 한 번 화낼 때만 참고 인내하도록 가르치라는 것은 아이에게 잘못된 방법으로 그 행동을 증폭하고 있는 것이다. 더불어 부모상담도 이뤄질 필요가 있는데, 이는 아이의 행동은 부모의 영향에 의해 좌우되는 경우가 많기 때문이다. 따라서 상담자는 아이와 함께 부모도 상담에 참여시켜서 부모가 현재 가지고 있는 양육태도에 대해 알아보고 차츰 조절해 나갈 필요가 있다.

이처럼 아동의 어떤 행동을 아이의 전반적인 정보를 고려해서 판단해야 한다. 단순히 한 가지 측면만 보고 문제행동으로 보아서는 안 될 것이다. 이는 어떤 관점으로 바라보느냐에 따라서 아동을 바라보는 시각이 변화할 수 있기 때문이다.

발달(development)이란 일생에 걸쳐 일어나는 체계적인 변화로서, 인간이 수정되는 순간부터 죽을 때까지의 연령이 증가함에 따라 일어나는 신체적·심리적·사회적인 변화와 성장을 의미한다. 즉, 발달은 몸무게나 키와 같은 양적인 변화와 새로운 행동양식의 출현·소멸 및 언어표현 변화와 같은 질적인 변화를 포함한다.

예전에는 발달을 정적(+, plus, 플러스)인 발달에만 초점을 맞춘 협의의 의미로 사용되었었다. 그러나 최근에는 노년기에 나타나는 노화와 관련된 부정적(−, minus, 마이너스) 변화까지 포괄하는 전 생애적 관점에서 접근하고 있다.

인간이 자라면서 보이는 시기적 특성에 따라 발달의 단계를 구분한다. 일반적으로 생의 초기 발달은 신생아기(출생~생후 1개월), 영아기(생후 2~18개월), 걸음마기(생후 19~36개월), 유아기(만 3~5세), 아동기(만 6~12세 이하)로 구분한다.

또한 「영유아보육법」에서는 영아기(출생~만 3세 미만), 유아기(만 3~5세), 학동기(만 6~8세)로 발달단계를 구분하고 있다.

발달은 성장과 성숙, 학습의 개념과 관련이 있다. 성장(growth)은 경험이나 환경적 조건에 영향을 크게 받지 않는 양적인 변화에 초점을 둔 발달 개념이다. 예를 들어, 키나 몸무게의 변화를 성장 발달이라고 할 수 있다. 성숙(maturation)은 유전적 요인에 의한 발달 변화로서 생물학적 과정이 주를 이룬다. 예를 들어, 사춘기에 나타나는 성(性)의 2차 성징 발달이 해당된다. 학습(learning)은 직접 경험이나 간접 경험을 통한 훈련이나 연습으로 인해 나타나는 발달적 변화를 의미한다. 예를 들어, 언어발달에서 쓰기와 말하기와 같은 표현언어 발달이다.

## 1. 아동발달의 원리

발달은 환경요인과는 별개로 보편적으로 나타나는 특징이 있다. 기본적인 발달 특성을 이해함으로써 아동을 적절하게 지도할 수 있다. 발달의 원리는 다음과 같다.

첫째, 발달에는 순서가 있으며, 이 순서는 일정하다. 상부에서 하부로(머리에서 발 방향), 중심에서 말초 방향으로(가슴과 목 등 몸통에서 팔다리 쪽으로), 전체 활동에서 특수 활동으로(팔, 손, 손가락 등 전체 근육을 활용하여 물건을 잡으려 하다가 손목, 손가락만 사용한 물건 잡기) 발달한다.

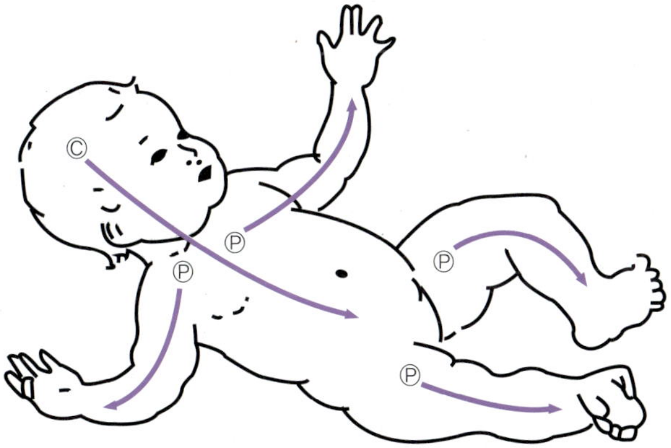


**[그림 4-1]** 발달의 순서

둘째, 발달은 계속적으로 이뤄지나 발달의 속도는 항상 동일하지 않다. 특정 시기에 어느 영역의 발달이 급격하게 이뤄지기도 하고, 어느 시기에는 발달이 서서히 이뤄지기도 한다. 신체의 각 부위에 따라 혹은 정신기능에 따라 발달의 속도가 각각 다르다. 특정한 측면의 발달에 있어서도 그 속도가 항상 일정하지 않다. 예를 들면, 성빌달에서 영아기에는 발달이 거의 이뤄지지 않다가 사춘기에 급격하게 발달이 증가한다. 또한 언어발달이 2세 전후로 폭발적으로 증가하기도 하고, 신체발달 중 몸무게의 변화는 출생 시 남아 평균 3.4kg, 여아 평균 3.2kg 정도인데 첫돌 무렵의 체중이 3배 정도 증가할 정도로 큰 발달이 이뤄지다가 이후엔 서서히 체중이 증가한다.

셋째, 발달에는 개인차가 있다. 아동 개인에 따라 발달의 속도나 변화 양상이 다를 수 있다. 어떤 아동은 언어발달이 빠를 수 있고, 또 다른 아동은 신체발달이 빠를 수 있다. 각기 다른 아동의 여러 가지 환경적·유전적 요소나 문화적 여건 등이 다르기 때문에 발달은 개인차이가 나타난다. 또한 시대적·문화적 환경의 차이나 환경과의 상호작용으로 인해 아동 개인의 발달이 영향을 받아 차이가 날 수 있다.

넷째, 발달의 초기 단계는 일생에서 가장 중요한 시기이다. 초기 발달의 경험은 인간에게 치명적이고 지속적인 영향을 남긴다. 그렇기 때문에 영유아기 때 부모와 적절한 대인관계의 형성이 중요하다. 1798년 프랑스 남부지방 아베롱의 야산에서 발견된 빅터(Victor)라는 소년의 사례가 이를 잘 설명해준다. 빅터는 발견 당시 흉터 투성이인 나체 상태였고, 11~12세로 추정되었다. 빅터는 이후 5년 동안 장 이타르(Jean Itard) 의사가 헌신적으로 보살피면서 문명화시키려 노력하였다. 처음에 빅터는 무표정하게 허공만 응시하고 시끄럽거나 기분 좋은 소음에 무감각하고 반응하지 않았지만 모든 물체의 냄새를 맡으려 킁킁거렸다. 그르렁거리는 소리만 내고 음식을 매우 게걸스럽게 먹었다. 이타르는 꼼꼼하게 단계별로 구성된 행동프로그램을 고안하여 사회적 고착을 형성하고 신경의 감각을 깨워 생각을 확장시킨 후 최종적으로 모방을 통해 말을 유도하려고 하였다. 그러나 말하기는 겨우 '우유(프랑스어: lait)'나 '오 하나님(프랑스어: O Dieu)' 같은 단어 몇 개만 배웠을 뿐 언어발달에 큰 진전을 보이지 못했다. 빅터는 어린 시절 완전히 사회와 고립된 것으로 인해 준자폐성향이 발현되었다고 이타르 박사는 발표하였다. 즉, 이는 인간의 발달에서 일생 초기인 영유아기에 적절한 개입이 이뤄지지 않았기에 발달에 필요한 결정적 시기를 놓쳐서 인간으로서 충분히 발달하지 못한 안타까운 사례이다.

다섯째, 발달의 각 측면은 상호 연관되어 발달이 이뤄진다. 신체발달이 빠른 아동이 인지발달도 우수하고, 인지발달이 빠른 아동이 보다 긍정적이고 적극적인 성격을 발달시키는 경향이 있다. 즉, 신체발달은 지적 발달이나 도덕성의 발달과 관련이 있고, 정서발달은 사회성 발달과 성격발달과 관련이 있다.

## 2. 아동발달의 기본 성격

### 1) 발달의 기초성(基礎性)

영유아기 발달은 성인기 발달의 기초를 형성하는 시기이다. 즉, 6세 때까지의 경험은 일생에 영향을 미치고, 인간성격의 기본틀 형성과 관련이 많이 있다. 인지발달과 관련 있는 뇌발달도 8세까지 80% 정도 발달이 이뤄져서 지능의 기초가 영유아기에 결정된다.

### 2) 발달의 적기성(適期性)

영유아에게 생후 1년 동안 언어적 자극이 부족하거나 왜곡된 언어자극이 제공되면 일생 동안 언어와 관련된 장애를 겪게 되는 것을 의미한다. 이는 특정한 시기에 발달과업을 성취하는 데 가장 적절한 시기(결정적 시기)가 있으며, 이 시기를 놓치면 이후에 보충되기가 어렵다는 것이다.

### 3) 발달의 누적성(累積性)

성장 과정에 어떤 결손이 생기면 다음 시기의 발달에 누적되어 좋지 않은 문제가 발생한다. 예를 들어, 신생아기에 엄마와의 충분한 애착이 형성되지 않아 엄마와의 불신이 형성되면 모든 인간관계에서도 계속적으로 누적되고 그 영향이 파급됨을 의미한다.

### 4) 발달의 불가역성(不可逆性)

영유아기에 인간의 특성이 형성되고 급속한 발달이 이뤄진다. 그러나 이 시기에 발달의 최적기를 놓치게 되면 그 시기 이후에 이를 보완하거나 처음부터 다시 시작하는 것처럼 되돌려서 발달을 이뤄내는 것이 힘들게 되는데 이를 발달의 불가역성이라 할 수 있다.

## 3. 유전과 환경

### 1) 유전의 중요성

인간발달이 유전에 의한 것인가 환경에 의한 것인가에 대한 의견이 오래 있어 왔다. 오랜 연구 결과 환경적 요인과 유전적 요인 중 어느 것이 더 중요한가라는 관점보다 어떻게 상호작용하여 발달에 영향을 미치는가가 더 중요하다고 하였다. 아동발달에 영향을 미치는 유전과 환경에 대해 살펴보겠다.

유전인자는 결코 단독적으로 활동하지 않고 언제나 환경과 상호작용을 하며 발달하지만, 한 개인의 발달에 결정적인 역할을 한다고 알려진 유전 중요성은 다음과 같다.

사람들이 그들의 부모로부터 물려받는 유전인자는 그들의 외모에 크게 영향을 끼친다. 즉, 눈동자의 색, 피부색, 키, 뼈대 등은 모두 유전의 결과로 나타나는 특징이다. 어떤 경우에는 유전인자 속에 들어 있는 정보가 질병, 영양, 또는 환경적 요인에 의해서 바뀌는 수도 있다. 그러나 일반적으로는 환경보다는 유전적 힘이 더 우세하다.

그러나 어떤 특성들은 유전적인 요인의 영향을 더 받고, 어떤 특성들은 환경의 영향을 더 받기도 한다. 즉, Newman, Freeman과 Holzinger(1937) 등의 연구에는 일란성 쌍생아의 키가 서로 다른 환경에서 자랐는데도 불구하고 똑같았다고 한다. 이로 인해 키는 유전적 영향이 환경적 요인보다 더 영향을 많이 미치고 있음을 알 수 있다. 한편 몸무게는 같은 환경에서 자란 일란성 쌍생아보다 다른 환경에서 자란 쌍생아가 더 차이가 많았다고 한다. 즉, 몸무게는 키보다 환경의 영향을 더 많이 받는다는 것을 알 수 있다. 그러나 키라 할지라도 비유전적인 조건에 의해서 영향을 받는다. 예를 들어, 미국으로 입양된 어린이는 대체로 출생부모보다 키가 크다. 그 까닭은 출생부모보다 좀 더 좋은 영양(입양부모 환경)을 갖기 때문이다. 즉, 몸무게 발달은 유전적 변화보다는 환경 조건의 개선에 의해서 나타날 수가 있는 현상이다.

결함의 유전이란 유전적 과정이 심각한 질병이나 대사(代謝)상의 결함으로 나타나는 경우를 말한다. 당뇨병, 녹내장, 혈우병, 근육 영양장애도 유전이 된다. 특히 결함의 유전 중에는 색맹이 두드러진 현상이다.

질병에 있어서 유전인자의 활동은 신체 내부의 어떤 필수적인 효소(酵素)의 생산을 방해하는 경우가 많으며, 이 경우 효소가 일정량 적절한 상태로 생산이 안 되면 대사 과정에 혼란이 오고, 그래서 혈액이나 조직 속에 유해한 물질이 만들어지게 되며, 이로써 성장과 발달이 정상적으로 이루어지지 않는 것이다.

유전은 특정한 질병과 관계가 있다. 즉, 터너증후군(Turner's syndrome, 발육부진과 정신박약이 수반되는 질병), 글라인펠너증후군(Klein felter syndrome, 신체기형에 정신박약을 수반하는 질병), 몽골리즘(Mongolism) 또는 다운증후군(Down's syndrome)이라는 정신박약의 특수형들은 모두 염색체 이상에서 오는 유전병이다. 그 밖에도 사지단축증, 뼈형성부전증, 선천성 농아, 선천성 백내장 등은 염색체 이상에서 오는 우성 유전병이며, 혈우병과 소두증 등은 반성(伴性) 유전병이다.

유전적 요인이 인간 발달에 얼마나 영향을 많이 주는가에 대한 몇몇 연구가 있다. 먼저 Estabrook(1916)는 Max Juke 가계 연구에서 칠 대 자손에 이르기까지 범죄, 비행 그리고 질병이 많이 나타나는 열등 가계를 밝혔다. 또한 Pearson(1914)의 Robert Darwin 우수 가계 연구와 Winship(1900)의 Jonathan Edwards 우수 가계 연구가 있다. Goddard(1914)는 Martin Kallikak 가계 연구를 통해 그 가계 대부분이 정신지체 여성과 동거하여 출생한 자손 480명 중 143명이 정신지체아였고, 그 외에도 대부분 비정상이었으며, 정상적인 여성과 결혼에 의한 496명의 자손 중에는 정신지체아는 없고, 변호사, 의사, 공무원, 교수, 대학 학장 등 지위에 있는 자손이 비교적 많았음을 밝혔다(김재은, 2000, 재인용).

### 2) 발달에 환경의 중요성

아동발달 연구에서 학습(환경)에 의한 발달의 측면보다는 성숙(유전)적인 측면의 발달을 강조해 온 경향이 있었다. 그러나 최근에는 성숙 중시의 발달관으로는 설명할 수 없는 사례가 나타나기 시작했다. 예를 들어, 사람의 손에 의해서 양육되지 못한 야생아의 행동특징, 고아원 시설에서 자란 아동에게 나타나는 시설병 현상들이 그것이다. 즉, 종래에는 인간이라는 종(種)의 유전적 소질이라고 생각되어 왔던 직립보행이나 언어의 사용도 야생아들에게는 결여되어 있었으며, 고아원 시설에서 자란 아동들은 일반 가정에서 자란 아이들에 비해서 발달지체나 정서불안 등이 두드러졌다. 그러므로 요즘에는 학습우위설이 성숙우위설보다는 더 중요시되는 이론으로 받아들여지고 있다.

상당히 어린 시기부터 학습이 가능하다는 것은 아동을 피험자로 하는 조건화(條件化) 실험에서 많은 실증적 근거가 나오고 있다. Siqueland와 Lipsitt(1966) 등은 생후 2~4일 된 신생아에 대해 버저와 벨의 두 가지 청각자극에 대한 분화적인 고개 돌리기 반응(head turning response)의 조건화에 성공하였다. 또한 태아에게도 조건화가 가능하다는 것을 시사한 연구도 있다. 그것은 학습이 생후에만 일어나는 것이 아니고 산모의 태중에도 가능하다는 것이다.

아동이 발달하는 데 있어서 적절한 양의 자극은 필수적이다. 자극의 양은 과잉이어도 안 되지만 부족해서는 더더욱 건전한 성장을 할 수가 없다. 건전한 발달을 수행하기 위해 필요한 여러 가지 자극의 극단적인 결핍 상태를 자극 차단(stimulus deprivation)이라고 한다. 자극의 종류나 양의 부족으로 인해서 생기는 영향에 대해서는 시설증(hospitalism)의 경우를 보면 알 수 있다. 시설증은 모성박탈로 인한 사회성 부족, 애정 결핍의 문제를 의미한다.

아동이 사는 공간의 물리적 활동은 감각 자극을 제공해 주는 중요한 원천이다. 즉, 보고, 듣고, 만지고, 냄새 맡고, 맛보고 하는 감각적 경험이 부족한 시설에서 자란 어린이는 감각 차단 또는 실조(sensory deprivation)를 경험하게 된다. 보고, 듣고, 손으로 만져 볼 대상이 없고, 또 시각자극, 청각자극, 촉각자극이 빈곤할 때 아동은 탐색 활동을 적게 하며, 신체 운동량을 감소시키므로 지적 발달이나 신체발달에 중대한 영향을 미치게 된다.

정서적인 환경은 애정 자극의 강도나 변화성으로 파악할 수 있다. 정서적 자극에는 애정, 관심, 보호, 인정을 해주느냐 안 해주느냐와 같은 양육적 측면과 기쁨, 즐거움, 성취감, 만족감 등과 같은 표현적 측면이 있다. 시설 아동들의 경우에는, 가정에 있어서의 모자 관계에서 생기는 강한 긍정적 애정 자극이나 강한 부정적 애정 자극을 경험하는 일이 적다. 집단 유아교육에 있어서의 보육자의 평등주의적 박애주의적 태도는, 보육자와 아동의 깊은 정서적 접촉을 방해하는 요인이 되기도 한다. 이와 같은 애정자극의 결여는 아동의 대인 관계 능력의 발달에 많은 지장을 초래하게 된다. 시설에서의 변화없는 단조로운 일과도 아동의 감정을 변화성이 부족한 상태로 만들고 있는 것이다. 이런 상황이 아동의 건전한 정서발달을 방해한다.

모성애의 양이나 연속성의 결여는 아동의 인지발달, 사회성 발달 등 여러 발달을 저해하는 요인이 된다. 즉, 시설아에게 주어지는 모성애 양은 극히 적고 연속성도 적다. Rheingold(1956)의 조직적 관찰에 의한 시설아와 가정아 비교 연구 결과는, 모성애 양에 있어서 시설아는 가정아의 1/4에도 못 미치고, 또 8시간 사이에 보살피는 사람의 수에서도 가정아가 어머니를 중심으로 평균 1.4명인데 비하여, 시설아는 6명의 보육자의 보살핌을 받고 있다고 했다(김정휘, 1988, 재인용).

하타노 기요오·이나가키 가요코의 「유능감을 키우는 교실」에 의하면, 시설증(hospitalism) 현상이 시설아에게는 발달지체, 무기력, 무감동 증상으로 나타나며,

결과적으로 아동이 무기력감에 빠지며, 작은 질병으로도 죽음에 이르는 일이 종종 있다고 하였다.

각종 보호시설이 학습 환경으로서는 별로 충분하지 못하며, 발달에 필요한 모든 자극이 시설에는 적은 편이다. 또한 시설에서는 아동의 적극적인 학습 활동에 대한 동기 부여가 부족하다. 새로운 생활기능을 획득하거나 훈련할 기회가 적을 뿐 아니라 아동의 학습 활동에 대한 어른의 강화가 별로 없는 상황은 아동의 학습을 곤란하게 하며 사회적으로 바람직한 활동을 획득할 기회를 방해하는 결과를 초래한다.

인간발달에 있어서, 유전적 요소와 환경적 영향이 중요하다는 것을 알 수 있었으며, 환경적인 요소는 아동을 보육하는 보육교사의 책임으로도 남는다. 고아원과 같은 시설은 아니지만 보육기관에서 교사는 아동들에게 물리적 자극(감각적 자극), 정서적 자극, 사회적 환경, 학습환경까지 고려한 유능한 교사가 되어야 한다.

## 4. 아동발달의 문제

아동의 부적응행동을 유발시키는 요인을 세 가지로 요약할 수 있다. 즉, 개인의 기질적 특성, 신체적 장애, 가정환경 결손 등으로 아동의 부적응행동의 유발요인을 다음과 같이 설명한다.

첫째, 개인의 기질적 특성은 태어나면서 타고나는 것으로 유전적인 성향을 나타낸다. 기질은 환경과의 연속적인 상호작용과 성숙의 과정을 거치면서 성격의 구조와 전략들로 발달하는 것이다(Rothbart & Bates, 1988). 또한 Thomas, Chess, Birch(1970)는 영아 초기에 시작되는 기질의 유형을 순한 아이, 까다로운 아이, 느린 아이로 나누어 설명하였다. 순한 아이는 변화에 적응력이 강하고 새로운 상황에도 저항감이 없으며 일반적으로 기분이 좋은 상태에 머물러 있다. 까다로운 아이는 낯선 사람에 대해 거부감을 나타내고 또 별다른 일 없이도 잘 울고 화를 내면서 기분이 나쁜 상태에 있다. 반응이 느린 아이는 낯선 환경과 사람에게 잘 적응하지 못하고 까다로운 아이와 달리 조용히 그리고 천천히 자신의 감정을 표현한다. 이상 세 가지 기질은 대표적인 기질의 유형일 뿐 이외에도 독특한 기질을 지니고 있는 아동은 많이 있다. 새로운 환경 변화에는 잘 적응하지만 사람에게는 낯을 많이 가리는 민감한 아이가 있다. 이처럼 다양한 아동의 기질적 특성을 참조하여 부모-자녀 간의 양육방식을 결정하고 양육하게 되면 부적응행동을 줄일 수 있고, 부모가 아이에게 잘 맞추어 키울 수 있게 된다(Thomas et. al., 1965; 1970).

Kaufman(1979)은 아동에게 나타나는 문제행동의 요인을 크게 수행장애, 부적절한 미성숙함, 인격장애로 분류하였다. 이러한 행동은 일시적으로나 잠정적으로 흔히 출현하는 행동장애인데, 자세한 내용은 〈표 4-1〉과 같다.

**|표 4-1| Kaufman(1979) 부적응행동요인**

| | |
|---|---|
| 수행장애<br>(공격적 · 반사회적 행동) | • 친구에게 공격적<br>• 질투(소유적, 이기적)<br>• 아이들을 통제하려 함<br>• 말을 과도하게 하기<br>• 소유권 규칙에 공격적<br>• 울화<br>• 과도한 주의 요구<br>• 조소적(불신, 비난)<br>• 건방진 불복종적, 부정적<br>• 불신임<br>• 쉼없는 과잉행동<br>• 난폭한 언어, 저주, 욕 등 |

| | |
|---|---|
| 부적절한 미성숙함<br>(와해적, 무목적적 행동) | • 부주의, 과제 미완성<br>• 주의산만<br>• 잊기, 기억하지 못함<br>• 동기 결여, 무감각적<br>• 지시에 따르지 않음<br>• 듣기 문제<br>• 과제 이행 결핍<br>• 이해의 어려움<br>• 짧은 주의력 |
| 인격장애<br>(불안, 철회 행동) | • 까다로움, 지나치게 민감<br>• 감정을 적절히 표현하지 못함<br>• 슬픔, 성마름<br>• 아이들과 참여하기를 기피<br>• 자신감 결여<br>• 새로운 일 또는 어려운 일 회피<br>• 실패를 두려워함 |

출처: 안영진·장선철(2001).

둘째, 아동의 부적응행동을 유발시키는 요인은 신체적 장애이다. 즉, 신체가 허약하여 일상생활을 하는 데 부적응행동을 보이는 것으로 신체적 장애가 있는 경우이다. 신체적 장애에는 시각장애, 청각장애, 언어장애, 지체장애 등이 있으며, 오랜 시간 질병이 있어서 영양실조로 건강상의 문제를 지닌 경우에도 정서적으로 불안하고 사회성이 부족하여 부적응행동을 나타낸다. 따라서 몸이 허약하다고 아이를 방치하기보다는 건강을 회복하여 또래와 어울릴 수 있도록 환경을 제공하는 것이 필요하다. 즉, 적절한 운동도 할 수 있는 환경을 제공하고, 다양한 장소로 현장견학을 가서 경험을 통한 학습이 이루어질 수 있도록 하여 지역사회의 구성원으로서 함께할 수 있도록 자리를 마련해 주어야 한다. 신체장애로 인하여 또래 관계나 사회성 발달에 자신감을 잃지 않도록 해야 한다.

셋째, 아동의 부적응행동을 유발시키는 요인은 가족의 경제적 불안정, 이혼, 재혼, 재해 등으로 인한 가정환경 결손이다(백혜정, 2005). 가족의 해체는 곧 자녀가 성장하는 데 커다란 장애요인이 되어 아동발달에 부정적인 영향을 미친다.

그로 인해 자녀는 거친 언어와 폭력적인 행동 등 부적응행동을 하게 되는데 이는 다른 사람들이 자신을 싫어한다고 단정 짓고 배타적인 태도를 취하면서 낮은 자아존중감을 보이기 때문이다(김윤옥·황선희, 2006). 따라서 자아 존중감을 높이기 위해서 꾸중과 처벌보다는 조용히 문제행동에 대한 원인을 이야기 나누면서 잘못된 문제행동을 스스로 깨닫도록 하고 다른 바람직한 행동을 할 때 구체적으로 칭찬하므로 긍정적인 자아개념을 형성하도록 할 수 있다.

### 아동발달 개요의 토론주제

1. 아동의 부적응행동을 유발시키는 요인에 대해 설명하시오.

2. 아동발달의 원리에 대해 기술하시오.

CHAPTER 5

# 아동의 발달

## 1. 태내기 발달

태내기는 수정에서부터 출산에 이르는 시기를 말하며, 이 시기의 발달은 직접적으로 눈에 보이지 않지만 기적과 같은 발달이 이뤄진다고 볼 수 있다. 태내기 발달은 정자와 난자가 결합하여 하나의 새로운 세포가 되는 수정에서부터 시작된다. 태내기는 어머니의 마지막 월경으로부터 계산하므로 대개 280일로 추정하지만, 수정부터 날짜를 따진다면 약 266일 정도 자궁 안에 있게 된다. 즉, 38주 동안으로 산모의 상태나 아기의 상태에 따라 출산까지의 날짜는 약간 차이가 있을 수 있다.

### 1) 태내기 발달 단계

38주의 임신 기간은 세 단계로 나누어 볼 수 있는데, 배종기(germinal stage), 배아기(embryonic stage), 태아기(fetal stage)로 구분한다. 태아의 명칭은 시기에 따라 달라지는데 수정 후 2주까지는 난자(ovum)이며, 그 후 8주까지는 배아(embryo)라 하며, 그 다음을 태아(fetus)라 한다. 난자는 1/4mm 정도의 크기로 인간 세포 중 가장 큰 세포로 성숙한 여성에게서 약 28일마다 한 개씩 생겨나는데 이를 배란(ovulation)이라고 한다.

첫 번째 배종기(germinal stage)는 수정에서 2주 자궁벽 착상 때까지의 시기를 말한다. 수정 후 36시간 내에 세포 분열이 빠르게 일어나는 시기이다. 그러나 58%가 착상이 안 될 정도로 실패율이 높은 시기이다. 착상이 잘못되어 나팔관 같은 자궁 외에서 임신할 경우에 배아로 자랄 수 없다.

인간은 수정되는 순간에 이미 성(sex)이 결정된다. 인간은 부모로부터 각각 23개씩, 총 46개의 염색체를 받는다. 22개의 염색체는 쌍으로 이루어져 있는 상염색체(autosomes)이다. 인간의 성을 결정하는 염색체는 23번째 염색체로 성염색체(sex chromosomes)라 일컫는다. 여성의 난자는 X 성염색체만을 가지고 있고, 남자의 정자는 X, Y 두 종류의 성염색체를 모두 가지고 있다. 즉, 염색체가 XY 형태를 이루면 남성으로 결정되고, XX형태를 이루면 여성으로 결정되는 것이다.

두 번째 배아기(embryonic stage)는 착상 후부터 8주까지의 시기를 말한다. 그러나 일반적으로 배아기란 성세포(sex cell)라 불리는 정자와 난자가 결합하는 순간부터 그 결합체가 자궁벽에 착상되는 최초의 2주를 포함하여 8주까지의 시기를 말하며 그 이후는 태아기라 한다.

정자는 1/600mm의 크기로 올챙이 모양의 아주 작은 세포로서 활발한 운동성을 가지고 있다. 성숙한 남자에게서 하루에 수억 개의 정자가 만들어지며, 한 번 방출될 때마다 수십억 개의 정자세포가 나온다. 수정이 되기 위해서는 한 번에 최소 2억 개 이상의 정자세포가 여성의 나팔관까지 헤엄쳐 가야 한다. 그리고 한 개의 정자세포만이 난자와 수정을 해서 태아로 자라기 시작하는 것이다.

정자는 약 36시간 동안 기능을 유지하고, 난자는 약 24시간 동안 수정이 가능하므로, 매월 임신이 가능한 시간은 약 24시간에서 36시간으로 한정된다. 만약 수정이 일어나지 않으면 정자세포는 여성의 백혈구 세포에 의해 먹히고 난자는 자궁을 통과해 질로 배출된다. 이는 여성에게 매월 생리적으로 일어나는 월경(menses)이라고 한다.

배아기는 호흡기, 소화기, 신경계 등 각 기관이 형성되어 발달하는 때로서 성장률 최고의 시기이다. 산모가 임신 전 기간 중에서 가장 조심해야 하는 시기이다. 배아기 발달은 모체의 상태에 의해 크게 영향을 받으며, 뇌나 내장기관 등에 출생결함이나 장애가 나타나거나 자연 유산율도 높은 시기이며, 유산의 가장 큰 원인은 염색체 이상으로 밝혀지고 있다(정필승, 2014).

세 번째 단계인 태아기(fetal stage)는 임신 8주부터 출산 전까지의 시기이다. 태내에서 뇌의 발달이 이뤄지기 시작하며, 자궁 안에서부터 소리를 듣고 반응하며 기억을 형성한다. 태아가 약 8주가 되면 뼈세포가 나타나기 시작하면서 인간의 모습을 갖춰가기 시작한다.

## 2) 월별 태아 발달

### (1) 1개월

난자 세포와 정자 세포의 결합으로 이뤄진 수정체가 급속도로 성장하고 분열을 하는 시기로 외배엽, 중배엽, 내배엽의 세 층으로 발달이 이뤄진다. 외배엽은 후에 신경체계와 피부를 형성하고, 중배엽은 근육, 골격, 순환기 계통, 기타 장기를 이룬다. 내배엽은 후에 소화기계통, 간, 비뇨기 계통, 내분비선으로 발달하게 된다. 크기는 약 0.2cm 정도이고 무게는 1g 미만이다. 심장박동은 1분에 65회 정도 작동하고, 이미 뇌, 콩팥, 간장, 소화기 계통의 초기 형태를 갖춘다. 그리고 태반(placenta)의 발달로 탯줄로 모태와 연결되어 있다. 아직 외부적 생식기의 구별은 정확하게 확인할 수 없으며, 마치 긴 꼬리가 달려 있는 물고기 모양의 형상을 하고 있다.

민감한 산모의 경우 이 시기에 감기 기운과 같은 증상을 호소하기도 한다. 온

몸이 나른하고 미열이 있고, 때로 한기를 느끼기도 하며, 마치 월경을 하는 것처럼 아랫배가 아프고, 변비가 생기기도 한다. 이 시기에 임신 여부를 확실히 알 수 없는 시기이므로 특히 약 복용에 신경을 써야 하며, 결혼 후 예정된 시기보다 월경 예정일이 늦어지면 서둘러 산부인과 검진을 받아보아야 한다.

### (2) 2개월

세포분열이 많이 이뤄지면서 점점 인간의 형태를 갖춰가기 시작하는 시기로 자궁 내에 착상된다. 태아의 크기는 2.4cm 정도이며, 무게는 약 4g이다. 머리가 몸의 1/2 정도의 크기를 차지하고 눈, 귀, 코, 턱 등 얼굴부위가 생기기 시작한다. 팔과 다리, 손가락과 발가락이 생기기 시작한다. 심장도 발달하여 심실이 분화되기 시작하고, 간과 비장에서 혈액 세포가 생긴다. 자극을 주면 입과 발바닥을 움직이는 반응을 보여준다.

일반적으로 산모에게 입덧이 생기기 시작하는데 특히 아침 공복 시에 입덧을 심하게 호소하기도 한다. 그리고 유방의 변화가 보이는데 유방이 부은 듯 느껴지고, 유두가 민감해지고 따끔하기도 하며, 유방 밑의 혈관이 선명해진다. 쉽게 피곤해지고 온몸이 나른해지고, 질 분비물도 많이 생긴다.

### (3) 3개월

3개월에 접어들면 태아의 크기는 7.5cm 정도이고, 무게는 약 25g이고, 머리가 몸의 1/3 정도를 차지한다. 심장 박동이 강해져서 모체에 청진기를 대면 태아의 심장 소리를 들을 수 있다. 외부 생식기가 분명해져서 성별을 좀 더 정확하게 판별할 수 있다. 내부 기관의 기능이 활발해지면서 태아가 숨을 쉬고 가끔씩 소변을 본다. 다리를 움직이고, 머리도 흔들고, 입도 오물거릴 수 있다. 입술, 코, 손·발톱이 발달하고, 눈도 떴다 감았다 하는 것을 볼 수 있다. 반사활동이 태내에서 시작하는 시기로서 이때의 시작된 반사는 태어난 후까지 이어지기도 한다.

산모의 경우에 피부가 건조해지거나 가려움을 느끼기도 한다. 태아가 방광과

직장을 압박하여 소변이 자주 마려운 현상으로 불편감을 호소한다. 임신하면 분비되는 황체호르몬 때문에 장의 활동이 둔화되어 변비가 생길 수도 있다. 그러나 이 시기는 착상이 아직 완벽하게 이뤄진 것이 아니기 때문에 유산의 위험성이 아직까지는 높은 편이다. 그러므로 심한 운동이나 일, 여행 등은 삼가는 것이 좋다.

### (4) 4개월

태아의 크기는 약 20cm이고, 무게는 약 150g이며, 머리 크기는 전체 몸의 1/4 크기 정도로 이 비율이 출생 시까지 계속 이어진다. 태반이 완성되어 유산의 위험이 적어진다. 태반은 태아에게 영양공급, 호흡작용(가스교환), 배설작용, 내분비작용, 이물질 침입에 대한 방어작용, 글리코겐(glycogen) 저장 등의 기능을 하는 것으로서, 전반적으로 태아를 보호·양육하는 집과 같은 역할을 한다.

이때부터 태동을 느낄 수 있는 시기이기 때문에 일부 문화권에서는 이 시기를 인간 생명의 시작으로 간주한다. 3개월부터 시작된 반사활동이 더욱 활발해져 태아의 움직임이 많아지는 시기이다.

임신이 안정기로 접어드는 이 시기는 입덧이 없어지고 입맛이 되살아나기 때문에 체중이 다시 증가하기 시작한다. 산모의 높아졌던 기초체온도 내려가기 시작하여 출산 때까지 안정되기 때문에 임신 초기의 나른함에서 벗어나게 되고, 임신기의 변화에 몸이 익숙해진다.

### (5) 5개월

태아의 크기는 25~30cm 정도이고, 무게는 약 350g이다. 태아가 표정을 짓고, 이마를 찡그리고, 자궁 내에 좋아하는 자세를 취하기도 한다. 움직임이 더욱 활발해져서 태동을 분명하게 느낄 수 있다. 산모의 배에 귀를 대고 태아의 심장 소리를 들을 수도 있다. 골격과 근육이 만들어지고, 솜털이나 머리털도 자라기 시작한다. 그러나 아직 호흡기 계통은 충분히 발달하지 못하였기 때문에 이때 태어나게 되면 생존 확률이 낮다. 신경세포 발달은 거의 완성되고, 망막이 발달하여 빛의 자극을 눈부심을 받아들여 눈을 감는 반응을 보이기도 하고, 외부 소리도 느끼기 시작한다. 부모가 태교음악을 들려주면 주의를 기울여 듣는 반응을 한다.

### (6) 6개월

태아의 크기는 약 35cm이고 무게는 600g 정도이다. 피하지방이 많아지고 시각이 발달한다. 태지가 피지선에서 분비되기 시작하는데 이는 분만 시 좁은 산도를 통과할 수 있도록 윤활유와 보호막 역할을 한다. 머리털, 솜털, 속눈썹이 보다 많아진다. 신체 골격 발달이 많아지고, 태동이 점점 심해져 몸을 쭉 뻗고 손으로 무언가를 잡기도 하며, 몸을 회전시키는 등 운동 능력이 많아진다. 이러한 태아의 몸놀림 때문에 산모는 배가 약간 쿡쿡 쑤시는 증상을 느끼기도 한다. 청력이 매우 발달하여 외부 소리에 반응을 보이기도 하기 때문에 태아에게 좋은 이야기를 들려주거나 음악을 들려주는 식으로 태교를 세심하게 하는 것이 좋다.

### (7) 7개월

태아의 크기는 약 40cm이고 무게는 1kg이 약간 넘는 정도이다. 만약 조산으로 이 시기에 아기가 태어나는 경우 적절한 조치만 취하면 생존이 가능하다. 폐가 발달하므로 태아 스스로 코로 호흡을 조금씩 하게 된다. 그리고 손가락 빨기를 하며, 입을 벌려 양수를 마시고 뱉는 일을 자주 한다. 피부는 붉은빛을 띠면서 태지로 덮여 있어 불투명해진다.

산모는 배가 많이 불러옴에 따라 배 전반에 붉은 보랏빛 임신선이 생긴다. 임신선은 피부가 늘어남에 따라 피부 밑에 있는 모세혈관이 터져 피부 밖에 보이는 것으로 배 이외에 몸의 다른 부위까지 생기는 경우가 있다. 산모는 배가 불러오면서 몸의 중심이 앞으로 쏠려서 요통을 호소하기도 하고, 다리에 무리가 가서 저리거나 쥐가 나기 쉬우므로 오래 서 있는 것을 피하는 것이 좋다.

### (8) 8개월

태아의 크기는 약 45cm이고 몸무게는 2.5kg 정도이다. 뇌의 발달로 머리 크기도 커지고, 뇌세포와 신경체계가 거의 완벽하게 연결되기 때문에 학습능력과 운동능력이 발달하게 된다.

피하지방이 늘어나면서 태아의 피부는 통통하고 탄력 있게 된다. 배냇털은 줄어든 반면, 눈썹과 속눈썹은 거의 대부분 자란다. 눈꺼풀이 형성되고, 눈동자도 만들어져 눈을 떠 시선을 오랫동안 응시하고 있기도 하고 깜박거리기도 한다. 몸의 크기가 커져서 움직일 수 있는 태내 공간이 점점 줄어든다. 그래서 태아는 움직임을 적게 하고, 산모가 느끼기에 태동도 줄어든다. 태아는 자신의 출생을 위하여 점차 머리를 골반 아래로 향하게 된다.

이 시기의 산모는 질 분비물이 많아져 가려움으로 힘들어하기도 한다. 이는 산도 역할을 하는 질이 출산 준비를 위해 분비물을 만들어내는 것이다. 산모의 배가 많이 부르기 때문에 누울 때도 똑바로 눕는 것이 어렵고, 옆으로 눕는 것이 편한 자세가 된다. 출산연습을 위해 불규칙한 자궁수축이 가끔씩 생기고, 태아 머리가 아래로 향해서 누르고 있기 때문에 산모는 소변을 본 후에도 잔뇨 느낌으로 불편감을 갖는다.

### (9) 9개월

태중의 마지막 달이 되어서 태아의 크기는 약 50cm, 체중은 3.2kg 정도까지 발달한다. 거의 완전히 발육한 상태로 신생아 형태를 갖춘다. 양수 속에서 호흡하던 태아는 출산 직전에 부신으로부터 호르몬이 분비하여 태아가 세상에 태어나 첫 호흡을 할 수 있도록 폐를 준비시킨다.

여러 가지 병에 대한 면역능력이 태반을 통해 태아에게 전달된다. 즉, 모체로부터 홍역이나 백일해, 풍진 등에 대한 면역성을 일시적으로 갖고 태어난다. 이 시기에 태아가 산모의 골반 깊숙이까지 밑으로 내려가기 때문에, 산모는 이전에 느꼈던 복부 압박감은 줄어드나 방광 압박은 늘어나서 소변을 자주 보게 된다. 그리고 아랫배가 당기거나 미세한 진통을 느끼게 된다.

분만 예정일에서 2주 전후의 출산은 정상분만으로 인정한다. 특히 첫아기인 경우 분만 예정일보다 늦어지는 경우가 많으므로 출산 예정일이 지났다 하더라도 너무 초조해하지 않아도 괜찮다.

## 2. 신생아기 발달

우리 선조들은 아기가 태어난 후 삼칠이라고 하여 약 3주 정도의 아기를 적극적으로 보호하며 양육하였다. 아동발달 단계상 구분할 때 신생아기는 출생부터 약 1개월간을 말한다. 신생아는 다소 특이한 몸매를 하고 있고, 피부도 빨갛고 주름이 있는 경우도 많고, 하루 중 거의 대부분을 잠자며 보낸다. 하지만 신생아는 생존에 필요한 여러 가지 기능을 가지고 있다. 그래서 생존을 위해 본능적으로 주변 어른의 관심을 끄는 몸짓을 보이기도 한다. 이런 몸짓을 통해 사회적 관계를 형성하는 첫걸음을 떼는 것이다.

### 1) 신생아 반사

신생아는 어떤 기능을 학습으로 익힌 것이 아니고 생득적으로 갖고 태어난 반사능력을 발휘한다. 신생아 반사는 신생아가 외부 자극에 대한 신생아의 운동행동으로 원시반사(primitive reflex)라고도 한다. 반사란 특정 자극에 대한 무의식적이고 자동적 반응을 말하며, 중추 신경계의 하부 영역에 의해 관장되는 행동이다. 신생아의 반사운동은 크게 생명유지에 필요한 능력인 생존반사와 생존에 필수적이지는 않지만 이후 의식적인 운동으로 발전하게 되는 특수반사로 나뉜다. 대부분의 신생아 반사는 연령이 증가하면서 자연스럽게 사라지거나 자발적 운동으로 대체된다. 생후 0~2개월 미만은 대부분의 원시반사들이 존재하지만, 생존을 위해 필수적인 반사들이 3개월이 넘어가면서부터는 통합되거나 줄어들게 된다. 신생아기에 나타나야 하는 반사가 없는 것도 문제고, 6개월이 지나서 계속 남아 있어도 문제로 볼 수 있다.

### (1) 생존반사

생존반사는 신생아들이 스스로 생존을 위해 자동적인 반응을 할 수 있도록 도와주기 때문에 부모에게 다소 안도감을 주는 구실도 하는 것이다. 생존반사의 종류는 다음과 같다(다음백과사전).

#### ① 찾기반사와 빨기반사

찾기반사(rooting reflex)와 빨기반사(sucking reflex)는 신생아가 먹을 것에 대한 자동적인 행동을 하는 것이다. 찾기반사로는 신생아의 뺨이나 입 주변을 자극하면 젖꼭지라고 생각하고 그쪽을 향해 고개를 돌리는 반응이다. 이와 더불어 젖꼭지나 손가락 같이 젖꼭지와 유사한 물체가 입에 닿으면 자동으로 빨기반사를 한다. 찾기반사는 생후 3개월 정도 지나면 사라지고, 빨기반사는 반사적인 반응이 아니라 신생아의 의식적인 행동으로 발달하게 된다.

#### ② 기침반사, 재채기반사, 하품반사

이는 신생아의 호흡과 관련이 있는 반사들이다. 기침반사(cough reflex)와 재채기반사(sneeze reflex)는 코나 입안에서 이물감을 느꼈을 때 반사적으로 반응하는 것으로 기도를 깨끗하게 하는 작용을 한다. 또한 하품반사(yawn reflex)는 공기가 탁할 때 입을 벌려 하품을 함으로써 신생아가 스스로 필요한 산소를 공급하는 작용을 한다. 호흡과 관련된 반사행동은 성장 이후에도 계속 유지된다.

③ 위축반사, 동공반사, 눈깜박임반사

위험으로부터의 회피, 또는 스스로를 보호하기 위한 행동이 해당된다. 위축반사(withdrawal reflex)는 외부에서 혐오스러운 자극이 있을 때 손발을 움츠리는 행동이며, 동공반사(pupillary reflex)는 빛이 강할 때 동공을 축소하여 눈에 들어오는 빛의 양을 줄이는 행동이다. 눈깜박임반사(blink reflex)는 갑자기 강한 자극이 있을 때 눈을 보호하기 위해 나타나는 행동이다.

④ 유영반사

헤엄치기반사(swimming)는 신생아를 물속에 넣으면 아기가 팔을 젓고 발길질하는 수영 동작을 한다. 이는 태중에 있을 때 양수에서의 생활을 기억하는 생존반응이다.

(2) 특수반사

① 모로반사

모로반사(Moro reflex)는 소리나 몸의 위치에 변화가 있을 때 팔을 벌려 무언가를 껴안거나 잡으려고 하는 동작으로 껴안기반사(embracing reflex)라고도 한다. 생후 5~6개월 정도 지나면 사라진다. 이 반사를 발견한 오스트리아의 Ernst Moro(에른스트 모로)의 이름을 따서 명명되었다. 신생아에게서 모로반사가 나타나지 않으면 신경계에 이상이 있을 가능성이 있다.

② 잡기반사

파악반사(grasping reflex)라고도 한다. 손바닥을 손가락이나 작은 물체로 건드리면 무의식중에 꽉 쥐는 반응을 보인다. 신생아의 물체를 쥐는 힘은 1개월이 지나면서 점차 약해지고, 생후 3~4개월 뒤에는 의식적인 잡기행동으로 발달한다.

③ 바빈스키반사

바빈스키반사(Babinski reflex)는 신생아의 발바닥을 발꿈치에서 발가락 쪽으로 간질이면 엄지발가락을 구부리지만 다른 네 발가락은 부채처럼 쫙 펴는 반응을 보이는 것을 말한다. 생후 6개월 정도부터 서서히 없어진다. 프랑스의 생리학자 조세프 Joseph Babinski(바빈스키)가 발견했으며, 족저반사(plantar reflex)라고 부르기도 한다.

④ 걷기반사

걷기반사(stepping reflex)는 신생아의 발바닥을 평평한 바닥에 닿도록 하면 양발을 앞뒤로 하며 걸어가는 듯한 행동을 보이는 것을 말한다. 생후 2~4개월이 지나면서 사라진다.

⑤ 긴장성 목반사

토닉넥반사(tonic neck reflex)라고도 한다. 신생아의 등을 바닥에 닿도록 뉘어 놓은 상태에서 아기의 머리를 한쪽으로 돌리면 나타난다. 예를 들어, 오른쪽으로 고개를 돌리면 오른쪽 팔과 다리는 곧게 펴고, 왼쪽 팔과 다리는 머리를 향해 굽힌다. 생후 3~4개월에 사라지지만 생후 6~7개월까지 나타날 수도 있다.

⑥ 갈란트반사

갈란트반사(Galant reflex)는 신생아를 엎드려 놓은 상태에서 등을 문질렀을 때 아기가 자극이 오는 쪽으로 다리를 구부리는 행동을 발한다. 러시아의 신경학자 Johann Galant(요한 갈란트)가 발견했다. 생후 4~6개월경에 사라진다.

생후 6개월이 되면 대뇌피질의 성숙에 따라 행동의 조절능력이 발달되기 때문에 대부분의 반사들은 사라지게 된다. 영아들은 점차 반사적 행동들을 변화시켜 목적 있는 행동을 만들어 낸다. 예를 들어, 잡기반사를 보이다가 손바닥에 전해지는 자극에 따라 어떤 손가락을 펴는 행동을 하게 되고, 그러면서 소근육이 발달되고 손움직임이 정교해진다(Touwen, 1984). 그러나 일정시간이 지나 사라져야 할 반사가 계속 유지된다면 신경학적인 검사를 받아보아야 할 것이다.

**|표 5-1| 신생아 반사**

| 반사 | 자극 | 반응 | 소멸시기 | 기능 |
|---|---|---|---|---|
| 찾기반사<br>(Rooting) | 입 근처 건드리기 | 자극을 향해<br>고개 돌리기 | 3주(이후<br>의도적 행동) | 어머니의<br>젖꼭지 찾기 |
| 빨기반사<br>(Sucking) | 입에 손가락<br>갖다 대기 | 손가락 빨기 | 6개월 | 음식 먹기 |
| 기침반사<br>(Cough) | 입에 이물감 | 기침하기 | 영구적 | 기도 청소하기 |
| 눈깜박임<br>(Eye blink) | 눈에 강한 빛을 주거나<br>바람을 훅하고 불기 | 눈꺼풀을 급하게<br>깜박이기 | 영구적 | 강한 자극으로<br>부터의 보호 |
| 위축반사<br>(Withdrawal) | 외부 혐오자극 | 움츠리면서 무릎과<br>엉덩이를 함께 움츠리기 | 생후 10일<br>후 약해짐 | 불유쾌한 촉각적<br>자극으로부터의<br>보호 |
| 헤엄치기반사<br>(Swimming) | 풀장에 넣기 | 팔을 젓고 발길질하는<br>수영동작 취하기 | 4~6개월 | 물에서의 생존 |
| 모로반사<br>(Moro) | 갑자기 시끄러운<br>소리내기 | 등을 구부리고, 팔을 쭉 뻗<br>었다가 다시 안으로 껴안<br>듯이 포옹 자세를 취하기 | 6개월 | 위험한 자극에서<br>멀어지기 |
| 잡기반사<br>(Grasping) | 뭔가를 손에<br>갖다 대기 | 손가락을 한데<br>모아 잡기 | 3~4개월 | 의도적인 잡기를<br>위한 준비 |
| 바빈스키반사<br>(Babinski) | 발가락부터 발뒤꿈치<br>까지 살며시 쓰다듬기 | 마치 간지럼을 당한 듯<br>발가락을 폈다가 움츠림 | 8~12개월 | 불수의적인 반응 |
| 걷기반사<br>(Stepping) | 팔 밑을 잡고 발을<br>바닥에 닿게 하기 | 한 걸음씩 걷는<br>흉내 내기 | 2개월 | 의도적인 걷기를<br>위한 준비 |
| 긴장성<br>목반사<br>(Tonic neck) | 등을 바닥에 대고<br>눕히고, 머리를<br>한쪽으로 돌림 | 오른쪽으로 고개 돌리면,<br>오른쪽 팔다리는 곧게<br>펴고, 왼쪽 팔다리는<br>머리 쪽으로 굽힘 | 3~4개월<br>(6~7개월<br>까지도 가능) | 의도적으로 어떤<br>것을 취하기<br>위한 준비 |
| 갈란트반사<br>(Galant) | 엎드려 놓은 상태,<br>등 문지르기 | 자극 오는 쪽으로 다리를<br>구부리는 자세 취함 | 4~6개월 | 의도적으로 어떤<br>행동을 위한 준비 |

### 2) 신체적 발달

신생아의 체중은 여아는 3.2kg, 남아는 3.4kg 정도로 남아가 다소 체중이 많이 나간다. 신장은 평균적으로 50cm 정도이다. 신생아의 두위는 34cm 정도로 가슴보다 약간 크며, 전신과 머리의 비율은 약 4대 1이다.

신생아의 피부는 끈적끈적한 피지로 덮여 있으며 붉은색을 띠고 있으며, 주름이 많으며, 솜털에 덮여 있으나 시일이 지나면 점차 없어진다. 신생아의 몸에는 동양인에게 많이 보이는 몽고반점(Mongolian spot)이라 하여 엉덩이 등에 푸르스름한 반점이 나타나는데, 보통은 학령기가 시작되기 전에 자연적으로 없어진다.

생후 2~3일경에는 신생아의 약 60% 정도가 황달을 겪는데, 약 1주일 정도만 지나면 사라지게 된다. 또 출생 후 며칠이 지나면 약간의 체중감소가 있으나 약 열흘 정도 지나면 다시 회복하게 된다. 출생 시의 뇌의 무게는 350g 정도로 성인의 뇌 무게인 1,350g의 1/4에 해당한다.

### 3) 생리적 발달

신생아는 호흡과 관계있는 순환기 계통이 아직 불안정하기 때문에 맥박수가 대략 120~150회 정도로 빠르고, 호흡은 1분에 40회 정도의 복식호흡을 한다.

신생아는 체온조절 능력이 떨어지므로 성인보다 약간 높게 나타나며, 출생 후 3~5일경에 일시적으로 38도 이상의 고열이 나는 생리적 갈열을 겪는다. 신생아가 체온조절 능력이 떨어지는 것은 땀샘의 불완전한 발달과 수분 부족 때문 이외에도 피하지방 조직의 축적이 모자라기 때문이다.

신생아는 소화기 계통 역시 덜 발달되어 있기 때문에 팽만하기 쉽고, 위의 용적이 약 60cc 정도밖에 안 되기 때문에 한 번에 많은 양을 먹을 수 없다. 인공유보다는 모유가 소화흡수가 쉽고, 항체나 면역체를 많이 함유하고 있으므로 특별한 이유가 없는 한 모유 수유가 바람직하다.

특히 출산 후 이틀 이내에 나오는 초유는 영양이 풍부할 뿐만 아니라 각종 질병에 대한 면역체를 다량 함유하고 있으므로 가능하면 먹이는 것이 좋다.

출생 초기에 보이는 변을 태변이라고 하는데, 끈적끈적하고 냄새가 없으며 암녹색이나 검은색을 띠고 있다. 대략 사흘 정도가 지나면 노란색의 보통 변으로 변하는데, 인공유는 좀 더 단단한 변을 하루에 1~2회 배설하고, 모유 수유 시는 좀 더 묽은 변을 하루에 2~4회 배설한다.

### 4) 지각발달

신생아는 감각기관을 통해 자극을 받아들이고 반응을 보인다. 즉, 감각적 자극을 통해 환경과 접촉하며 적응능력을 키워나간다. 신생아의 감각은 유전적, 기질적 요인과 환경, 건강상태 등에 따라 개인차가 크다.

신생아의 시각은 다른 감각 발달에 비하여 비교적 덜 발달되어 태어난다. 약 25cm 앞의 사물을 볼 수 있을 정도이다(Haynes, White, & Held, 1965). 이 거리는 모유를 먹을 때, 엄마의 얼굴을 쳐다볼 수 있는 거리이다. 모유 수유의 장점 중에 하나가 어머니와의 직접적 접촉을 통해 정서적 안정을 제공하는 것인데, 이 정도의 거리가 그런 효과를 거두기에 적당하다. 많은 신생아들이 사시의 경향이 있으나 점차 눈의 협응력이 생겨나고 사시에서 벗어나게 된다. 출생 후 2주 정도면 일부 색깔을 변별할 수 있는데 흑백보다는 색깔 있는 것을 선호한다.

청각은 태내에서부터 기능하는 것으로 알려져 있다. 출생 직후부터 여러 방면의 소리에 반응을 보이며, 크고 강한 소리에 민감하며, 어머니 목소리에 보다 반응을 보이며, 1개월 정도가 되면 음소의 구분도 가능해진다(Aslin, Pisoni, & Jusczyk, 1983). 즉, "가자"와 "감자"는 받침 "ㅁ"에 의해 전혀 다른 단어인데, 이를 신생아가 느낄 수 있다는 것이다.

미각 역시 태내에서부터 발달하며, 신생아의 경우에 짠맛과 단맛을 구분할 수 있으며, 단맛을 선호하는 모습을 보여준다(Ganchrow, Steiner, & Daher, 1983).

신생아의 후각은 생후 초기에 강한 냄새에 반응을 보이며 어머니의 냄새를 구별하기 시작한다(Cernoch & Porter, 1985).

촉각(touch)은 부모와 아기의 상호작용을 위한 기본적 수단이다. 출생 초기부터 부모는 아기의 빰이나 손, 발 등을 어루만지고 쓰다듬으며 아기와 대화를 나눈다. 촉각은 신생아의 환경에 대한 반응을 활발하게 한다. 한 연구에 의하면 자주 촉각적 자극을 받은 신생아는 성인의 얼굴을 주시하는 비율이 높아진다고 한다(Stack & Muir, 1992).

### 5) 인지발달

인지(cognition)란 지식(knowing)을 이끌어내기 위한 정신적 과정이다. 여기에는 기억, 상징, 범주화, 문제해결, 창조력, 상상, 꿈 등 모든 정신적 활동이 포함된다. 신생아의 경우에는 외부 환경을 거의 인식하지 못할 뿐더러, 실제 경험을 할 수 있는 기회가 극히 제한되어 있기는 하지만 낯선 냄새나 소리를 들으면 심장 박동수나 근육운동에 변화를 보이는 것으로 미루어 신생아 시기부터 지각이 발달되고, 이것이 인지발달의 근거가 된다.

## 3. 영아기 발달

### 1) 영아기의 신체발달

일반적으로 출생부터 2세까지의 단계를 영아기(infancy)라 한다. 이 기간은 비록 인간의 생애에서 차지하는 비율은 짧지만, 가장 발달이 급격하게 일어나는 부분으로 인간의 여러 기능의 토대를 쌓아가는 시기이다.

영아기는 극적인 변화를 겪는 시기이기도 하다. 갓 태어난 아기는 혼자 힘으로는 아무것도 할 수 없는 무력하고 수동적인 존재이나 영아기의 끝 무렵이 되면 이동 능력이 생기고, 소근육을 정교하게 다듬어가기 시작한다. 또한 인간의 가장 큰 능력 중의 하나인 언어능력이 발달하면서 자기주장이 생기기 시작한다.

영아기는 놀랍도록 빠른 발달 속도를 갖는 시기이다. 물론 어떤 기능이 처음 나타나는 시기에 관해서는 아동학자들 사이에서 의견이 다소 다를 수도 있지만, 생애주기의 어느 때보다도 발달이 급격히 이루어진다는 점에서는 의견을 같이한다.

#### (1) 신체적 발달

영아기는 신체적으로 급속한 발달을 이루는 시기로 주변의 도움 없이는 생존할 수 없는 무력한 존재에서 하나의 독립된 개체로서 발달해나가는 준비를 하는 시기이다. 출생 시에 3.2~3.4kg이던 몸무게는 3개월이 되면 출생 시의 두 배 정도가 되고, 1년이 되면 3배 정도가 되어 체중이 약 10kg이 된다. 그 후 6세까지는 해마다 약 2kg씩 증가하므로 2세가 되면 12kg 정도가 된다. 신장은 출생 시의 약 50~51cm였다가 생후 1년이 되면 약 77cm가 되고, 2세가 되면 약 2배인 88cm 정도가 된다.

영아기는 두뇌 발달에 결정적 시기이다. 출생 시에 350g에 불과했넌 뇌의 무게는 생후 1년이 되면 800g 정도가 되고, 생후 2년이 되면 약 1kg이 되어 성인 뇌 무게의 80% 정도가 된다.

영아의 골격은 연골에서 경골이 되어가는 과정에 있는데, 이를 확실하게 보여주는 것이 두개골이다. 영아의 두개골은 여섯 개의 천문을 가지고 있는데, 이 중 2개는 육안으로 관찰이 가능한 것으로 대천문과 소천문이라 한다. 대천문은 이마의 위쪽에 있는 것으로 만지면 부드럽고, 팔딱팔딱 뛰는 모습이 관찰되는데, 출생 후 2년 정도면 닫힌다. 소천문은 머리 뒤쪽에 있는데 보통 6~8개월 정도면 닫히는데, 이러한 소천문과 대천문의 닫힘은 영양적인 면과 관계가 깊다.

치아는 일반적으로 6개월 즈음에 나기 시작하여 약 3세까지 유치 20개가 모두 보이게 된다. 그리고 5~6세가 되면 유치가 빠지기 시작하고 영구치로 바뀌기 시작하여 12세 정도까지 32개가 모두 나온다. 치아가 나오는 연령은 다소 개인차가 있으나 발달적인 면에서는 그다지 중요하지 않다. 하지만 나오는 순서는 중요한데 아랫니가 먼저 나와야 한다. 만약 치아가 나오는 순서가 불규칙하다면 턱의 모양이나 입술 모양이 달라질 수 있으므로 이 점에 주의하여 살펴본다.

신체발달에 따라 각 부위의 비율도 달라지는데, 출생 시 약 4대 1이었던 전신과 두위 비율이 생후 2세가 되면 5대 1 정도가 된다. 두위의 크기도 출생 시에는 34cm 정도로 흉위보다 약 1cm 크지만 생후 1년이 되면 약 46cm 정도로 비슷해지고, 생후 2년이 되면 약 1cm 정도 흉위가 더 커져서 약 48~49cm이 된다.

### (2) 생리적 발달

개체로서 살아가는 데 있어 필수적인 생리적 기능은 영아기를 통해 기본적 발달을 이루게 된다.

신생아 때 하루에 16~18시간을 차지했던 수면 시간이 영·유아기를 거치면서 점차 줄어드는 데 다소 개인차가 있다. 생후 1년이 되면 약 14시간을 차지하다가 2세가 되면 하루에 12시간 정도가 수면시간으로 이용된다. 영아기는 원만한 성장발달을 위해서 오전, 오후에 약 한두 시간 정도의 낮잠이 필요하다.

영아기는 수유기와 이유기를 거친다. 인공유보다는 모유가 영양적인 면이나 소화적인 면, 면역체의 보유 등 장점을 많이 가지고 있다. 무엇보다도 모유 수유의 좋은 점은 아이를 안고 수유를 함으로써 어머니와 직접 접촉함으로써 정서적 안정이나 감각적 발달을 돕는다는 것이다. 그러므로 사정이 여의치 못해 인공유로 수유를 하더라도 반드시 모유를 주는 자세를 취하여 수유를 하는 것이 좋다. 목을 가누기 시작하는 4개월쯤 되면 가벼운 이유식을 시작하여, 유치가 생겨 씹을 수 있는 6개월 이후가 되면 본격적인 이유식을 제공하는 것이 좋다.

영아기는 배설습관이 길러지는 시기이다. 보행능력이 생기고 나면 차츰 배설습관을 길러주어야 한다. 배설훈련은 많은 준비가 필요한데, 보행능력은 물론이고 배설의 욕구에 대한 느낌을 알아야 하고, 적절한 장소 등을 알아야 한다. 일반적으로 15개월 정도 되면 영아가 선호하는 배설 용기를 갖추어놓고 규칙적으로 하루에 한두 차례 앉는 훈련을 시키기 시작한다. 약 18개월이 지나면 대변을 보고 싶다는 의사표시가 가능해지므로 그때부터 본격적으로 배변훈련을 시작하는 것이 좋으나 부모가 너무 강제적인 태도를 취하는 것은 삼가야 한다. 배변훈련에 대한 부모의 태도는 아동의 인성에 영향을 미칠 수도 있다는 점을 주의해야 한다. 보통 대변은 소변에 비해 횟수가 적기 때문에 먼저 훈련이 시작해야 28개월에 완성된다. 이에 비해 소변은 부분적으로는 통제가 이루어지지만 잦은 실수를 보여 3~4세가 되어도 가끔씩 실수를 한다.

### (3) 운동기능 발달

영아기는 균형과 자세를 통제하는 소뇌가 급속도로 발달함에 따라 새로운 운동기능을 발달시키게 된다. 그리고 새로운 운동기능이 발달됨에 따라 영아는 자신의 신체와 환경을 새로운 방식으로 스스로 조절해나가기 시작한다. 예를 들어, 앉기의 운동기능을 획득하게 되면 사물을 지각하는 방식도 누워 있을 때와는 다르다는 것이다.

영아기 운동기능의 획득은 사회적 관계에 큰 영향을 끼친다. 예를 들어, 영아가 기기 시작하면 부모가 '안 돼' 하는 제한이 가해지고, 가끔씩 화도 내고, 야단을 치기도 한다. 물론 이러한 제한들을 기기 능력이 획득되기 전, 즉 누워만 있을 때는 가해지지 않았던 것으로 부모와의 관계에도 영향을 미치게 된다.

대근육(gross motor)의 발달은 기기, 서기, 걷기 순으로 나타난다. 반면에 소근육(fine motor)의 발달은 잡기나 닿기 등의 보다 작고 정교한 움직임을 발달시킨다.

다음은 연령별 대근육 운동과 소근육 운동의 발달을 보여준다.

|표 5-2| 연령별 운동기능 발달(Batshaw, 1993)

| 시기 | 대근육 운동 | 소근육 운동 |
|---|---|---|
| 출생 | 반사운동으로 고개를 돌린다. | 얼굴에 시선을 고정시킨다. |
| 1개월 | 머리를 천천히 움직인다. | 시선이 90도 움직인다. |
| 2개월 | 턱을 약간 든다. | 시선이 180도 움직인다. |
| 3개월 | 머리와 가슴을 든다. | 시선이 360도 움직이고, 주먹을 편다. |
| 4개월 | 등 쪽에서 배 쪽으로 뒤집는다.<br>수영하듯 손을 젓는다. | 양손으로 물건을 잡는다.<br>장난감을 잡고 흔든다. |
| 5개월 | 배 쪽에서 등 쪽으로 뒤집는다. | 물건을 잡고 내려치기도 한다. |
| 6개월 | 잡아주면 잠시 앉는다.<br>배밀이(creep)를 시작한다. | 물건을 움켜쥔다. |
| 7개월 | 혼자 앉는다. | 혼자 과자를 쥐고 먹는다. |
| 8개월 | 기기(crawling) 시작한다. | 종을 울린다. |
| 9개월 | 기기에 속력이 붙는다. | 물건을 탐색한다. |
| 10개월 | 가구 등에 의지해서 선다. | 물건을 두드린다. |
| 11개월 | 물건을 잡고 이동한다. | 엄지 · 검지손가락 두 개로 물건을 잡는다. |
| 12개월 | 서서 발을 뗀다. | 그릇에 물건을 담는다. |
| 13개월 | 기어오른다.<br>서 있다가 앉는다. | 손가락으로 목적하는 것을 가리킨다.<br>없어진 장난감을 찾는다. |
| 14개월 | 손과 무릎을 이용하여 계단을 오른다. | 옷 입히는 데 협조한다. |
| 15개월 | 끊임없이 움직인다. | 숟가락을 사용한다.<br>연필을 쥐고 그린다. |
| 16개월 | 의자에 앉는다. | 책장을 넘긴다. |
| 17개월 | 한 발로 선다. | 스위치를 켜고 닫는다. |
| 18개월 | 부자연스럽기는 하지만 달린다. | 지퍼를 연다. 옷을 벗는다. |
| 19개월 | 공을 찬다. | 3~4개의 블록을 쌓는다. |
| 20개월 | 뛰어오른다. | 공을 던진다. |
| 21개월 | 난간을 잡고 계단을 오른다. | 종이를 접는다. |
| 22개월 | 잘 달린다. | 구슬을 나란히 늘어놓는다. |
| 23개월 | 혼자 계단을 오른다. | 반복적인 놀이를 좋아한다. |
| 24개월 | 뒤로 걸을 수 있다. | 모양의 짝을 맞춘다.<br>수평선을 그린다. |

## 2) 영아기 언어발달

영아기는 언어발달 면에서 획기적인 발달이 이루어지는 시기이다. 영아기의 전반부는 전언어기(prelinguistic stage)로 언어발달을 위한 준비를 갖추는 시기이다. 영아기의 후반부는 언어가 시작되고 급속한 발달이 일어나는 시기이다.

연령별에 따른 영아기의 언어발달 과정을 도표화하면 다음과 같다.

|표 5-3| 영아기 언어발달 과정

| 시기 | 언어발달 |
|---|---|
| 출생 | 미분화된 울음(undifferentiated crying)을 보여준다. |
| 1개월 | 분화된 울음(differentiated crying)을 보여준다. |
| 2개월 | 쿠잉(cooing)을 한다. |
| 3개월 | 사람의 목소리에 더 민감하게 반응한다. |
| 4개월 | 말소리를 식별하고 옹알이(babbling)를 시작한다. |
| 5개월 | 옹알이 양이 많아진다. |
| 6개월 | 소리를 흉내 낸다. 모음 소리를 낸다. |
| 7개월 | 이름에 반응한다. |
| 8개월 | '안 돼'라는 말을 알아듣는다. |
| 9개월 | '엄마'나 '맘마'소리를 한다. |
| 10개월 | '아빠'를 말할 수 있다. |
| 11개월 | 익숙한 말을 알아듣는다. |
| 12개월 | 일어문(一語文) 시기에 접어든다. |
| 13개월 | 사물을 알아듣고 쳐다본다. |
| 14개월 | 가족들 명칭을 안다. |
| 15개월 | 4~5개의 단어를 안다. |
| 16개월 | 그림책을 읽어주면 좋아한다. |
| 17개월 | 10개 정도의 단어를 안다. |
| 18개월 | 이어문(二語文) 시기에 접어든다. |

| 시기 | 언어발달 |
|---|---|
| 19개월 | 약 15개의 단어를 안다. |
| 20개월 | 방향지시어에 따른다. |
| 21개월 | 단어를 스스로 조합하여 만들어내기도 한다. |
| 22개월 | 자장가를 따라 한다. |
| 23개월 | 혼자서 책을 가짜로 읽는다. |
| 24개월 | 약 50개의 단어를 안다. |

생후 1개월까지의 신생아는 우는 원인을 잘 알 수 없는 미분화된 울음을 보이나 2개월 이후에는 울음이 보다 분화되기 때문에 우는 원인을 좀 더 잘 알 수 있다. 예를 들어, 배가 고픈 경우에는 울음소리가 점점 커지는 경향이 있으며 간혹 입술을 빨고 혀를 내밀어 먹을 것을 찾는 모양을 보이기도 한다. 하지만 아프거나 불편한 경우에는 갑자기 울음을 터뜨리고, 흐느껴 울기도 하며, 앓는 소리를 내기도 한다.

생후 2개월 정도가 되면 쿠잉(cooing)을 한다. 꾸르륵하는 목젖 울리는 소리를 내는 것으로 이러한 쿠잉을 통해 발음기관을 발달시킨다.

옹알이(babbling)는 보통 4~5개월에 시작한다. 영아는 옹알이를 통해 청각적 즐거움을 느끼고, 자신의 옹알이에 대한 주변 사람의 반응에 피드백을 받아 더욱 옹알이를 즐기게 된다. 농아의 경우에 정상아와 마찬가지로 옹알이를 발달시키지만 자신의 목소리를 들을 수 없기 때문에 더 이상 옹알이를 발달시키지 못하는 것이다. 옹알이를 할 때 부모의 태도가 언어발달에 있어 중요한 영향을 미친다. 부모가 옹알이에 적극적으로 반응을 보여줄 때에 더욱 옹알이가 활발해지게 되며, 이러한 과정은 언어발달의 기초가 된다.

생후 1년이 되면 일어문 시기(one word phase)에 접어든다. 영아의 생활과 관계가 깊은 한 단어를 사용하여 의사소통을 이루는 시기로 표정이나 몸짓을 함께 사용한다.

생후 18개월 정도가 되면 이어문 시기(two words phase)가 되는데 두 단어를 결합하여 의사소통을 하는 시기이다. 이때의 두 단어는 주축어(pivot word)와 개방어(open word)로 나뉜다(Dale, 1976). 주축어는 단독으로 사용되지 않으며, 단어 조합의 앞이나 뒤의 고정적 위치를 가진 것이고, 개방어는 적극적인 의사표현을 하기 위한 단어를 말한다. 예를 들어, "엄마, 까까", "아, 이뻐"에서 '엄마'나 '아'는 주축어에 해당되고 '까까'나 '이뻐'는 개방어에 해당된다. 또한 이 시기의 언어를 전보식 언어(telegraphic speech)라고도 하는데, 전보처럼 중요한 의미를 가진 단어를 사용하기 때문이다.

### 3) 영아기 정서발달

영아기는 여러 정서가 분화하기 시작하는 단계이다. 이 시기의 부모로 인해 형성되는 안정적인 정서상태는 이후의 인성 형성에 커다란 영향을 미친다.

출생 당시의 영아의 정서는 아직 분화되지 않은 상태에 있다가 성숙, 학습, 조건화 등의 영향으로 점차 분화되어 희로애락이 분명해지며 자아개념도 구체적으로 형성된다.

영아기는 본능적 욕구와 결부되어 정서가 나타난다. 특히 언어적 능력이 없기 때문에 부모들은 이러한 아동의 정서표현을 주의 깊게 관찰하고, 정확히 파악하여, 그 욕구를 충족시켜 주어야만 한다.

분노는 영아 초기부터 발달한다. 배가 고프거나 몸이 아플 때에 울음이나 몸짓, 체온 변화 등을 통해 분노를 표출한다. 이러한 분노는 인지능력과 운동능력이 발달됨에 따라 의도적인 행동이 가능하나, 아직 세련되지 못하기 때문에 실수가 잦고, 그로 인해 주변의 통제가 많아지는 생후 2년 정도까지 계속 증가하는 것이 보통이다.

공포는 영아 초기에는 드물게 나타난다. 이 시기는 위험한 상황에서 자신을 보호할 만한 운동기능이 아직 없기 때문에 주양육자에게 의지할 수밖에 없기 때문이다(Izard & Malatesta, 1987). 공포 역시 분노와 마찬가지로 생후 첫해의 후

반기에 이동 능력이 생기면서부터 점차 증가하기 시작한다. 영아기 후반부가 되면 새로운 놀잇감을 대할 때에도 망설이는 듯한 태도를 보이기도 한다. 하지만 영아가 가장 공포를 자주 보이는 상황은 낯선 어른을 대할 때로 이를 이방인 불안(stranger anxiety)이라고 한다.

이렇게 낯선 사람에 대한 불안은 생후 7개월 즈음의 공포심이 증가하고 있다는 것에 대한 중요성을 이해할 수 있게 한다. 그 무렵의 영아는 독자적인 움직임으로 모험을 감행하고자 하는 욕구에 시달리게 된다. 하지만 낯선 사람에 대한 불안이 있기 때문에 경계심이 늘어나고 안전감을 유지하면서 탐색을 즐기기 위해 친숙한 사람을 안전기지(secure base)로 사용하는데 주로 어머니가 이 역을 하게 된다.

발달의 여러 면을 도모하는 행복은 처음에는 미소로 나타나지만 나중에는 밝은 웃음으로 표현된다. 새로운 기능을 익히면서 짓는 영아의 미소나 웃음은 기쁨의 표현이다. 그러한 미소를 보면서 양육자는 더욱 애정을 가지고 아기를 돌보고, 아기는 더욱 미소를 짓게 되는 것이다. 이처럼 행복은 영아의 발달적 능력을 북돋을 수 있도록, 부모와 아기를 더욱 온화하고 지지적인 관계로 유지하게 한다.

생후 1개월이 되면 흥미롭고 역동적인 사물의 움직임을 보면 미소를 짓기 시작한다. 2개월 정도가 되면 사회적 미소(social smile)라 하여 환하게 밝은 미소를 나타내고(Sroufe & Waters, 1976), 3개월 정도가 되면 주변 사람을 대할 때, 더욱 자주 미소를 띠게 된다.

웃음은 3~4개월 근처에 나타나기 시작한다. 초기 웃음은 미소와는 다르게 매우 역동적인 자극을 가할 때, 그 반응으로 나타난다. 예를 들면, 엄마가 즐겁게 "우리 아기, 정말 예뻐요." 하면서 배에다 마구 뽀뽀를 해주는 경우에 '까르륵' 하는 아기 웃음소리를 들을 수 있을 것이다.

생후 6개월이 되면 자신이 좋아하는 사람과 상호작용을 할 때에 미소와 웃음을 더욱 자주 보여준다. 2세가 되면 영아는 흥미 있는 장난감을 가지고 놀다가도, 좋아하는 사람이 나타나면 기쁨을 표시하게 된다.

영아기의 정서발달을 간단히 요약해 보면 다음과 같다.

|표 5-4| 영아기의 정서발달(Berk, 2000)

| 발달시기 | 정서표현 | 타인의 정서 이해 |
|---|---|---|
| 출생 ~ 6개월 | • 기본적 정서들이 나타난다.<br>• 사회적 미소(social smile)가 나타난다.<br>• 크게 웃는다.<br>• 친숙한 사람과 상호작용할 때에 더 즐거워한다.<br>• 상황에 따라 적절한 정서 표현이 나타난다. | • 주양육자와 마주 대할 때(face-to-face)에 감정을 조율시키는 능력이 생긴다. |
| 7개월 ~ 12개월 | • 분노, 공포가 나타나고 특히 낯선 사람을 보았을 때 불안(stranger anxiety)해 한다.<br>• 안전기지(secure base)로서 양육자를 이용한다.<br>• 기기와 걷기를 통해 자극에 접근하고 물러서는 것이 가능하게 됨으로써 정서의 자기조절(emotional self regulation)이 향상된다. | • 타인의 정서적 신호의 의미를 인지할 수 있는 능력이 발달한다.<br>• 사회적 참조(social referencing)가 발달한다. |
| 12개월 ~ 24개월 | • 자기의식(self-conscious)의 정서가 나타난다. | • 자신의 정서와 다른 정서를 받아들일 수 있게 된다.<br>• 감정을 표현할 단어 수가 늘어난다.<br>• 공감 능력이 생긴다. |

## 4) 영아기 사회성 발달

영아기의 사회성은 주양육자, 주로 어머니를 통해 이루어진다. 특히 영아기는 본격적인 사회적 관계가 형성되기 이전이므로 어머니와의 애착 관계가 이후의 사회성이나 인성 부분에 커다란 영향을 미친다.

주양육자, 보통은 어머니와 맺는 강한 정서적 유대를 애착(attachment)이라 한다. 이러한 애착은 인간관계의 기초가 되어 세상을 보는 눈을 만들어 준다.

영아기의 애착 형성에는 수유가 매우 중요한 역할을 한다. 즉, 인간의 가장 원초적인 일차적인 욕구인 배고픔을 충족시키는 과정에서 이차적 욕구인 신체적 접촉도 충족되면서, 애착이 형성되는 것이다.

애착이라는 용어를 처음 사용한 Bowlby(1969)는 '애착이란 특정한 두 사람 간에 형성되는 애정적인 유대관계'로 정의하고, 애착 행동에 울음, 미소, 웃음, 옹알이, 매달리기, 만지기, 안기기 등을 포함시켰다.

생애 초기의 부모-자녀 관계는 사회성 발달의 결정적 요소라 할 수 있다. 바람직한 애착 관계를 보이는 부모는 언어적 능력을 갖추지 못한 영아의 욕구도 능숙하게 알아차리고 적절한 사회적 상호작용을 해줄 수 있다. 즉, 영아의 정서적 사회적 신호들에 적절한 반응을 보일 수 있다는 것이다.

이러한 상호작용은 애착(attachment)이라고 불리는 부모-자녀 사이의 사회적 정서적 유대감의 기초가 된다. 애착은 생후 6개월 무렵부터 시작되어 2세 정도까지 점진적으로 발달되어 사회성뿐만 아니라 인성의 발달에도 커다란 영향을 미치게 된다.

생애 초기의 애착 발달을 알아보기 위해 실험실 내에 편안한 느낌을 주는 방을 마련하여 영아를 혼자 놔두고 실험 계획에 따라 여러 차례 주양육자가 자리를 비우면서 이때 보이는 영아의 반응을 녹화하여 분석하여 다음과 같이 안정적 애착, 양가감정적 애착, 회피적 애착, 혼란적 애착의 4가지 유형으로 구분한 연구들이 있었다.

|표 5-5| 애착유형(Lyons-Ruth, Zeanah, & Benoit, 2003)

| | |
|---|---|
| 안정적 애착 | • 주양육자와 가까이 있으면서 주변을 활발히 탐색한다.<br>• 주양육자가 방을 비울 때에도 안정된 태도를 갖는다.<br>• 주양육자가 돌아오면 반가운 태도로 맞는다. |
| 양가감정적 애착 | • 영아가 주양육자에게 짜증이나 화를 자주 낸다.<br>• 소극적이고 무력한 모습을 보인다.<br>• 주양육자가 방을 비울 때에 쉽게 진정되지 않는다. |
| 회피적 애착 | • 주양육자와 접촉하는 것을 피한다.<br>• 주양육자에게 화내는 일도 거의 없고, 관심을 보이지도 않는다.<br>• 주양육자에게 애정을 표현하거나, 사랑받고 싶어하는 태도를 보이지 않는다. |
| 혼란적 애착 | • 주양육자가 방을 비울 때에 일관된 모습이 보이지 않는다.<br>• 어떨 때는 심하게 울고, 어떨 때는 아무런 관심도 보이지 않는다.<br>• 동작이나 의사표현 반응이 느리고, 가끔 무반응적이다.<br>• 주양육자를 두려워하는 태도를 보인다. |

## 5) 영아기 인지발달

영아기에는 청각, 시각, 후각, 미각, 촉각 등 감각적 발달이 활발하게 일어나는 시기로, 이러한 감각의 발달은 환경을 경험하기 위한 기초를 제공한다. 즉, 영아기의 감각적 정보들은 정확히 입력되어 학습과 인지발달이 일어나게 한다.

인지발달을 위한 세 가지 기본 학습과정으로는 고전적 조건형성, 조작적 조건형성, 그리고 관찰학습을 들 수 있다. 이러한 과정은 출생 초기부터 일어나며, 연령이 높아갈수록 주변 환경에서 자극을 선택하고 집중을 유지할 수 있는 기능, 정보기억기능, 표상기능, 개념형성기능, 정보조절기능 등 보다 높은 사고과정을 발달시키면서 보다 복잡해진다.

### (1) 정보처리 과정과 인지발달

정보처리 과정은 인지발달, 특히 기억의 재생 면에서 중요하다. 기억은 크게 감각기억, 단기기억, 장기기억의 3가지로 나누어 볼 수 있다.

#### ① 감각기억

감각기억(sensory memory)은 감각기관을 통해 받아들인 정보를 뇌에 입력시키는 것을 말하는데, 보통 1/4초 동안 지속되었다가 사라진다. 예를 들어, 차창 밖의 가로수들을 보았을 때의 시각 정보는 금방 사라져 버리게 된다.

#### ② 단기기억

단기기억(short-term memory)은 약 30초간 정보를 유지하는 것이다. 예를 들어, 전화번호를 한 번 보거나 듣고, 그 다이얼을 돌릴 동안 그 기억을 유지할 수 있는 것을 말한다. 기억을 위한 특별한 책략을 사용하지 않고 7개의 무의미한 수를 단기 기억할 수 있다.

③ 장기기억

장기기억(long-term memory)은 영구히 정보가 뇌에 남아 있는 것으로 여러 가지 전략이 쓰이는데, 대표적으로는 시연, 조직화, 정교화의 전략이 많이 사용된다.

시연(rehearsal)은 기억해야 할 대상이나 정보를 눈으로 여러 번 보아두거나 말로 되풀이하여 정보에 대한 기억을 유지하는 것이다.

조직화(organization)는 제시된 기억자료를 속성에 따라 의미 있는 단위로 묶어서 기억하는 방법으로, 절편화(chunking)와 범주화(categorization)를 들 수 있다. 절편화란 잘라서 기억하는 것, 예를 들어, 785439621이라면 무조건 외우려 들지 않고, 785, 439, 612로 나누어 외우는 것을 말한다. 범주화란 카테고리로 자료를 묶는 것으로 예를 들어, 코끼리, 사과, 배, 양, 나팔꽃, 제비꽃, 사자, 귤, 봉숭아라는 단어를 기억할 때, 동물은 동물끼리, 과일은 과일끼리, 꽃은 꽃끼리 묶어서 기억하는 것이다.

정교화(elaboration)는 기억해야 할 둘 이상의 자료 간의 공유성을 만들어 내어 연결지어 기억에 저장하는 방법 예를 들어, 전화번호 415-4637이라면 4, 1, 5를 합하여 10을 만들고, 4, 6을 합하여 10, 3, 7을 합하여 10이라고 연결지어 기억하는 방법이다.

(2) 도식의 발달

도식(schemes)이란 인지적인 틀을 말한다. 예를 들면, '새'의 종류는 무수히 많지만 '새'라는 단어에서 연상되는 어떤 것을 '새'에 대한 도식이라 한다.

인지발달 학자인 Piaget는 이러한 도식은 연령에 따라 다르게 형성된다고 보았다. 어린 연령대에서는 운동 동작패턴에 의해 도식이 형성된다. 한 예를 들어, 6개월 된 영아는 어떤 물건을 쥐었다가 떨어뜨리면서 '떨어뜨리기 도식'을 알게 되고, 그 후 단순히 이러한 도식을 이용하여 딸랑이를 떨어뜨리고는 그 느낌이나 소리를 즐긴다. 18개월이 되면 '떨어뜨리기 도식'은 좀 더 교묘해지고 창의적이 된다.

장난감을 때로는 강하게, 때로는 살짝, 소파 아래로 떨어뜨리고, 허공에 던지기도 하고, 벽에 던지기도 한다. 이는 도식이 동작적인 수준에서 정신적인 수준으로 옮겨가는 것으로 다양한 던지기 도식을 발달시키는 것이다.

Piaget는 도식의 변화는 크게 적응과 조직화의 두 과정으로 이루어진다고 보았다. 먼저 적응(adaptation)이란 환경과의 직접적인 상호작용을 통해 도식을 형성하는 것이다. 이러한 적응은 동화와 조절의 두 가지 활동으로 구성된다.

동화(assimilation)는 기존에 가지고 있던 도식을 통해 외부 세계를 해석하는 것이다. 예를 들어, 동물원에서 '낙타'를 처음 본 아이는 "말" 하고 소리를 지르며 좋아하는데, 이는 '낙타'라는 생소한 동물이 보여지는 모습으로 인하여 이전에 알고 있던 가장 흡사한 모습이라고 생각한 '말'이라는 동물에 동화시키는 것이다.

조절(accommodation)은 새로운 자극이 기존의 도식에 동화되지 못할 때, 인지적 구조의 변화를 가져오는 인지과정을 겪게 되는데 이러한 과정을 조절이라 부른다. 앞에서 예를 들어, 낙타를 말이라고 부른 아이는 차츰 그것이 말의 특성과 다르다는 사실에 주목하게 되면서, '말' 도식을 교정하게 되는 것이다. 결국 조절이란 새로운 도식을 형성하거나 기존 도식을 변형시키는 역할을 해서 도식의 발달을 가져온다.

동화가 새로운 자극을 기존 도식으로 끌어들여 인지의 양적 발달을 이루게 하는 반면, 조절은 새로운 자극에 의해 기존 도식을 수정하거나 새로운 도식을 만들어내어 질적 발달을 이루게 한다.

인지발달을 위해서는 동화와 조절이 적절히 균형을 이루어야 하는데 이를 평형(equilibration)이라 한다.

한편, 조직화(organization)는 환경과의 직접 접촉이 아닌 내면에서 일어나는 것이다. 아동이 새로운 지적 구조를 형성할 때에는 상호 관련성이 있는 기존 도식들과 함께 연계시킨다. 예를 들면, '떨어뜨리기' 도식과 '던지기' 도식의 관련성을 깨달은 아이는 일련의 도식들을 통해 점차 '가깝다', '멀다'의 거리감을 이해하게 된다.

## 4. 유아기 발달

### 1) 유아기 신체발달

일반적으로 유아기(early childhood)는 2세 이후부터 초등학교 입학하기 이전까지를 말하는데 때로는 1.5세부터 3세까지를 걸음마기(toddler)라고 하고 4세부터 6세까지를 학령전기(preschool)라고도 한다. 여기서는 일반적인 분류에 따라 2세부터 6세까지를 유아기라 하겠다. 유아기는 다방면에서 발달이 활발하게 일어나는 시기이다. 신체적으로는 보행기능이 향상되면서 마음껏 탐색할 수 있는 능력이 생겨 인지기능이 풍부해지고, 언어능력도 급격히 향상된다. 또한 어린이집이나 유치원에 취원하는 시기이므로 또래 관계 등 사회성 발달에도 획기적인 시기가 된다. 그리고 이러한 여러 가지 경험은 성격 형성에 결정적인 영향을 미친다. 이 시기의 신체, 정서, 인지 등의 발달은 개인의 독특성을 이끌어내어 개성적인 유아로 발달하게 된다.

#### (1) 신체적 발달

유아기는 영아기만큼 급격히 신체적 발달이 일어나는 시기는 아니나, 비교적 활발하게 신체적 성장이 일어나는 시기이다. 이 시기의 신체적 발달은 매우 중요해서 정서, 인지, 성격, 사회성 등 여러 발달의 기본 토대를 형성한다.

생후 2세에 약 12kg에 달했던 몸무게는 개인차가 있기는 하나 해마다 약 2kg씩 증가하기 때문에 6세 정도면 20kg 정도가 된다.

신장은 꾸준히 자라 2세 때 88cm 정도였으나 해마다 약 6~7cm 자라는데 개인마다 차이가 있다.

두뇌의 발달도 꾸준히 일어나 6세경에는 거의 성인 수준에 이르게 되고, 전체 신체에서 두위가 차지하는 비율도 6세가 되면 1/6 정도에 이른다.

치아발달은 유아기 끝 무렵에 유치가 완성되고, 다시 영구치로 교환되기 시작한다.

### (2) 생리기능 발달

맥박 수는 1분에 대략 약 100회 정도이며, 호흡 수는 대략 20~35회 정도가 되고, 점차 복식호흡에서 벗어나 흉식호흡을 하게 된다.

유아기의 활발한 신체 성장을 위해 수면 시간은 매우 중요한데 성장함에 따라 약간씩 줄어든다. 그래서 5~6세경에는 대략 10시간 내외의 수면을 취하며, 오후의 활동을 위해 짧게라도 낮잠을 자는 것이 필요하다.

이 시기부터는 영아기에 비해 신체발달 면에서 개인적인 차이가 많이 생기기 시작한다. 신체발달에 영향을 주는 요인을 생각해보면 크게 유전적 요인과 환경적 요인으로 생각해 볼 수 있다. 유전적인 부분은 신장이나 몸무게 등 체형적인 부분에 많은 영향을 미친다. 하지만 유아기의 신체적 발달에는 환경적인 요인도 매우 중요하다. 환경적인 요인에는 영양, 운동, 수면, 주거환경 외에도 자연적 환경, 사회적 환경 등 간접적인 부분도 크게 영향을 미친다.

### (3) 운동기능의 발달

이 시기는 신체적 발달에 따라 운동기능도 꾸준히 발달한다. 유아기는 보행기능이 급격히 향상되는 시기이며, 5~6세가 되면 걷기, 달리기, 도약하기, 수영하기 등 대부분의 운동기능을 습득할 수 있게 된다.

이 시기의 유아들은 특히 걷기보다 달리기를 더 좋아하는 경향이 있는데 이는 근육의 미세한 발달이 아직 일어나지 못했기 때문이다. 그리고 오르기는 좋아하지만 내려오기는 미숙함을 보이기 때문에 높은 곳에 잘 올라갔다가도 내려올 때는 두려움을 느끼고 울음을 터트리기도 한다. 계단 오르기도 2세 이후부터 가능하나 한 발을 오르고 다른 한 발을 끌어올리는 수준이고, 4세 이상이 되어야 두 발을 교대로 사용하여 계단을 올라갈 수 있다.

유아기 초기에는 몸의 균형 잡기가 쉽지 않으나 5세 정도 되면 한 줄로 된 선을 따라 걸을 수 있을 정도가 된다.

다음은 성장에 따른 대근육 운동의 발달을 간략하게 보여주는 것이다.

|표 5-6| 대근육 운동의 발달(Berk, 1999)

| 발달시기 | 대근육 운동의 발달 |
|---|---|
| 2~3세 | • 리듬감 있게 걷는다.<br>• 점프, 깡충 뛰기, 공놀이 등을 하는데, 상체의 움직임이 경직되어 있다.<br>• 타는 장난감의 바퀴를 다리로 굴리며 탄다. |
| 3~4세 | • 발을 바꿔가면서 계단을 오른다.<br>• 점프, 깡충 뛰기를 할 수 있는데 상체를 유연히 움직인다.<br>• 공놀이를 하지만 상체를 많이 이용하지는 못한다.<br>• 세발자전거를 타기 시작한다. |
| 4~5세 | • 움직임을 유연하게 하고, 발을 바꿔가면 계단을 내려간다.<br>• 한 발로 깡충깡충 뛰기를 한다.<br>• 한 발에 무게를 이동시켜가며 몸을 던져 공을 던진다.<br>• 빠르고 유연하게 바퀴를 돌린다. |
| 5~6세 | • 속도를 내어 달리기를 한다.<br>• 옆으로 걷기도 하고, 한 발 뛰기를 오래 할 수 있다.<br>• 온몸을 사용하여 공놀이를 할 수 있으며, 던지는 강도도 강해진다.<br>• 두발자전거 타기를 시도해 본다. |

유아기는 대근육뿐만 아니라 소근육의 발달이 정교해지는 시기이다. 소근육의 발달로 스스로 신변처리를 할 수 있는 능력이 급격히 증대한다.

보통 2세 이후가 되면 숟가락을 사용하여 스스로 밥을 먹을 수 있게 되지만 아직 미숙하기 때문에 흘리는 것이 많다. 젓가락의 사용은 3세 이후에나 가능한데 역시 미숙하기 때문에 숟가락이나 젓가락을 사용하여 깨끗이 식사를 할 수 있을 정도가 되는 것도 5~6세는 되어야 가능하다.

일반적으로 생후 1년이 지나면 무엇인가를 잡아 긁적거리는 시늉을 하기 시작하면서 그리기 능력을 발달시킨다. 그리기 기능의 변화를 보면 생후 1~2세 정도가 되면 난화기(scribbling stage)라 하여 색연필이나 크레용을 손바닥 전체를 이용하여 쥐고 제멋대로 그리기 시작한다. 약 2세 정도가 되면 원 모양의 형태를 그리기 시작한다. 그리고 그림이라는 것이 어떤 대상을 가상해서 묘사하는 것이라는 것을 깨닫기 시작한다. 약 3세가 되면 좀 더 그림의 모양을 갖추기 시작하는데, 이 시기가 되면 그리기 전에 크레용을 들고 그림의 형태를 생각하는 것 같은 모습을 보이며, 간혹 그림을 그리고 제목을 붙이는 모습을 보여주기도 한다. 3~4세가 되면 사람의 모습을 그리기 시작하는데, 처음에는 올챙이(tadpole) 형태로 보인다. 그 후 점차 소근육이 발달하면서 눈, 코, 입, 머리카락, 손가락 등 사람의 모습과 흡사한 그림을 그리기 시작한다. 유아 초기에는 현실성 없는 그림을 그리지만, 소근육기능과 인지기능이 발달해감에 따라 좀 더 현실성 있는 그림을 그리게 되어 6세가 되면 다소 복잡한 그림을 그릴 수 있게 된다.

### 2) 유아기 언어발달

약 2세가 되면 문장의 길이도 점점 길어지고, 문법적인 발달도 점차 일어나는 문장 사용기에 접어든다. 이 시기는 주변 환경에 대한 탐색을 통해 지식이 늘어나면서, 그러한 지식을 개념화할 수 있는 단이 능력이 풍부해지고, 문법도 발달된다.

3~4세 정도가 되면 서너 개의 단어를 사용해서 문장을 형성하고, 단어도 1,000개 정도에 이른다. 약 4~5세에는 평균 5개 정도의 단어를 사용하여 문장을 만들어낸다. 그리고 위치를 나타내는 단어나 동사를 많이 사용하며, 약 1,500개 이상의 어휘를 사용한다. 5~6세가 되면 약 7개 정도의 단어를 사용하여 문장을 구성하며, 반대말에 대해서도 이해하기 시작하며 약 2,000개 이상의 어휘를 사용하여 거의 성인 수준의 언어발달을 이룬다.

다음은 아동의 언어기능을 수용기능과 표현기능으로 나누어 본 것이다.

|표 5-7| 영유아의 언어기능(Bremner & Bryant, 1977; Whitehurst, et. al., 1988)

| 연령 | 수용기능 | 표현기능 |
|---|---|---|
| 출생 ~ 6개월 | • 갑작스러운 소리에 반응한다.<br>• 친근한 목소리에 반응한다.<br>• 소리 나는 곳을 안다.<br>• 이름 등 간단한 단어를 인식한다. | • 운다.<br>• 웃음과 옹알이를 보인다.<br>• 놀이를 하며 소리를 낸다.<br>• 혼자서 소리를 낸다. |
| 6개월 ~ 12개월 | • '안 돼'라고 하면 행동을 멈춘다.<br>• 단순한 명령에 따른다.<br>• 단순한 말을 알아듣는다. | • 모국어의 소리를 낸다.<br>• 성인의 소리를 흉내 낸다.<br>• 첫 말을 한다. |
| 12개월 ~ 18개월 | • 연속적인 명령을 수행한다.<br>• 새로운 단어를 이해한다.<br>• 동화를 듣는다. | • 열 단어 정도를 사용한다.<br>• '이게 뭐야' 하며 사물 이름을 물어본다.<br>• 문장 말하기를 시도한다. |
| 18개월 ~ 24개월 | • 여러 소리를 인식한다.<br>• '이리 와' 등의 행동을 나타내는 말을 이해한다. | • 짧은 문장을 말한다.<br>• 대명사를 말한다.<br>• 말끝을 따라 한다. |
| 24개월 ~ 36개월 | • '안' '위' '아래' 등의 말을 이해한다.<br>• 한 번에 세 가지 명령을 말해도 알아듣는다. (예 이리 와서 앉아서 주스 마셔.) | • 명사와 동사를 사용하여 적극적으로 말한다.<br>• 엄마의 말을 대부분 이해한다. |
| 36개월 ~ 48개월 | • 타인의 메시지를 이해하고, 사회적인 맥락에서 의사소통 기술이 늘어난다. | • 접속사나 조동사 같은 복잡한 언어형태를 사용할 수 있게 된다. |

### 3) 유아기 정서발달

유아기 정서는 매우 강렬하게 나타나지만 일시적이다. 유아는 감정표현을 폭발하듯이 강렬하게 한다. 예를 들면, 화가 날 때 온몸을 사용해서 그 성냄을 표현하고, 좋을 때는 깡충깡충 뛰면서 뛸 듯이 감정표현을 한다. 하지만 그 강렬함이 오래가지는 않는다. 금방 화를 내다가도 쉽게 풀어져 헤헤거리고, 금방 울다가도 웃음을 터트리기도 한다. 이는 관심의 변화가 쉽게 일어나기 때문이다. 예를 들어, 깨지기 쉬운 물건을 만져 엄마에게 꾸중을 듣고 울음을 터뜨리더라도 좋아하는 장난감을 들려준다든가, 좋아하는 TV 프로그램을 틀어준다든가 하면 쉽게 울음을 그친다.

Hurlock(1976)는 유아기의 정서적 특징에 대해 다음과 같이 말한다.

① 격렬하다: 성인은 자신의 정서를 통제하려고 애쓰는 데 반하여 유아기의 아동은 그러한 노력을 하지 않고 느끼는 대로 표현한다.

② 일시적이다: 유아의 정서는 격렬하게 표출되기는 하지만 금방 사라져 버린다.

③ 유동적이다: 특히 연령이 어릴수록, 웃음에서 울음으로, 공포에서 호기심으로, 사랑에서 미움으로 쉽게 변해간다.

④ 질투가 많다: 유아의 질투는 원초적으로 표출되기 때문에 직접적으로 화를 내거나, 분노를 터드린다. 특히 질투로 인하여 부모의 사랑을 나누어야 하는 형제간에 다툼이 잦다.

⑤ 호기심이 많다: 유아기의 아동은 주변 환경에 대해 많은 호기심을 보이며, 자신이 좋아하는 것에 집중하는 성향이 있다.

유아기에는 정서의 대부분이 분화되어 발달하는데 대표적인 정서에 대해 살펴보면 다음과 같다.

### ① 공포

유아기는 공포에 대해 많은 것을 학습하는 시기이다. 부모의 통제 하에 비교적 공포적 자극에서 안전하던 영아기에 비해 유아기는 많은 공포적 자극에 노출되는 시기이다. 2세 이상이 되면 유아는 자주 자신이 느끼는 공포에 대해 언급을 하고, 그러한 공포를 억누르려는 노력을 한다. 예를 들면, 불쾌한 광경이나 소리가 들리면, 눈을 감아 버린다든지, 귀를 막는다든지 하여 감각기관에서 오는 자극의 강도를 줄여 정서적 각성을 둔하게 한다. 또한 그러한 노력의 일환으로 "엄마가 곧 올 거야."라고 스스로 위로의 말을 하기도 한다. 유아들은 일반적으로 괴물이라든가 유령, 어둠, 천둥 등에 대해 느끼는 공포를 현실과 구분하는 데 어려움을 갖는다. 그러므로 괴물이나 유령 등에 공포심을 심하게 느끼는 유아에게는 무서운 얘기가 나오는 책이나 TV 프로그램을 될 수 있으면 보지 못하게 하는 것이 좋다. 만약 어둠에 심각한 공포를 느끼는 경우라면 밤에 방에 약한 불을 켜주는 것이 좋다. 그리고 될 수 있으면 공포심을 조장할 수 있는 말을 하지 않는 것이 좋다. 예를 들면, 천둥이 칠 때, 나쁜 애를 벌주려고 야단치는 소리라는 등의 공포심을 조장하는 말을 한다든지, 아니면 자신이 먼저 무서운 시늉을 내는 태도 등을 보여주지 않아야 한다. 유아기에 형성된 어떤 대상에 대한 정서가 이후 성장해서 대상을 대하는 태도나 정서를 결정하는 경우가 많기 때문이다.

② 분노

유아기는 분노를 자주 터뜨리는 시기로 떼쓰기, 고집 부리기, 말 안 하기, 발버둥치기, 반항하기, 욕하기, 침 뱉기 등으로 그 표현을 한다. 무슨 일이든 자신이 선택해서 주도적으로 하길 원하는 시기이지만, 아직 인지적으로나 운동기능적으로 발달이 충분하지 않기 때문에 많은 실패를 거듭하게 되면서 주변으로부터 많은 제재와 통제를 받게 되는 시기이기도 하다. 특히 보행기능이 향상되고, 호기심이 많아져 탐색능력이 활발해지는 2~3세 때가 주변의 통제를 많이 받게 되므로 가장 분노를 자주 터뜨리는 시기이다.

③ 질투

유아기는 질투가 많이 생기는 시기이기도 하다. 흔히 '샘낸다'는 말로 표현되는 유아기의 질투는 대부분 이 시기에 생기는 동생의 출생과 더불어 발달하기 시작한다. 부모의 애정이 어린 동생에게 쏠리는 것에 질투를 느껴 짜증이 늘고, 불안정한 정서를 보인다든가, 퇴행적인 행동이 나타나기도 한다. 퇴행적인 행동으로는 아기 말투와 목소리를 흉내 내기, 엄마에게 떨어지지 않고 계속 안기려 드는 행동, 아기 때 쓰던 담요나 젖병을 다시 찾아 사용하려는 행동, 잘 가리던 소변을 다시 실수하는 행동 등이 나타난다. 이럴 때 부모는 아동을 안심시켜주고 애정을 확신시켜주는 말을 계속적으로 들려주고, 스킨십을 많이 해주는 것이 좋다. 반면에 질투심을 동생을 때리는 등 공격적인 행동으로 나타내는 경우도 있다. 무엇보다도 부모가 자녀들을 공평하게 대하고, 어느 한쪽을 편애하는 듯한 행동을 보이지 않는 것이 중요하다.

④ 기쁨

유아는 웃음이나 표정, 언어표현 등을 통해 자신이 느끼고 있는 기쁨을 명백히 표현한다. 특히 어떤 성취감을 느끼거나, 그 성취로 인해 주변에서 칭찬을 들을 때, 또래와의 경쟁에서 이길 때 적극적으로 기쁨을 표현한다.

⑤ 호기심

유아는 호기심이 특히 많은 시기이다. 호기심은 새로운 지식과 정보에 대해 탐구하려는 정서로 인지발달을 이루는 밑바탕이 된다. 영아기에는 구강기적 욕구와 더불어 모든 것을 입으로 가져가 탐색하려는 행동으로 호기심을 만족시킨다. 하지만 유아기 초기가 되면 언어기능과 보행기능이 생기면서 직접 물건을 탐색하는 행동이 늘면서, 호기심을 만족시키는 질문이 급등하게 된다. 유아기 끝 무렵이 되면 논리적인 설명을 요구하기도 한다. 이럴 때 부모의 태도는 유아의 인지발달에 매우 중요하다. 성실히 자상한 태도로 대답을 해주되, 될 수 있으면 유아와 함께 인터넷을 검색해보거나, 책이나 신문을 찾아보는 것이 바람직하다.

## 4) 유아기 사회성 발달

유아기는 혈연으로 맺어진 가정에서 벗어나 최초로 공공 사회의 구성원이 되는 유치원이나 어린이집 등에 취원하는 시기로 또래 관계가 형성되는 시기이다. 2세에서 5세 사이에 유아들은 자기인식(self-aware)이 점차 증가하고, 보다 효과적인 의사소통 능력을 갖게 되면서 다른 사람의 사고와 감정을 보다 잘 이해할 수 있게 되기 때문에 또래와의 상호작용도 양적인 면이나 질적인 면에 변화를 일으키게 된다. 놀이를 연구한 Parten은 보육시설에 있는 유아들의 놀이를 관찰하여 일정한 패턴을 발견하여 다음과 같이 정리하였다(http://ccpdi.usu.edu/2018.1.4.).

① 비사회적 행동

비사회적인 행동(nonsocial activity)은 비몰입적으로, 방관자적 행동과 단독놀이(solitary play)로 특징지을 수 있다.

② 평행놀이

평행놀이(parallel play)는 비사회적 행동단계 다음으로 발달하는 놀이 형태이다. 또래와 비슷한 놀잇감을 가지고 함께 앉아 놀이를 즐기지만 각자의 놀이에만 충실한 것을 말한다.

③ 연합놀이

세 번째 단계로 연합놀이(associative play)가 보여진다. 이는 각자 다른 놀이를 하면서도, 놀잇감을 교환한다든가 다른 사람의 행동에 대해 참견을 한다든가 하는 상호작용을 보여주는 것을 말한다.

④ 협동놀이

마지막 단계가 협동놀이(cooperative paly)가 일어난다. 상상놀이에서 역할놀이를 한다든가, 모래성을 함께 쌓는다든지, 그림을 함께 그리는 등 공동의 목표를 추구하는 놀이형태를 협동놀이라 할 수 있다.

하지만 항상 이러한 놀이 유형이 반드시 순서대로 일어나는 것은 아니며, 협동놀이를 하다가도 단독놀이로 돌아가기도 하기 때문에 모든 놀이 패턴에 적용하는 데는 무리가 있다.

유아기는 또한 도덕성(morality)이 형성되는 시기이기도 하다. 도덕성이란 라틴어의 '품성'이라는 mores의 형용사인 moralis에서 유래된 것으로, 사람으로서는 마땅히 해야 할 바른 도리나 행동을 삶에서 실천하는 것이다. 유아기는 도덕원리의 지배를 받는 초자아가 발달되므로 도덕성 발달에 획기적인 시기로 부모의 태도에 의해 크게 영향을 받는다. 하지만 이 시기의 도덕성은 동기나 의도는 별로 중요하지 않다. 타율적인 도덕성이 발달되는 시기로 결과를 중시한다. 결국 과정은 중요하지 않으며, 결과가 처벌을 받느냐, 그렇지 않으냐에 의해 도덕적 태도를 결정하는 것이다.

### 5) 유아기 인지발달

대표적인 인지발달 학자인 Piaget는 1920년 지능연구소인 Alfred Binet(비넷)연구소에서 일하면서 아동의 오답들이 일관된 유형이 있음을 발견하고, 연령에 따라 독특한 사고체계를 가지고 있다는 생각을 갖게 되었다. 이후 자신의 딸 재클린과 루시엔느, 아들 로렝의 세 자녀를 대상으로 일상생활을 관찰하여 4단계의 인지발달 이론을 확립하였는데 이는 다음과 같다.

|표 5-8| Piaget의 인지발달 4단계

| 단계 | 특징 |
|---|---|
| 감각운동기 (Sensory motor period) | 출생 초기에는 선천적인 반사 기능에 의해 활동한다. 이후 보다 의도적이고 정교하며, 통합적, 계획적인 활동들을 발달시키며 정신적 표상 활동을 시작한다. |
| 전조작기 (Preoperational period) | 표상적 능력이 활발해지면서 사고력이 향상되고 언어능력이 급격히 발달되면서 사물이나 상황에 대해 상징화시켜 정신적으로 생각할 수 있는 기능이 향상된다. |
| 구체적 조작기 (Concrete operational period) | 구체적인 상황에서 정신적인 사고작용을 하는 것으로 사고의 영역이 직접적으로 경험한 세계라는 한계를 갖는다. 하지만 보존개념이 확고해지고, 서열화나 유목화, 조망 능력이 발달되어, 경험적이고 귀납적인 사고를 보여준다. |
| 형식적 조작기 (Formal operational period) | 추상적인 개념이나 가설적인 개념들을 발달시킬 수 있는 단계로 직접 경험하지 않은 세계에 대해서도 논리적이고 연역적인 사고를 보여준다. |

### (1) 감각운동기

감각운동기(sensory motor period)는 출생부터 생후 2년, 즉 영아기에 감각기관을 통해 받아들인 자극을 통해 환경에 적응해나가는 기능을 발달시키는 시기로 6단계로 세분화되는데 이를 도표화하면 다음과 같다.

|표 5-9| 영아기 감각운동기 인지발달 (Berk, 1999)

| 발달시기 | 적응적 행동 | 물질에 대한 이해 | 모방능력 | 범주화 |
|---|---|---|---|---|
| 생후~1개월 (반사 도식기) | • 신생아 반사<br>• 머리 돌리기나 빨기와 같은 제한된 운동기능을 이용하여 탐색 | • 한 물체의 크기와 모양이 일정하다는 것을 인지함 | • 성인 표정과 몸짓을 반사적으로 모방함 | 없음 |
| 1~4개월 (일차 순환 반응기) | • 잡기, 만지기, 던지기 등 보다 향상된 운동기능을 이용하여 탐색 | • 물체의 확인을 위해 움직이는 상태나 장소를 이용함 | • 성인의 얼굴 표정에 대한 모방을 유예(deferred)함 | • 유사한 자극을 범주화함 |
| 4~8개월 (이차 순환 반응기) | • 잡기, 만지기, 휘두르기, 때리기, 던지기를 이용하여 탐색 | • 중력과 물체의 충돌 효과에 대한 이해가 증대됨(물리적 인과관계)<br>• 물체를 확인하기 위해 모양, 촉감, 색상을 이용함 | • 성인이 많이 보인 행동을 관찰하고 그 행동을 이후 모방함 | • 기능과 움직임에 의해 물체를 범주화하기 시작함 |
| 8~12개월 (이차 순환 반응 조화기) | • 의도적이고 목표 지향적인 행동, 사건을 예상하는 능력이 증대 | • 대상 영속성의 발달로 물건을 처음 숨긴 장소에서 찾아내는 능력이 생김.<br>• 물체의 인과관계를 보다 복합적으로 이해함 | • 주변 사람이 특이한 동작을 할 때에 모방함<br>• 성인이 보이는 행동을 몇 번만 관찰하면, 나중에 그 행동을 모방함 | • 정서적 표현이나 동작 패턴 등의 사회적 자극을 범주화함 |
| 12~18개월 (삼차 순환 반응기) | • 여러 방법으로 물체를 탐색<br>• 운동기능적 문제를 융통성 있게 해결 | • 숨겨진 물건을 여러 장소에서 찾아낼 수 있음 | • 주변 사람들의 색다른 행동 모방함<br>• 오래전의 행동의 모방을 유예할 수 있음 | • 단일 범주로 물질을 분류할 수 있음 |
| 18~24개월 (정신적 표상) | • 정신적 표상의 시작<br>• 상상놀이 시작 | • 눈앞에서 안 보이게 이동한 물체도 찾아냄 | • 확실하게 이해하고 있지 못하더라도 성인이 하는 행동을 모방할 수 있음<br>• 상상놀이를 하면서 여러 역할을 모방함 | • 두 가지 범주로 물질을 분류함 |

### ① 반사도식기

반사도식기(reflexive schemes level)는 출생 후 1개월까지의 신생아가 해당된다. 자극에 대해 자동적인 반응을 나타내는 여러 가지 반사(reflex)를 보여주는데, 이러한 반사행동은 이후의 인지발달을 위한 기초를 형성한다. 예를 들어, 빨기반사(sucking reflex)를 가진 영아는 빠는 행동을 하면서 욕구가 충족되는 경험을 통해 빨기 도식을 익히게 된다.

### ② 일차 순환반응기

일차 순환반응기(primary circular reactions level)는 1개월 이후부터 4개월까지로 이 단계의 영아는 흥미를 자신의 신체에 국한시키고, 같은 행동을 반복한다. 그래서 주먹이나 손가락을 빨기도 하고, 손을 쥐었다 폈다 하는 등의 단순한 운동기능을 발달시키게 된다. 또한 이 단계에서 환경적 요구에 반응하기 위한 다양한 행동들을 보이기 시작한다. 예를 들면, 숟가락으로 받아먹을 때와 엄마의 젖을 먹을 때에 다르게 입을 벌린다. 배가 고파 울다가도 엄마가 방으로 들어오면 금방 울음을 그치고 젖을 먹기 위해 엄마 쪽으로 고개를 돌리는 반응을 보여준다. 이 단계의 반응을 '일차'라고 일컫는 것은 그 반응이 극히 제한적이기 때문이고 '순환'이라고 붙인 것은 반복적이기 때문이다. 즉, 이 단계의 영아의 반응은 자신의 신체에 국한된 것이고, 본능적 욕구에 의해 동기화되어 즐거움을 주는 자기의 행동을 모방하여 반복하게 된다. 빨기 도식을 익힌 영아는 자신의 주먹이나 손가락을 빨다가 그 소리나 감촉 등에 흥미를 느끼게 되어 계속적으로 그 행동을 반복하게 되는 것이다.

### ③ 이차 순환반응기

이차 순환반응기(secondary circular reaction level)는 4개월 이후부터 8개월까지 이 단계가 되면 영아는 외부 세계에 관심이나 흥미가 확장된다. '이차'라는 용어를 사용하는 것은 영아의 관심이나 흥미가 자신의 신체에서 벗어나 외부의 자극으로 확장되기 때문이다. 그래서 외부 세계에서 오는 자극을 통해 도식을 발달시킨다. 예를 들어, 장난감을 잡고 흔들고 빠는 등 자신의 행동이 주변 환경에 미치는 영향에 대해 흥미를 느끼고 계속적으로 그 행동을 반복하게 된다.

한 예로 어느 날 Piaget는 4개월 된 아들인 로렝에게 인형들을 주면서, 흔들어 보이고는 내려놓았다. 그러자 로렝은 그 인형들을 두들겨도 보고, 흔들어도 보면서, 점차 '때리기' 도식을 발달시켰다.

이 단계의 영아는 타인의 행동을 모방하면서 자신의 행동을 확장시켜 나간다. Piaget의 아들의 경우에도 아버지가 인형을 흔드는 행동을 보여주자, 그 행동을 모방하면서 여러 행동을 덧붙이고 그러면서 새로운 도식을 익혀 나가게 된 것이다. 이 시기의 영아들은 어른들이 보여주는 행동을 제대로 모방하지 못하는 경우가 많지만 그런 행동을 보는 것은 즐거워한다.

④ 이차 순환반응조화기

이차 순환반응조화기(coordination of secondary circular reactions level)는 8개월 이후부터 12개월의 영아들로, 도식들을 조직화하기 시작하여 이차 순환반응을 보다 복합적인 행동으로 이끌어낸다. 그 결과 두 가지의 중요한 인지적 발달이 일어나게 된다.

첫째는 의도적 또는 목표 지향적 행동이 발달된다. 영아는 이전 단계에서 다양한 도식들을 충분히 연습했기 때문에 이제 서서히 그것들을 조정해나가기 시작한다.

이 시기의 영아에게 좋아하는 장난감을 보여주고는 다시 손수건 밑에 숨겨보면 아이는 곧장 찾아낸다. 여기에는 두 가지 도식, 즉 손수건이라는 장애물을 치워버리는 '밀기' 도식과 장난감을 집는 '잡기' 도식이 조화를 이룬 것이다.

둘째는 대상영속성(object permanence)이 생긴다. 대상영속성이란 눈앞에 물건이 보이지 않아도 그 물건은 계속 존재하고 있다는 것을 이해하는 것이다. 하지만

이 시기의 영아가 가지고 있는 물건의 영속성에 대한 지식이란 그다지 완벽한 것은 아니다. 예를 들어, 손수건 밑에 감추었던 놀잇감을 다시 TV 뒤로 감추더라도 영아는 처음에 감추었던 손수건 밑을 계속적으로 찾는 행동을 보여준다.

⑤ 삼차 순환반응기

삼차 순환반응기(tertiary circular reactions level)는 12개월 이후부터 18개월까지로 이 단계를 '삼차'라고 부르는 것은 아동의 행동이 실험적이고 창조적이기 때문이다. 이 시기의 영아는 목적을 위하여 다양한 행동을 취할 수 있다. 예를 들어, 이불 밑에 숨겨놓은 장난감을 찾을 때, 이불이 무거워 한꺼번에 들어 올릴 수 없다면 손으로 밀어보다가 다리로 밀어보고, 그러다가 온몸을 이용해서 이불을 치워버리고, 목적했던 장난감을 찾아낸다. 즉, 문제해결을 위해 여러 가지 의도적인 조절을 해나가며 시행과 착오를 거치면서 목표한 바를 달성한다.

이 단계의 영아는 대상영속성이 보다 명확해진다. 장소를 옮겨가며 물건을 숨기더라도 그 물건을 찾아낼 능력을 가지고 있다. 그리고 모방능력이 향상되어 블록 쌓기나 낙서하기 등의 행동이 좀 더 능숙해진다.

⑥ 정신적 표상기

정신적 표상기(mental representation)는 감각운동기의 마지막 단계로 18개월 이후 24개월까지의 영아를 말한다. 이 시기는 정신적 표상을 창조해낼 수 있는 능력이 생기기 때문에 엄밀히 말하면 삼차 순환반응기까지가 실질적인 감각운동기라고 말할 수 있을 것이다. 정신적 표상이란 없는 물건이나 과거의 사건에 대해 심적 이미지, 즉 심상을 갖고 있는 것을 말한다. 영아가 시행착오를 겪지 않고도 상징적으로 사고를 해서 문제를 해결할 수 있는 능력이 생기기 시작한다. 이러한 새로운 능력은 영아가 문제를 해결하기 전에 머릿속으로 생각해보기 시작했다는 것을 보여준다.

Piaget는 정신적 표상을 실험하기 위해 어느 날, 상자 안에다 목걸이를 넣어 딸

루시엔느에게 주었다. 딸의 호기심을 자극하기 위해 목걸이 끝이 상자 밖으로 약간 나오게 해서 주었다. 루시엔느는 상자를 열고 닫는 법을 몰랐으며 그저 상자를 뒤집어 물건을 꺼내거나 손가락을 넣어 꺼내는 것밖에는 할 줄 모르는 상태였는데, 이 두 방법을 시도했으나 목걸이를 꺼내는 데는 실패하였다. 루시엔느는 마치 생각을 하는 것처럼 머리를 갸우뚱거린다. 그리고는 이를 행동으로 옮겨 상자를 열고 목걸이를 꺼내는 데 성공하였다.

이 시기의 영아는 표상능력과 더불어 대상영속성에 대해서도 확고한 이해를 하게 된다. 예를 들어, 상자 속에 장난감을 넣어서 그 상자 위에 커버를 씌워 안 보이게 하고는 장난감을 빼내어 빈 상자만 보여줄 경우에 이 시기 영아는 쉽사리 다른 곳에 있는 장난감을 찾아내는 능력을 보여준다. 이를 보면 이 시기 아이들이 대상영속성을 확실하게 이해하고 있음을 알 수 있다.

#### (2) 전조작기

전조작기(preoperational period)는 유아기에 해당되는 것으로 2세부터 6세까지를 말한다. 전조작기는 감각운동기와는 달리 표상적 능력, 즉 상징 능력이 활발해지면서 사고력이 향상된다. 조작(operation)이란 상황에 대해 논리적인 관계를 이끌어낼 수 있는 능력으로, 실제로 행동을 하는 대신에 사고로써 논리적인 결과를 만들어내는 것으로, 전조작기는 이후의 조작기로 발달해가는 과도기적 사고체계라 할 수 있다. 이 시기는 언어능력이 급격히 발달하면서 사물이나 상황에 대해 상징화시켜 정신적으로 생각해 볼 수 있는 기능이 향상된다. 전조작기의 유아는 독특한 사고를 구성하고 있는데 그 특징은 다음과 같다.

##### ① 전개념적 사고

유아기 초기에는 사물에 대한 개념이 확실하게 자리 잡지 못한다. 단지 어떤 대상에 대해 유아가 가지고 있는 경험을 토대로 심상(mental image)이 형성되어 있다. 예를 들어, '개'를 생각한다면, 개에 대한 자신의 경험을 바탕으로 개가 짖는 모습이나 달리는 모습을 이미지화시켜서 머릿속에 떠올리는 것이지, 추상적으로 어떤 대상을 떠올리기는 힘들다. 그런 의미에서 유아기 초기, 주로 2~4세경에는 전개념적 사고(preconceptional thinking)를 하고 있다고 말할 수 있다.

이러한 전개념적 사고는 유아교육에 많은 시사점을 준다. 즉, 많은 실제적 경험이 보다 정확하고 풍부한 심상을 갖게 하고, 그러한 심상이 표상(representation) 기능을 활발하게 하여 인지발달에 영향을 미친다. 그러므로 유아기의 다방면의 풍부한 경험은 인지발달에 필수적이다.

유아의 머릿속에 형성된 표상들은 상상놀이, 언어, 그림 그리기 등으로 나타나는데, 이는 유아의 심리를 엿볼 수 있는 좋은 수단이 된다. 특히 유아기가 언어능력이 급격히 발달하는 시기이지만 내면적 심리를 드러내기에는 언어적 표현력이 떨어지고, 심리적으로 어려움을 겪고 있는 경우에 직접적으로 언어로 표현하는 데 두려움을 느끼기 때문에 놀이나 그림을 통해 이해하려는 노력이 필요하다.

② 직관적 사고의 발달

유아기 후반부, 즉 4~6세까지는 직관적 사고(intuitive thinking)가 발달한다. 직관적 사고란 객관적으로 논리적으로 사물이나 사건을 인지하지 못하고 자신이 지각적으로 정보를 받은 것을 기준으로 사고한다는 것이다.

Piaget는 이러한 유아기의 직관적 사고를 보존개념(conservation)의 부족으로 설명하고 있다. 보존개념이란 물질의 양이나 수, 길이 등은 그 형태나 위치를 변화하여도 동일하다는 개념을 말한다. 예를 들어, 세 개의 비커를 준비하는데 두 개는 넓이의 면적이 같은 것이고, 다른 하나는 밑면의 넓이가 좁은 것이다. 그리고 같은 밑면의 넓이를 가진 두 개의 비커에 같은 양의 물을 담는다. 그리고 유아에게 같은 양이 들었느냐고 물어보고, 맞다는 대답을 들은 후에 다시 비커를 들어 밑넓이가 좁았던 비커에 옮겨 담는다. 그리고는 다시 유아에게 어느 것이 물의 양이 많냐고 물어보면 보존개념이 부족한 전조작기의 유아는 밑넓이가 좁은 비커의 눈금이 높이 올라갔기 때문에, 그것이 더 많다고 대답한다는 것이다. 수를 예로 들어 보면 같은 수의 구슬을 두 줄로 늘어놓고 같다는 것을 인지하게 한 후에 한 줄에 있는 구슬을 간격으로 벌려 놓으면, 늘어놓은 줄의 구슬이 더 많다고 대답한다. 물론 유아기가 끝날 무렵이 되면 보존개념을 갖게 되는 유아들도 많아서 이 부분 역시 개인차가 나타난다.

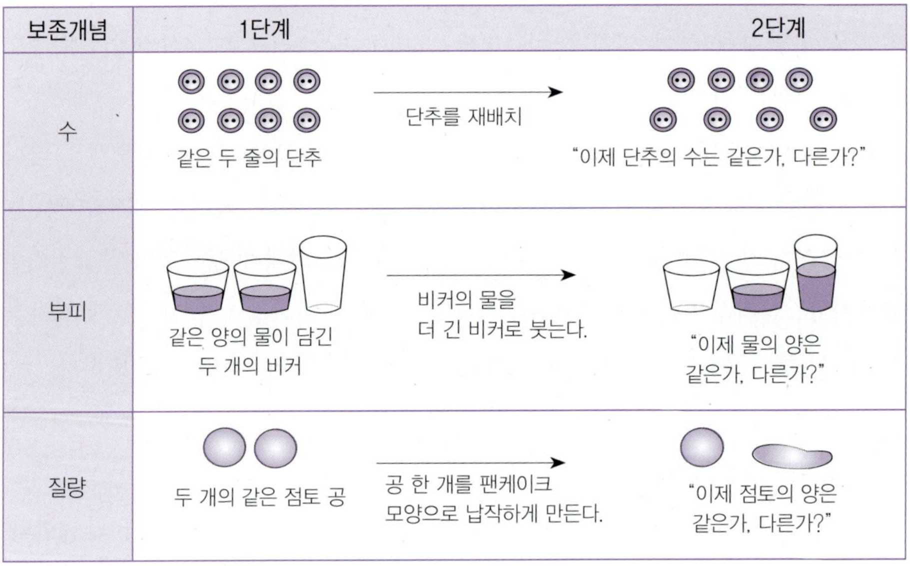


**|그림 5-1|** 보존실험의 예

출처: Vandell & Bornstein(2012).

### ③ 자기중심성

자기중심성(egocentrism)은 자신의 관점으로 대상을 바라보는 것을 말한다. '세 개의 산' 실험이 유명한데 색깔과 크기가 다른 세 개의 산 모형을 준비하여 탁자 위에 올려놓고 한쪽에는 유아를 서게 하고, 반대편에는 인형을 놓아두었다. 그리고는 3개의 카드를 준비하여, 인형이 보고 있는 산을 고르라고 요구했더니, 자신이 보고 있는 산의 모습을 골랐다. 유아들의 자기중심성은 이기적인 이유에서 이루어지는 것이 아니라, 다른 사람의 입장이나 관점을 이해하지 못하기 때문이다. 그렇기 때문에 만약 이 시기의 유아에게 엄마의 생일 선물을 고르라고 하면 자신이 좋아하는 장난감이나 스티커 등을 고른다. Piaget는 자기중심성이 전조작기 사고의 경직되고 비논리적인 사고를 이끌어낸다고 주장한다. 유아기의 자기중심성 사고는 자신의 관점을 강력하게 주장하기 때문에 기존에 갖고 있는 개념이나 도식을 조절하기 힘들다는 것이다.

#### ④ 물활론

물활론(animism)은 무생물을 생물화하여 감정과 감각을 부여하는 것이다. 예를 들면, 유아들이 화장대 모서리에 얼굴을 찧고 울고 있을 때, 엄마가 화장대 모서리를 때려주면, 유아는 정말로 그 화장대가 맞고 아파하는 줄 알고 좋아한다. 물활론은 유아의 자기중심성에 바탕을 두고 있다. 무생물도 자신처럼 때리면 아파한다고 생각하는 것이다.

[그림 5-2] Piaget의 자아중심성 실험: 세 산 실험

물활론적 사고는 4단계를 거치는데, 첫 번째 단계는 모든 사물에 생명이 있다고 생각하는 것이고, 둘째는 움직이는 것만이 살아 있다고 생각하는 단계이다. 세 번째는 스스로 움직일 수 있는지 없는지를 생각하는 것이다. 자동차는 스스로 움직일 수 없으니까 살아 있는 것이 아니지만, 구름은 저절로 움직일 수 있으니까 생물이라고 생각한다. 마지막 단계는 생물과 무생물을 확실히 구별할 수 있는 시기이다.

#### ⑤ 상징적 기능

유아기의 놀이를 보면 상징적 표현력이 뛰어남을 알 수 있다. 예를 들어, 베개를 아기로 상징화시켜, 등에 메고서 마치 아기를 재우듯이 토닥거려주는 놀이를 한다. 이러한 상징적 기능의 발달로 인해 이 시기의 유아들은 의사놀이를 비롯한 여러 가지 가상놀이(make-believe play)를 많이 한다. 이 시기의 상징적 기능의 발달은 정신건강의 발달에 매우 중요한데, 이를 통해 심상을 발달시킬 수 있기 때문이다. 자폐증 환자의 경우는 이러한 상징적 기능을 발달시키지 못하기 때문에 가상놀이 능력이 부족하다.

⑥ 꿈의 실재론

유아는 꿈과 현실을 명확히 구분하기 어렵다. 유아 초기에는 자신의 꿈을 남이 볼 수 있으며, 그 꿈은 밖에서 들어오는 것이라고 생각한다. 그렇기 때문에 꿈을 꾼 내용을 엄마가 모를 때 답답해하기도 한다. 유아의 이러한 특징을 꿈의 실재론(dream realism)이라고 한다. 또한 유아는 자신의 상상과 현실을 잘 구별하지 못한다. 자신이 상상했던 일을 실제 일어난 일이라고 생각하기 때문에 가끔 성인의 시각에서 보면 유아가 거짓말을 하는 것처럼 느껴지는 때도 있다.

⑦ 비가역성

비가역성(non reversibility)은 어떤 현상이나 사물, 결과에 대해서 역으로 생각할 수 없다는 것으로 유아기 사고의 제한성을 보여주는 특징 중 하나이다. 예를 들어, 유아에게 동생이 있느냐고 물으면 있다고 대답하지만, 네 동생은 언니가 있느냐고 물어보면 대답을 잘하지 못한다. 비가역성은 유아가 논리적 사고를 하지 못하게 하는 중요 요인 중 하나이다.

(3) 구체적 조작기

구체적 조작기(concrete operational period)는 6세에서 12세 정도의 학령기 아동의 인지발달 단계이다. 앞에서도 말했지만 조작(operation)이란 상황에 맞는 논리적인 관계를 이끌어낼 수 있는 능력으로, 실제로 행동을 하는 대신에 사고로써 논리적인 결과를 만들어내는 것이다. 구체적 조작기란 구체적인 상황에서 정신적인 사고작용을 한다는 의미에서 붙여진 명칭이다. 즉, 사고의 영역이 직접적으로 경험한 세계라는 한계점을 갖고 있다. 따라서 이 시기의 아동들은 추상적인 개념이나 가설적인 개념들은 잘 이해하기가 힘들다.

경험적이고 귀납적인 사고의 특성을 보이는 구체적 조작기는 사물의 여러 측면을 고려하여 논리적으로 생각할 수 있는 단계이다. 전조작기에 비해 여러 가지 발달적 변화가 있는데, 그 특징은 다음과 같다.

### ① 보존개념의 확립

유아기가 직관적 사고를 하기 때문에 보존개념(conservation)이 미숙했다면 아동기는 직관적 사고에서 벗어나 논리적인 조작이 가능해지기 때문에 보존개념이 확실해진다. 보존개념의 확립이란 어떤 물질에서 가감을 하지 않으면 외형상 변화가 있더라도 그 양이나 수는 그대로 보존된다는 것을 이해할 수 있는 능력을 갖추었다는 것이다. 이러한 보존개념의 확립에는 가역성, 보상성, 동일성의 세 가지 개념이 선행되어야 한다.

가역성(reversibility)이란 결과에서 역으로 생각할 수 있는 것이고, 보상성(compensation)이란 높이가 밑넓이로 보상되기 때문에 그 양이 같을 수 있다는 것으로 가감이 없다면 하나의 영역이 다른 영역을 보상하여 같아진다는 것이다. 동일성(identification)이란 더하거나 빼지 않았다면 결국 양은 변화가 없다는 물리적 성질을 말한다. 물론 보존개념의 확립이 한꺼번에 발달되지는 않는다. 일반적으로 6세에서 7세 사이에 수와 양, 길이의 보존개념을 익힐 수 있고, 8세에서 10세 정도에는 부피와 무게에 대한 보존개념을 갖게 된다.

### ② 서열화

서열화(seriation)란 길이나 무게와 같은 양적인 영역을 순서화할 수 있는 것을 말한다. 서열화에 관한 실험을 하기 위해 Piaget는 길이가 다른 막대를 짧은 것부터 긴 것까지 늘어놓을 것을 요구하였다. 4~5세 유아들도 서열화 능력을 보여줄 수는 있었지만 시간도 오래 걸리고 잘못 놓아 다시 배열하곤 하였다. 하지만 6~7세의 아동들은 가장 작은 것부터 시작하여 그 다음 작은 것을 놓는 식으로, 완벽하게 서열화시킬 수 있는 능력을 보여주었다. 길이의 서열화가 먼저 일어나고 그 다음이 무게와 부피의 서열화가 일어난다.

③ 유목화

유목화(classification)란 사물을 분류시키는 것을 말한다. 이 시기의 아동은 물질 간의 공통점과 차이점을 이해할 수 있게 되기 때문에 유목화가 가능하다. 이 시기의 놀이를 보면 유목화의 능력이 확실해진다. 또한 아동들은 유목화의 능력을 갖추고 있기 때문에 스티커, 딱지, (유희왕)카드, 빳지, 사진, 병뚜껑 등 온갖 종류의 수집품을 자랑한다. 10세 정도가 되면 자신이 좋아하는 축구 선수들의 사진을 상자에서 꺼내어 어떤 때는 팀별로 늘어놓고, 또 어떤 때는 포지션 별로 늘어놓기도 한다. 즉, 여러 가지 기준에 의해 분류하는 것이 가능해지는 것이다. 보통 유아기에도 유목화가 가능하기는 하지만 다양한 분류에 의해서가 아닌 한 가지 분류에 그치는 것이 대부분이다.

④ 조망능력

이 시기의 아동들은 자기중심적 사고에서 탈피하여 다른 사람의 사고나 감정 등을 이해하고 공감할 수 있는 조망능력(perspective taking)이 생긴다. 조망능력은 비언어적인 의사소통을 이해하고, 다른 사람의 감정이나 의도 등을 이해하는 데 필수적인 것이다. 이러한 조망능력은 사회성 발달이나 또래 관계에 큰 영향을 끼친다.

### (4) 형식적 조작기

형식적 조작기(formal operational period)는 12세 이후의 연령대에서 보여주는 인지 수준으로 추상적인 사고가 가능하다. 형식적 조작 사고능력을 검증하기 위해 Piaget는 추의 진동에 관한 고전적 물리학 실험을 하였다. 형식적 조작기의 청소년은 길이, 무게, 높이, 힘 등 여러 요인에 대한 종합적 가설을 내세우고 이를 관찰하여 타당한 결론을 이끌어내는 능력을 보여주었다. 이렇게 하나의 문제를 해결하기 위해 여러 가지 방안을 다각도로 검토하는 능력을 조합적 사고(combinational thinking)라 한다. 추상적 사고란 가설을 세우고 체계적 검증을 가능케 하며, 당면한 문제해결을 위해 활용 가능한 모든 방안을 종합적으로 사고하는 능력이 가능하다.

또한 형식적 조작기의 청소년은 연역적 사고(deductive thinking)가 가능하다. 즉, 구체적 조작기 아동이 구체적 사실을 통해 일반적 사실에 도달하는 귀납적 사고(inductive thinking)를 주로 한다면, 형식적 조작기의 청소년은 일반적 사실에서 거꾸로 구체적 사실을 이끌어내는 연역적 사고가 가능하다.

그리고 형식적 조작기의 청소년들은 형이상학적인 사고에 관심을 갖게 된다. 사회 정의나 정치, 철학 등에 관심을 갖게 되고, 자신에 미래에 대해서도 계획, 설계하고 노력하게 된다. 더불어 타인에게도 깊은 이해와 관심을 갖게 되어 다른 사람의 생각이나 관점을 존중하고 수용하려 노력하게 된다.

## 5. 아동기 발달

### 1) 아동기 신체발달

일반적으로 아동기(later childhood)는 초등학교 시기로 7세에서 12세까지를 말한다. 흔히 학령기(school period)라고 부르는 이 시기는 부모나 가족 못지않게 또래 관계에서 많은 영향을 받는 시기이다. 본격적인 공교육이 시작되면서 활발한 지적 활동이 일어나고, 가정이라는 혈연적 틀에서 벗어나 학교라는 틀 안에서 사회적 관계도 쌓아나가는 시기이다.

#### (1) 신체적 발달

아동기는 신체발달이 비교적 완만한 시기이며 개인차가 두드러지게 나타나고 개성적인 면이 부각된다. 체중은 평균 해마다 2.5kg 정도씩 증가하여 6세경에 약 20kg에 달했던 몸무게는 아동기 말이 되면 36~38kg 정도로 증가한다. 신장은 특히 개인차가 많이 나타나는데 평균 145~150cm 정도까지 자란다. 우리나라 아동 평균 신장이나 몸무게는 식생활의 개선으로 인하여 해마다 꾸준히 증가하고 있는 추세이다.

몸무게나 신장 및 가슴둘레 등은 10세 전후까지는 일반적으로 남아가 우세하나, 그 이후에는 여아가 우세하게 나타난다. 사춘기 역시 여아가 일찍 맞게 된다.

아동기는 성인의 체격을 닮아가기는 하지만 아직도 몸통보다는 팔다리가 긴 체형을 보여주며, 전신과 머리 비율은 1/7에 가까워 거의 성인과 비슷해진다.

아동기는 사춘기적 특징이 나타나기 사작하는 시기이기도 하다. 특히 여아의 경우에 아동기 말에 사춘기적 변화가 신체적으로 활발하게 일어난다. 체격이 급속도로 변화하고 성적 기능과 관련된 신체적 특징들이 나타난다. 우선 일차 성징(primary sexual characteristics)의 발달이 활발하게 일어난다. 여아의 경우에는 난소, 자궁, 질의 발달이 일어나고, 남아의 경우는 음경, 고환 등의 발달이 일어난다. 그리고 신체 외부로 이차 성징(secondary sexual characteristics)이 나타나기 시작한다. 예를 들면, 여아의 경우 가슴이 발달되며, 남아와 여아 모두에게 체모가 발달되기 시작한다.

### (2) 운동기능 발달

아동기는 기존에 획득하였던 운동기능을 정교화시키는 단계로 새롭고 획기적인 운동기능이 발달되는 시기는 아니다. 대근육의 정교화로 달리기나 공놀이 등 각종 운동능력이 발달하며, 소근육의 발달로 악기 연주나 그림 그리기, 공예활동에 능력을 발휘한다. 이러한 운동기능의 발달에는 개인차와 성차가 매우 크게 나타난다. 일반적으로 남아의 경우에 대근육을 이용한 운동기능에 뛰어난 반면에 여아의 경우에는 소근육을 이용한 활동에 더욱 뛰어난 면을 보이기도 하지만 여기에도 개인차가 크게 나타난다.

## 2) 아동기 언어발달

일반적으로 초등학교 연령이 되면 이미 일상생활을 하는 데 있어서 전혀 불편하지 않을 정도의 어휘능력을 갖추게 되기 때문에 아동기의 언어발달에 대해 크게 신경을 쓰지 않는 경우가 대부분이다. 하지만 아동기의 언어는 지적 발달과 밀접하게 연관되어 있기 때문에 이 시기의 언어발달을 위해 적절한 독서습관을 길러주는 것이 매우 중요하다. 특히 최근 들어 인터넷의 보급으로 맞춤법이나 문법, 존칭어 사용 등이 엉망이 되는 경우가 많이 생기는데, 이러한 부분에 부모들이 특히 신경을 써서 올바른 언어습관을 들일 수 있도록 도와주는 것이 필요하다.

의사소통 기술도 많이 발달하는 시기로 언어적 표현뿐만 아니라 비언어적인 표현까지도 이해할 수 있게 된다. 또한 언어적 표현의 이면에 있는 메타언어에 대한 조망능력이 증가함에 따라 좀 더 세련된 의사소통 기술을 익히게 된다.

## 3) 아동기 정서발달

아동기의 정서는 인지발달이나 언어발달 등과 너불어 일어난다. 인지발달로 인하여 복잡한 상황에 대한 이해가 높아지면서 정서의 분화가 심화되는 것이다. 또한 언어발달로 인하여 내면의 정서에 대해 보다 정확하고 풍부하게 묘사할 수 있는 능력이 생기는 것이다. 그리고 아동기에 겪게 되는 여러 사회적 상황들은 다양한 정서를 이끌어내는 요인을 제공해주기도 한다.

또 아동기에 접어들면서 정서적 적응에 어려움을 겪는 아동이 늘어나게 된다. 특히 최근 들어 급격한 사회적 변화와 더불어 가정생활의 어려움이 늘어나면서 방임되거나 학대되는 아동이 많이 늘고 있는 실정이다. 이러한 아동들은 심리적 고통을 받고 있기 때문에 정서적인 면에 있어서도 장애를 일으키는 경우가 많으며, 적절한 치료가 이루어지지 못하면 이후의 삶의 적응이 힘들어질 수도 있다.

### 4) 아동기 사회성 발달

아동기는 학교라는 사회의 틀에서 주로 생활하게 되므로 사회성 발달에 있어서 학교생활의 적응은 매우 중요하다. 학교생활의 적응을 위해서는 학업적인 성취나 흥미, 교사나 또래와의 관계 등이 원만하게 이루어져야 한다. 특히 이 시기는 집단의 영향이 매우 큰 시기로, 집단 내에서의 자신의 위치를 어떻게 인식하느냐에 따라 자존감의 발달이 크게 영향을 받는다. '친구 따라 강남 간다.'라는 말이 무색하지 않을 정도로 또래의 영향을 크게 받는 시기라 하겠다.

아동기는 학업적인 성취나 또래들의 인정 등을 통해 자신감을 갖기도 한다. 만약 낮은 학업 성취도나 또래 관계의 실패 등으로 인해 열등감을 경험한 아동이 이후의 사회적 적응에 어려움을 겪기도 한다.

이 시기의 아동이 겪는 초등학교라는 사회는 실질적 의미에서 최초로 소속된 공적인 사회라고 할 수 있다. 만일 원만한 학교생활을 영위할 수 있으면 이후의 사회적 관계 형성에도 별 무리가 없으나, 그렇지 못할 경우에는 이후의 사회적 적응에 어려움을 겪을 수도 있다.

## 아동발달의 토론주제

1. 본인의 아동기를 회상하면서 연령별 발달 단계를 적어보시오.

2. 아동의 발달에 영향을 미치는 가족, 부모의 환경에 대해 논하시오.

CHAPTER 6

# 아동발달의 문제

## 1. 아동기 정신건강

### 1) 정상(normal)과 이상(abnormal)

#### (1) 통계적 기준

평균이나 확률과 같은 통계적 기준을 활용하여 판단하기도 한다. 심리학적인 문제로 말한다면 다양한 행동 특성이나 능력에 대해서 평균적으로부터 일탈 정도를 보고 그 일탈이 클수록 이상의 정도가 크다고 판단하는 것이다. 분명하게 평균이 주어지므로 이 범위에서 벗어나는 정도가 클수록 통계적으로 정상 범주를 벗어났다고 정확하게 진단을 내릴 수 있는 장점이 있다.

그러나 인간발달의 특성이나 능력은 체중처럼 명확하게 평균을 내기가 어렵기 때문에 명확하게 일탈의 정도를 판단하는 것은 어렵다. 판단하는 사람의 주관이 개입할 수 있는 위험성도 많다. 또한 어린이의 행동은 변화가 많기 때문에 단 한 번의 검사 결과로 판단하는 것은 위험하므로 여러 번의 검사나 지속적인 관찰에 의해 비로소 정확하게 파악될 수 있다.

(2) 가치적 기준

인간의 성장에 대해 갖고 있는 많은 기대로부터 생긴 가치적 기준에 비추어 정상과 이상을 판단하는 것이다. 가치적 기준은 개인, 사회, 문화, 시대 등에 따라서 달라지며 변화한다. 예를 들어, 오늘날의 정신분열증(조현병)은 BC 5세기 히포크라테스 학파에서는 치매(dementia)라 부르고 조증(mania)과 우울증(melancholia)과는 다른 것으로 구분하였다. 그러나 이후 2세기부터 100년 이상 동안 이 증상은 귀신이 들려 생기는 것으로 생각했으며, 이 병에 걸린 사람들은 종교재판, 유치장 및 수용소 등에서 다루어지기도 하였다.

(3) 의학적 기준

의학적 기준이나 검사 등에 의해 판단하며 정상과 이상 사이는 비연속적이며 질적인 차이가 있다고 가정한다. 그러나 증상이 가벼운 경우에는 판단에 있어서 의사 간의 차이가 생길 수 있으며 이 기준에서도 이상과 정상의 경계를 짓는 것이 현실적으로 어렵다.

(4) 발달적 기준

발달적 기준은 그 연령에 맞는 발달단계에 따라 발달이 이루어졌는가 아닌가에 따라 이상과 정상을 판단하는 것이다.

## 2) 이상행동관련 정신장애의 유형

통용되고 있는 정신장애의 분류는 큰 2가지 진단분류체계인 ICD-10과 DSM-V가 있다. DSM-V란 미국 정신의학회 진단기준 매뉴얼 제5판이다. ICD-10이란 세계보건기구(WHO)의 국제질병분류의 제10판이다. DSM-V의 중다축 진단체계를 통해 심리장애를 개념화하는 데 있어서 특정한 이론에 치우치지 않고 증상과 증후군을 위주로 장애의 특성들을 기술적인 측면에서 정의하였다.

### |표 6-1| DSM-V에서의 17가지 심리장애 구분

A. 유아기, 소아기, 청소년기에 흔히 처음으로 진단되는 장애
정신지체, 학습장애, 운동기술장애, 의사소통장애, 광범위한 발달장애, 주의력-결핍 및 파괴성 행동장애, 유아기 또는 초기 소아기의 급식 및 섭식장애, 틱장애, 배설장애, 유아기, 소아기 또는 청소년기의 기타 장애

B. 섬망, 치매, 기억상실장애 및 기타 인지장애

C. 다른 곳에 분류되지 않는 일반적인 의학적 상태로 인한 정신장애

D. 물질관련 장애
알코올 관련 장애, 알코올로 유발된 장애, 암페타민(또는 암페타민 유사) 관련 장애, 카페인 관련 장애, 코카인 관련 장애, 환각제 관련 장애, 흡입제 관련 장애, 니코틴 관련 장애, 아편류 관련 장애, 펜사이클리딘 관련 장애, 진정제, 수면제, 항불안제 관련 장애, 복합물질 관련 장애, 기타 물질로 유발된 장애

E. 정신분열병과 기타 정신증적 장애
정신분열병, 정신분열형 장애, 분열정동장애, 단기정신증적 장애

F. 기분장애(정동장애)
우울장애, 양극성 장애(bipolar disorder), 양극성 장애 II, 순환성 장애

G. 불안장애

H. 신체형 장애

I. 허위성 장애

J. 해리성 장애

K. 성적 장애 및 성 정체감 장애

L. 섭식장애

M. 수면장애

N. 다른 곳에 분류되지 않는 충동조절 장애

O. 적응장애

P. 인격장애

Q. 임상적 관심의 초점이 될 수 있는 기타 상태

|표 6-2| 5가지 차원의 중다축 진단체계

| |
|---|
| 축 I 임상적 증후군<br>(임상장애와 임상적 주목의 초점이 되는 기타 장애) |
| 축 II 성격장애를 진단하는 축<br>(인격장애와 정신지체, 습관적으로 사용하는 특정 방어기제) |
| 축 III 일반적인 의학적 상태에 관한 것<br>(신체질환이나 일반의학 상태) |
| 축 IV 심리 · 사회적 및 환경적 문제에 관한 것<br>(심리 · 사회적, 환경적 문제) |
| 축 V 현재의 적응성 기능 수준을 평가한다.<br>(전반적 기능상태의 평가) |

## 2. 아동 · 청소년기에 대표적인 이상행동장애

### 1) 전반적 발달장애(PDD: Pervasive Developmental Disorders)

여러 발달영역에서 심한 결함이나 광범위한 장애가 특징이며, 사회적 상호작용의 장애, 의사소통의 장애와 상동증적 행동이 포함된다. 1943년 Kanner가 처음으로 '정감적 접촉의 자폐적 장애'라는 논문에서 유아 자폐증 아동 11명의 증례를 발표하고 이제까지 아동기 정신분열병으로 간주되던 아동 중에 유아 자폐증이라는 특이한 증후군 아동이 포함되었을 수 있다는 주장을 하였다. 여기에서 아동기 정신병과 자폐증의 독립적인 진단적 분류에 대한 주장과 더불어 자폐증의 유형에 대한 많은 기술이 제시되었다.

1980년에 이르러 비로소 미국 정신의학회에서 전반적 발달장애(PDD)라는 공식 명칭하에 자폐증의 진단준거가 확립되었다(DSM-III, 1980). 현행 진단준거에는 전반적 발달장애 범주하에 자폐장애, 아스퍼거장애, 레트장애, 아동기 붕괴성 장애, 달리 분류되지 않은 발달장애가 포함되어 있다.

**|표 6-3| DSM-V : 자폐증(Autistic Disorder)의 진단기준**

A. 아래의 (1), (2), (3)항에서 모두 6개 이상의 증상을 나타내야 하며, 이 중에는 (1)항에서 2개 이상의 증상과 (2)항 및 (3)항에서 각기 1개 이상의 증상이 포함되어야 한다.
(1) 사회적 상호작용에서 질적인 장애를 보이며, 다음 중 2개 이상의 증상을 나타낸다.
ⓐ 사회적 상호작용을 위한 눈맞춤, 얼굴표정, 자세, 몸짓과 같은 다양한 비언어적 행동을 사용하는 데에 현저한 장애를 나타낸다.
ⓑ 발달 수준에 적합한 친구관계를 형성하지 못한다.
ⓒ 다른 사람과 즐거움, 관심, 성취감을 함께 나누려는 자발성이 결여되어 있다.
ⓓ 사회적 또는 정서적 상호교류가 부족하다.
(2) 의사소통에서 질적 장애를 보이며, 다음 중 1개 이상의 증상을 나타낸다.
ⓐ 구어발달이 지연되거나 전혀 말을 하지 못한다.
ⓑ 적절하게 말을 하는 경우, 다른 사람과 대화를 시작하거나 지속하는 능력이 현저하게 부족하다.
ⓒ 특이한 언어를 반복하거나 괴상한 언어를 사용한다.
ⓓ 발달 수준에 적합한 다양한 상상적 놀이나 사회적 모방놀이를 자발적으로 하지 않는다.
(3) 행동, 관심, 활동에 있어서 반복적이며 상동적인 양상을 나타내며, 다음 중 1개 이상의 증상을 나타낸다.
ⓐ 한 가지 이상의 특이하고 제한적인 관심에 집착하는데 그 강도나 집중 정도가 비정상적이다.
ⓑ 특이하고 비기능적인 활동이나 의식에 고집스럽게 집착한다.
ⓒ 정형화된 똑같은 동작을 반복한다.
ⓓ 물체의 부분에 지속적으로 집착한다.

B. 다음 중 한 가지 이상의 영역에서 지연되거나 비정상적인 기능을 나타내며, 이러한 기능 이상이 3세 이전에 시작된다 : (1) 사회적 상호작용, (2) 사회적인 의사소통에서 사용되는 언어, (3) 상징적 또는 상상적 놀이

C. 레트장애 또는 소아기 붕괴성 장애로 더 잘 설명되지 않는다.

## 2) 정신지체

현행의 진단준거에 따르면 정신지체란 18세 이전에 발병하고, 지적 능력이 평균(개인지능검사 70 이하)보다 유의하게 낮으며 동시에 적응행동에 결함이 존재하는 상태를 말한다. 우리나라에서 「장애인복지법규칙」(1991)은 정신지체인을 1, 2, 3등급으로 나누고 있다.

- 1급 : 지능지수 34 이하의 자로 일상생활과 사회생활의 적응이 뚜렷하게 곤란

하여 일생동안 타인의 보호가 필요한 사람

- 2급 : 지능지수 35 이상 49 이하의 사람을 일상생활의 단순한 행동을 훈련시킬 수 있고 어느 정도의 감독과 도움을 받으면 복잡하지 아니하고 특수기술을 요하지 아니하는 직업을 가질 수 있는 사람
- 3급 : 지능지수 50 이상 70 이하의 사람으로 교육을 통한 사회적·직업적 재활이 가능한 사람

정신지체 3급은 지능지수가 50~70인 경도의 정신지체인으로 교육이 가능하고 모든 정신지체인의 70~80%를 차지한다. 이들은 정상인과 외모로 구별할 수 없으며 빨리 진단되지도 않아 소아기가 훨씬 지난 뒤 발견되기도 한다. 특수교육과 일반교육을 병행할 수 있고, 직업적으로도 자급자족할 만큼 충분한 재활이 가능하다. 정신지체의 유병률은 약 1%로 추정된다.

### 3) 학습장애

'학습장애(learning disability)'라는 용어가 Kirk(1962)에 의해 처음으로 사용된 이래로, 학습장애에 대한 많은 정의와 이론이 제시되어 왔다. 미국 NJCLD(The National Joint Committee for Learning Disability)의 정의에 따르면 학습장애는 "듣기, 말하기, 읽기, 쓰기, 추론, 혹은 수학적 학습능력의 습득에서 주된 어려움을 보이며, 이는 중추신경계장애에 기인된 것으로 가정된다"(Dawn, et. al., 2016).

학습장애는 넓은 의미로는 정신지체, 뇌손상이나 정서적 문제 등을 포함한 어떠한 요인에 의해서건 학습에 어려움을 보이는 경우를 모두 포함할 수 있으나, 좁은 의미로는 "정상 지능을 가진 아동이 학업적 기술을 학습하는 데 실패한 경우"를 말한다. 보통 학습장애라고 할 때는 협의의 개념을 의미하는 경우가 많다. 학업실패가 낮은 지능에 기인된 '학습지진'이나 우울, 불안 등 정서적 문제에 기인하여 학습에 어려움을 보이는 '학습부진'과 구분하기 위해 이를 '특수학습장애'라고

명시하기도 한다(Sattler, 1992). 학습장애의 종류는 읽기장애, 쓰기장애, 산수장애로 나뉜다.

|표 6-4| 학습장애 진단준거와 하위유형

| 유형 | 진단준거(DSM-V)(1994) |
|---|---|
| 읽기장애 (Reading disorder) | ① 개별검사로 평가된 읽기의 정확성이나 독해능력이 아동의 연령, 지능, 그리고 학년에서 기대되는 수준보다 현저히 낮음<br>② 준거 ①이 읽기능력이 요구되는 학업성취나 일상생활의 활동을 방해함<br>③ 만일 감각기관의 결함이 있다 하더라도, 일반적으로 그것과 관련된 것 이상으로 읽기에 어려움을 보임 |
| 쓰기장애 (Writting disorder) | ① 개별검사로 평가된 쓰기능력이 아동의 연령, 지능, 그리고 학년에서 기대되는 수준보다 현저히 낮음<br>② 준거 ①이 쓰기능력이 요구되는 학업성취나 일상생활의 활동을 방해함<br>③ 만일 감각기관의 결함이 있다 하더라도, 일반적으로 그것과 관련된 것 이상으로 쓰기에 어려움을 보임 |
| 산수장애 (Mathematics disorder) | ① 개별검사로 평가된 산수능력이 아동의 연령, 지능, 그리고 학년에서 기대되는 수준보다 현저히 낮음<br>② 준거 ①이 산수능력이 요구되는 학업성취나 일상생활의 활동을 방해함<br>③ 만일 감각기관의 결함이 있다 하더라도, 일반적으로 그것과 관련된 것 이상으로 산수에 어려움을 보임 |

### 4) 주의력결핍 및 과잉행동장애

DSM-V(1994) 준거에 따르면, '주의력결핍' 항목 중 6개 이상이나, '과잉행동-충동성' 항목 중에서 6개 이상을 지난 6개월 동안 지속적으로 보이고, 이러한 과잉행동-충동적인 행동이나 주의력결핍 증상들이 7세 이전부터 있었으며, 아동의 발달 수준에서 비추어 부적응적이고, 이러한 증상을 2개 이상의 상황(학교, 가정 등)에서 보일 때 ADHD 진단기준에 부합되므로 이런 아동의 경우 주의력결핍 과잉행동장애로 진단한다.

### |표 6-5| DSM-V : 주의력 결핍/과잉행동장애 (Attention-Deficit/Hyperactivity Disorder) 진단기준

A. (1) 또는 (2) 가운데 1가지

(1) 부주의에 관한 다음 증상 가운데 6가지(또는 그 이상) 증상이 6개월 동안 부적응적이고 발달 수준에 맞지 않는 정도로 지속된다.

〈부주의한 양상〉

(a) 세부적인 것에 세밀한 주의를 하지 못하고, 학습, 일 혹은 다른 활동에서 부주의한 실수를 자주 한다.
(b) 과제나 놀이 시 지속적으로 주의집중하는 데 자주 어려움을 보인다.
(c) 다른 사람이 앞에서 말할 때 잘 귀 기울여 듣지 않는 것처럼 보인다.
(d) 학교활동이나 집안일, 숙제 등 해야 할 일에서 지시를 따르지 못하고 끝마치지 못한다. (반항행동이나 지시를 이해하지 못하는 것은 아니다.)
(e) 과제나 활동을 체계적으로 조직하는 능력이 부족하다.
(f) 지속적인 정신적 노력을 필요로 하는 과제, 즉 학교 수업이나 숙제 등을 싫어하고 하지 않으려고 저항한다.
(g) 과제나 활동에 필요한 것들을 자주 잃어버린다. (장난감, 숙제, 연필, 책, 학용품 등)
(h) 자기와 관련 없는 외부자극에 쉽게 주의가 분산된다.
(i) 매일 하는 일상적인 활동을 자주 잊어버린다.

(2) 과잉행동-충동에 관한 다음 증상 가운데 6가지(또는 그 이상) 증상이 6개월 동안 부적응적이고 발달 수준에 맞지 않는 정도로 지속된다.

〈과잉운동 양상〉

(a) 가만히 앉아 있기가 어렵고 손발을 계속 움직이거나 몸을 꿈틀거린다.
(b) 교실 혹은 좌석이 있는 장소에서 가만히 앉아 있지 못하고 일어나 돌아다닌다.
(c) 얌전히 있어야 할 장소에서 과도하게 뛰어다니거나 기어오른다.
(청소년기 또는 성인기인 경우에는 주관적인 안절부절못함으로 나타난다.)
(d) 놀거나 여가활동을 할 때면 쉽게 흥분하고 조용히 있지 못한다.
(e) 마치 모터가 달려서 돌진하는 것처럼 계속적으로 움직인다.
(f) 말을 너무 많이 한다.

〈충동적인 양상〉

(g) 질문이 끝나기도 전에 대답을 불쑥 해버린다.
(h) 차례를 기다리지 못한다.
(i) 자주 다른 사람을 방해하거나 참견을 한다. (다른 사람의 대화나 게임에 불쑥 끼어든다.)

B. 장애를 일으키는 과잉행동-충동 또는 부주의 증상이 7세 이전에 있었다.

C. 증상으로 인한 장애가 2가지 또는 그 이상의 장면에서 존재한다. (학교 또는 작업장, 가정에서)

D. 사회적, 학업적, 직업적 기능에 임상적으로 심각한 장애가 초래된다.

E. 증상이 광범위성 발달장애, 정신분열증, 또는 기타 정신증적 장애의 경과 중에만 발생하지 않으며, 다른 정신장애(예 기분장애, 불안장애, 해리성 장애 또는 인격장애)에 의해 잘 설명되지 않는다.

### 5) 틱장애

틱장애는 자신의 의지와는 무관하게 갑자기 빠른 속도로 소리를 내거나 근육을 움직이는 행동을 자주 나타내는 경우를 말한다. 대부분 일시적이지만 단순한 습관으로 방치하다가는 만성화되는 수도 있고, 심각한 틱장애의 경우 적절한 치료를 받지 못한다면 청소년기나 성인기까지 문제가 지속되거나, 심각한 심리적 후유증을 겪을 수도 있다.

|표 6-6| 틱장애의 종류

| | | |
|---|---|---|
| 유형에 따른 분류 | 운동틱 | 눈 깜박거림, 얼굴 찡그림, 머리 흔들기, 입 뾰족내기, 어깨 들썩거리기 등 |
| | 음성틱 | 가래 뱉는 소리, 킁킁거리는 소리, 기침 소리, 빠는 소리, 침 뱉는 소리 등(심한 경우에는 욕설을 하기도 함) |
| | 뚜렛장애 | 1년 이상이 된 경우로 운동틱과 음성틱이 동시에 나타나는 경우를 말함 |
| 경과에 따른 분류 | 일과성 틱 | 틱 증상이 몇 달 혹은 1년 정도 있다가 없어지는 경우를 말함 |
| | 만성틱 | 틱 증상이 1년 이상 지속되는 경우를 말함 |

틱장애와 동반되는 장애가 있는데, 틱장애 중 50%는 강박장애가 동반되기도 하고, 틱장애의 50~60%에서는 ADHD(주의력 결핍-과잉행동장애)가 나타나기도 한다. 틱장애의 치료를 위해 세심한 관심과 지도가 필요한데, 부모들 중에는 아이의 나쁜 습관으로 여기고 일종의 병인 줄 모르고 야단을 치는 경우가 많다. 야단을 치면 얼마간은 좀 덜하기 때문에 나쁜 버릇을 고치겠다고 심하게 꾸중을 하면 아이의 틱 증상은 더욱 악화되고 위축, 열등감, 학습부진 등 다른 문제까지 나타날 수 있다. 틱은 하루 중 시간대에 따라 증상의 강도가 달라지며 특히 심리적 어려움이나 스트레스와도 밀접한 연관을 갖고 있기 때문에 약물치료 이외에도 심리치료, 사회기술훈련, 가족상담 및 교육, 행동치료, 학교환경의 변화 등 다각적인 치료가 필요하다.

### 6) 분리불안장애

이 장애는 집 또는 소아가 애착을 느끼는 사람들과 이별할 때 경험하는 것으로, 발달적으로 볼 때 부적절하고 지나친 불안이 특징이다. 분리불안장애가 있는 아동들은 잠잘 때도 꼭 엄마가 있어야 하고 엄마가 멀리 떠나가거나 죽어 엄마와 완전히 이별하는 악몽을 꾸기도 한다. 엄마와 떨어져야 하는 상황에서는 두통, 복통, 어지러움을 호소하기도 하며, 혼자서는 집 밖에 나가거나 친구 집에도 놀러 가지 않으려 한다.

### 7) 품행장애

품행장애란 다른 사람의 기본 권리를 침해하거나 적합한 사회적 규범이나 규칙을 위반하는 행동을 지속적, 반복적으로 나타내는 것이다. 이 장애가 있는 아동이나 청소년은 공격적인 행동을 일으키고 다른 사람에게 공격적이고 부정적으로 반응한다. 위협이나 협박행동을 하고, 육체적인 싸움을 걸며 심각한 신체적 손상을 초래하는 무기 등을 사용하며 사람이나 동물에게 잔혹하게 대하며 고의적인 파괴와 일탈된 행동을 일삼는다.

### 8) 반항성 장애

반항성 장애의 필수 증상은 권위 인물에 대해 반복되는 도전적, 적대적, 불복종적, 거부적 행동이 적어도 6개월 이상 지속되고 다음 행동 가운데 적어도 4가지 행동이 빈번하게 발생되는 것이다. 반항성 장애의 특징으로는 쉽게 화를 내고, 성인과 논쟁을 하고, 성인의 요구나 규칙을 무시하거나 거절한다. 또한 고의적으로 타인을 귀찮게 하고, 타인에 의해 기분이 상하거나 신경질을 내고, 화내고 원망하며, 악의에 차 있거나 앙심을 품는 특징이 있다.

## 9) 급식 및 섭식장애

### (1) 이식증

이식증의 필수 증상은 적어도 1개월 동안 비영양성 물질을 지속적으로 먹는 것이다. 음식에 대한 혐오는 없으며 이런 행동은 발달적으로 부적절해야 하며 문화적으로 허용이 안 되는 행동이어야 한다. 비영양성 물질을 먹는 증상은 다른 정신장애에서도 나타나는 부수적 특징의 하나이다.

### (2) 반추장애

반추장애의 필수 증상은 음식을 반복적으로 게우고 다시 씹는 것으로서 유아나 아동에서 정상적으로 기능하는 기간 이후에 나타나며, 적어도 1개월 동안 지속된다. 증상은 동반되는 위장애 또는 다른 일반적인 의학적 상태로 인한 것이 아니며, 신경성 식욕부진증이나 신경성 폭식증의 경과 중에만 일어나는 것이 아니다.

## 10) 배변장애

### (1) 유분증

유분증이란 적절치 않은 곳에 반복적으로 대변을 보는 것이고, 대부분은 비의도적이지만 때로는 의도적이기도 하다. 유분증이 있는 아동은 수줍음이 많고 난처한 일이 일어날 수 있는 상황을 피하려고 한다. 장애의 정도는 아동의 자존심, 또래들의 놀림, 돌보는 사람들의 분노, 처벌 그리고 거부에 의해 영향을 받는다.

### (2) 유뇨증

유뇨증이란 밤이나 낮 동안 침구나 옷에 반복적으로 소변을 보는 것이다. 사회적, 학업적 또는 중요한 기능영역에서 임상적으로 심각한 고통이나 장애를 일으킨다. 유뇨증에는 야간형, 주간형, 주·야간형이 있다. 주간 유뇨증은 때때로 사회적 불안이나 학업 및 놀이에 열중하여 화장실 가기를 싫어하기 때문에 발생하기도 한다.

## 11) 선택적 함구증

어떤 상황에서는 말을 잘함에도 불구하고 말을 해야 하는 특정한 사회적 상황에서는 말을 하지 못하는 것이다. 이러한 선택적 함구증 장애아동들은 언어로써 의사표현하는 대신에 몸짓, 고개 끄덕이기, 머리 흔들기, 몸 잡아당기기, 밀치기 등으로 표현한다. 어떤 경우에는 단절음에 짧고 일정한 목소리로, 어떤 경우에는 음성의 높고 낮으므로 의사표현을 하기도 한다.

## 12) 반응성 애착장애

반응성 애착장애(reactive attachment disorder)란 대부분의 상황에서 심하게 손상되고 발달적으로 부적절한 사회적 관계를 형성한 아동으로서 대부분 5세 이전에 시작되고 애착대상과 밀접한 관련이 있다. 부모나 가족관계에서 애착형성이 이루어지지 않았거나 방임되거나 그 아동을 돌보는 양육자의 빈번한 교체 등과 같은 상황에서 생길 수 있으며 이러한 애착장애 아동은 사회적 관계형성을 하는 데 상당한 어려움을 갖는다.

### |표 6-7| 아동기·청소년기의 이상행동 요약

<table>
<tr><th>장애명</th><th colspan="2">특징</th><th>종류</th></tr>
<tr><td>정신지체</td><td colspan="2">18세 이전에 발병하고 지적 기능이 유일하게 평균 이하(지능지수가 대략 70 또는 그 이하)이며 동시에 적응기능의 결함이나 장애가 있다.</td><td>• 가벼운 정도<br>• 중간 정도<br>• 아주 심한 정도의 정신지체<br>• 정도를 세분할 수 없는 정신지체</td></tr>
<tr><td>학습장애</td><td colspan="2">개인의 생활연령, 측정된 지능, 나이에 맞는 교육에 비해 기대되는 수준보다 실제적인 학업기능이 낮다.</td><td>• 읽기장애<br>• 산술장애<br>• 쓰기장애<br>• 달리 분류되지 않는 학습장애</td></tr>
<tr><td>의사소통 장애</td><td colspan="2">말이나 언어장애</td><td>• 표현성 언어장애<br>• 혼재수용-표현성 언어장애<br>• 음성학적 장애<br>• 말 더듬기<br>• 달리 분류되지 않는 의사소통장애</td></tr>
<tr><td>전반적 발달장애</td><td colspan="2">여러 발달영역에서 심한 결함이나 광범위한 장애가 특징이며, 사회적 상호작용의 장애, 의사소통의 장애와 상동증적 행동과 관심 그리고 활동이 포함된다.</td><td>• 자폐성 장애<br>• 레트장애<br>• 소아기 붕괴성 장애<br>• 아스퍼거장애<br>• 달리 분류되지 않는 전반적 발달장애</td></tr>
<tr><td rowspan="3">주의력 결핍 및 파괴적 행동장애</td><td>주의력 결핍 및 과잉행동장애</td><td>심한 부주의 또는 과잉행동-충동 증상</td><td rowspan="3">• 주의력 결핍 및 과잉행동장애<br>① 주의력-결핍 우세형<br>② 과잉행동-충동 우세형<br>③ 복합형<br>• 품행장애<br>• 반항성 장애<br>• 달리 분류되지 않는 파괴적 행동장애</td></tr>
<tr><td>품행장애</td><td>다른 사람의 기본적인 권리나 나이에 적합한 사회적 규범이나 규칙을 어기는 행동</td></tr>
<tr><td>반항성 장애</td><td>거부적, 적대적, 도전적 행동</td></tr>
<tr><td>섭식장애</td><td colspan="2">지속적인 급식 및 섭식의 장애</td><td>• 이식증<br>• 반추장애<br>• 유아기 또는 초기 소아기의 섭식장애</td></tr>
<tr><td>틱장애</td><td colspan="2">음성틱 또는 운동성 틱</td><td>• 뚜렛장애<br>• 만성 틱장애<br>• 일과성 틱장애<br>• 달리 분류되지 않는 틱장애</td></tr>
<tr><td rowspan="2">배설장애</td><td>유분증</td><td>부적절한 장소에 반복적으로 배변</td><td rowspan="2">• 유분증<br>• 유뇨증</td></tr>
<tr><td>유뇨증</td><td>부적절한 장소에 반복적으로 소변</td></tr>
</table>

<table>
<tr><th>장애명</th><th colspan="2">특징</th><th>종류</th></tr>
<tr><td rowspan="3">유아기, 소아기, 청소년기의 기타 장애</td><td>분리불안 장애</td><td>집 또는 소아가 애착을 느끼는 사람들과 이별할 때 경험하는, 발달적으로 볼 때 부적절하고 지나친 불안이 특징이다.</td><td rowspan="3">• 분리불안장애<br>• 선택적 함구증<br>• 영유아기의 반응성 애착장애<br>• 상동증적 운동장애<br>• 달리 분류되지 않는 유아기, 소아기, 청소년기 장애</td></tr>
<tr><td>선택적 함구증</td><td>어떤 상황에서는 말을 하고 특정한 사회적 상황에서는 지속적으로 말을 하지 못하는 것</td></tr>
<tr><td>영유아기의 반응성 애착장애</td><td>대부분의 상황에서 일어나는 심하게 손상되고 발달적으로 부적절한 사회적 관계가 특징인데 심한 병적 원인을 제공하는 돌봄과 관계가 있다.</td></tr>
</table>

## 3. 아동발달검사의 종류

### 1) 검사 제작방법에 따른 구분

심리검사의 유형은 검사 제작방법에 따라 크게 객관적 검사와 투사적 검사로 분류되며, 각 검사의 특징은 다음과 같다(Kline, 1973). 객관적 검사는 웩슬러 지능검사나 MMPI처럼 검사내용과 절차가 일정하게 구조화되어 있는 검사로서 검사시간이 비교적 짧은 편이고, 제작과정도 신뢰도와 타당도가 검증되어 높다. 그러나 사회적으로 바람직한 문항에 대해 긍정적으로 대답하는 경향이 있으며, 내용에 따라 방어가 일어날 수 있다는 단점이 있다. 투사적 검사는 개인의 심리적 특성을 측정하기 위한 것으로 검사자극이 단순하고 모호한 비구조적 검사이다. 예를 들어, 로샤, HTP 검사 등이 있다. 투사적 검사는 개인의 심리적 특성을 이해하는 데 도움을 주지만 객관적으로 입증하기에는 검사의 타당도가 부족하다는 단점이 있다.

## 2) 평가를 위한 구분

심리검사란 심리적 현상에서의 개인차를 비교하고 개인의 전체적인 인격적, 행동적 측면을 이해하기 위한 심리학적 측정과정을 말한다. 심리검사 종류는 일련의 검사들을 세트(set)로 같이 시행하여 한 개인을 보다 포괄적으로 이해하기 위해 '심리검사 full battery'를 이용한다. 아동 심리검사에서 사용되는 도구들은 다음과 같다.

|표 6-8| 아동심리검사 full battery

- 한국웩슬러 아동지능검사(K-WISC-III: 아동용 / K-WPPSI: 유아용)
- 집-나무-사람 그림검사(HTP: House-Tree-Person Test)
- 동적 가족화 검사(KFD: Kinetic Family Drawing Test)
- 아동용 주제통각검사(CAT: Children Apperception Test)
- 벤더 게스탈트 검사(BGT: Bender Gestalt Test)
- 로샤(Rorschach Test)
- 문장완성검사(SCT: Sentence Completion Test)
- 다면적 인성검사(MMPI: Minnessota Multiphasic Personality Inventory)
- 한국판 아동행동척도(K-CBCL: Korea-Child Behavior Checklist)

### (1) 웩슬러 검사

한국판 웩슬러 아동용 지능검사(K-WISC-IV)는 6세 0개월~16세 11개월까지의 아동의 인지적 능력을 평가하기 위한 개별 검사도구이다. David Wechsler가 개발한 지능검사를 우리나라의 곽금주, 오상우, 김청택이 표준화한 것으로 기존의 한국판 웩슬러 아동용 지능검사(K-WISC-III)를 개정한 것으로 개정과정에서 인지발달, 지적평가, 인지과정에 대한 최근 연구들을 통합하여 전반적인 지적능력(전체검사 IQ)을 나타내는 합성점수는 물론, 특정 인지 영역에서의 지적 기능을 나타내는 소검사와 합성점수를 제공한다(노명숙·신리행, 2017).

K-WISC-IV의 특징은 다음과 같다.

첫째, K-WISC-III에 비해 소검사를 추가하여 15개의 소검사로 구성되어 있다. 즉, K-WISC-III와 동일한 10개 소검사와 5개의 새로운 소검사(공통그림찾기, 순차처리, 행렬추리, 선택, 단어추리)가 추가되었다.

둘째, 합성점수를 얻을 수 있는 것이 특징이다. 즉, K-WISC-IV는 다섯 가지 합성점수를 얻을 수 있으며, 아동의 전체적인 인지능력을 나타내는 전체검사 IQ를 제공한다(15개의 소검사로 이루어져 있지만 합성점수를 얻기 위해서는 대부분 10개의 주요검사만 실시한다).

셋째, K-WISC-IV는 3개의 소검사(토막짜기, 숫자, 선택)에서 7개의 처리점수를 제공한다. 이러한 점수들은 아동의 소검사 수행에 기여하는 인지적 능력에 대한 보다 자세한 정보를 제공하도록 고안되었다(처리점수는 다른 소검사 점수로 대체할 수 없으며, 합성 점수에도 포함되지 않음).

넷째, K-WISC-IV는 전반적인 인지적 기능에 대한 포괄적인 평가를 할 때 사용할 수 있다. 또한 지적 영역에서의 영재, 정신지체, 그리고 인지적 감정과 약점을 확인하기 위한 평가의 일부분으로 사용가능하다. 따라서 임상장면 및 교육장면에서 치료계획이나 배치결정을 내릴 때 유용하다.

다섯째, 인지 능력이 평균 이하로 추정되는 아동, 아동의 인지기능을 재평가해야 하는 아동, 낮은 지적능력이 아닌 신체적·언어적·감각적 제한이 있는 아동, 청각장애아 또는 듣는 데 어려움이 있는 아동의 평가 등이 가능하다. K-WISC-IV의 하위검사는 다음과 같다(표 6-9).

**|표 6-9| 한국판 아동용 지능검사(K-WISC-IV) 하위검사**

| 소검사 | 약호 | 설명 |
|---|---|---|
| 토막짜기 | BD | 아동이 제한시간 내에 흰색과 빨간색으로 이루어진 토막을 사용하여 제시된 모형이나 그림과 똑같은 모양을 만든다. |
| 공통성 | SI | 아동이 공통적인 사물이나 개념을 나타내는 두 개의 단어를 듣고, 두 단어가 어떻게 유사한지를 말한다. |
| 숫자 | DS | 숫자 바로 따라 하기에서는 검사자가 큰소리로 읽어 준 것과 같은 순서로 아동이 따라 한다. 숫자 거꾸로 따라 하기에서는 검사자가 읽어준 것과 반대 방향으로 아동이 따라 한다. |
| 공통그림 찾기 | PCn | 아동에게 두 줄 또는 세 줄로 이루어진 그림들을 제시하며, 아동은 공통된 특성으로 묶일 수 있는 그림을 각 줄에서 한 가지씩 고른다. |
| 기호쓰기 | CD | 아동은 간단한 기하학적 모양이나 숫자에 대응하는 기호를 그린다. 기호표를 이용하여 아동은 해당하는 모양이나 빈칸 안에 각각의 기호를 주어진 시간 안에 그린다. |
| 어휘 | VC | 그림문항에서 아동은 소책자에 있는 그림들의 이름을 말한다. 말하기 문항에서는, 아동은 검사자가 크게 읽어주는 단어의 정의를 말한다. |
| 순차연결 | LN | 아동에게 연속되는 숫자와 글자를 읽어주고, 숫자가 많아지는 순서와 한글의 가나다 순서대로 암기하도록 한다. |
| 행렬추리 | MR | 아동은 불완전한 행렬을 보고, 다섯 개의 반응 선택지에서 제시된 행렬의 빠진 부분을 찾아낸다. |
| 이해 | CO | 아동은 일반적인 원칙과 사회적 상황에 대한 이해에 기초하여 질문에 대답한다. |
| 동형찾기 | SS | 아동은 반응 부분을 훑어보고 반응 부분의 모양 중 표적 모양과 일치하는 것이 있는지를 제한 시간 내에 표시한다. |
| 빠진 곳 찾기 | PCm | 아동이 그림을 보고 제한시간 내에 빠져 있는 중요한 부분을 가리키거나 말한다. |
| 선택 | CA | 아동이 무선으로 배열된 그림과 일렬로 배열된 그림을 훑어본다. 그리고 제한 시간 안에 표적 그림들에 표시한다. |
| 상식 | IN | 아동이 일반적 지식에 관한 광범위한 주제를 다루는 질문에 대답을 한다. |
| 산수 | AR | 아동이 구두로 주어지는 일련의 산수 문제를 제한 시간 내에 암산으로 푼다. |
| 단어추리 | WR | 아동이 일련의 단서에서 공통된 개념을 찾아내어 단어로 말한다. |

출처: 학지사 홈페이지 http://www.kops.co.kr

**[그림 6-1]** K-WISC-IV(한국 웩슬러 아동 지능검사 4판)

출처: 학지사 홈페이지(http://www.kops.co.kr)

### (2) 아동용 주제통각검사(CAT)

아동용 주제통각검사(CAT)는 Bellak(1949)이 3~10세 사이의 어린이들에게 실시하기 위하여 제작한 아동용의 투사적 성격검사이다. 같은 종류의 검사로서 성인용에는 TAT가 있다. 주제통각검사(TAT: Thematic Apperception Test)는 피검자의 대인관계와 환경지각에서 나타나는 성격의 역동성 요소를 알려준다. 이 검사는 개인의 인격 가운데 주요 동기, 정서, 기분, 콤플렉스, 갈등 등 다양한 요소를 나타내준다. 특히 개인이 지각하지 못하는 억제된 요소들을 드러나게 해준다. 주제통각검사는 개인과 환경과의 관계, 즉 개인의 성격과 환경과의 상호관계에 대해 알려주는 검사라 볼 수 있다. 피검자의 성격, 내적 욕구 및 동기, 환경과의 갈등에 대한 정보를 빠른 시간 내에 제공해줄 수 있다는 것이 이 검사의 장점이다. 특히 짧은 시간 동안 내담자나 아동의 심리적 갈등, 정신 내적이거나 환경과의 갈등을 파악하고자 하는 경우 도움이 된다. 이에 따라 이 검사는 정신치료나 치료적 면담 이전에 시행함으로써 유용한 정보를 미리 얻게 된다.

Bellak은 아동들에게 적합하지 않은 TAT 도판의 자극 장면들을 아동들에게 맞는 그림들로 바꾸었다. 즉, 유아기와 아동기에 주로 나타나는 여러 가지 심리적 문제들이 쉽게 투사될 수 있는 그림들로 바꾸었다. 도판에 등장하는 주인공도 동물로 바꾸어서 아동용 검사인 CAT를 만들었다. 각 그림 카드에 대한 지각 반응은 자극조건과 개인의 내적 경험이 동시에 작용하여 나타나는 것으로써 개인의 무의식적, 의식적 욕구와 방어, 갈등상태, 개인과 환경과의 관계, 개인의 욕구와 환경의 압력 내용 등을 알 수 있다. CAT 검사의 실시방법은 도판 1부터 차례대로 아동에게 보여준 후, 이 그림은 어떤 그림인지 설명해달라고 요청한다. 아동의 설명 후에 검사자가 추가적인 질문을 하여 아동의 심리를 투사할 수 있도록 한다.

### (3) 문장완성검사(SCT)

문장완성검사(SCT: Sentence Completion Test)는 피검자가 다수의 미완성된 문장을 자유로이 완성하게 하여 수검자가 검사지에 나타난 피검자의 태도나 심리적 요인에 대해 파악하는 일종의 투사 검사이다.

Galton의 자유연상검사(free association test)에서 시작되었으며, 현재는 Sacks의 문장완성검사(SSCT)가 가장 널리 사용되고 있다. 이는 소요 시간이 짧고 간편하게 실시할 수 있으며, 피검자의 언어능력이나 현실 검증능력도 같이 확인할 수 있다. 그러나 문해능력이 부족한 연령의 아동에게 적용하기 어렵고, 피검자가 의식적인 통제나 방어를 하게 되면 원래 의도한 검사결과를 얻기 어렵고, 지나치게 미화되거나 긍정적 스토리를 전개하는 경우도 있을 수 있다.

SCT 문장완성검사 실시 방법은 제시된 문장의 일부분을 읽고 미완성인 뒷부분을 자유롭게 완성하도록 한다. 시간은 보통 30분 정도 소요되며, 검사지 작성 시에는 주어진 문장에는 정답이 없으므로 옳고, 그름을 생각해 문장을 완성시키기보다는 문장을 보았을 때 가장 먼저 떠오르는 것을 적는 것이 중요하다. 또한 정해진 시간은 없으나 주어진 문장을 보고 오래 고민하여 작성하지 않도록 하여야 한다. 아동용, 청소년용, 성인용이 있다.

아동용 SCT는 총 18개 문항이며, 9개 영역인 어머니·아버지, 대인관계, 학교생활, 긍정적·부정적인 것, 자신의 능력, 미래, 목표에 대한 태도로 요약하여 해석할 수 있다. 청소년용 SCT는 총 38개 문항이며, 10개 영역인 어머니·아버지, 대인관계, 학교생활, 부정적·긍정적인 것, 자신의 능력, 미래, 과거, 목표에 대한 태도로 요약하여 해석할 수 있다. 성인용 SCT는 총 50개 문항이며, 어머니·아버지, 가족, 여성, 남성, 이성과 결혼, 친구, 권위적, 두려움, 죄책감, 자신의 능력, 과거에 대한 태도로 요약하며 해석할 수 있다.

**|표 6-10| 문장완성검사(아동용)**

이름 ______ 학교: ______ 성별: ______ 실시일: ______

[검사방법]
간단한 문장완성검사입니다. 다음의 낱말로 시작되는 문장을 읽고 자신이 처음 생각난 것을 그대로 솔직하게 자신만의 문장으로 써 넣으시오.

1. 내가 가장 행복한 때는 ______
2. 나는 친구가 ______
3. 다른 사람들은 나를 ______
4. 우리 엄마는 ______
5. 나에게 가장 좋았던 일은 ______
6. 내가 제일 걱정하는 것은 ______
7. 대부분의 아이들은 ______
8. 내가 가장 좋아하는 사람은 ______
9. 내가 가장 싫어하는 사람은 ______
10. 우리 아빠는 ______
11. 내가 가장 무서워하는 것은 ______

12. 나의 가장 좋은 점은 ____________________
13. 나를 가장 슬프게 하는 것은 ____________________
14. 선생님들은 ____________________
15. 나를 가장 화나게 하는 것은 ____________________
16. 우리 엄마 아빠는 ____________________
17. 내 소원이 마음대로 이루어진다면 ____________________
 첫째 소원은 ____________________
 둘째 소원은 ____________________
 셋째 소원은 ____________________
18. 내가 만일 동물로 변할 수 있다면____________________이 되고 싶다.
 왜냐하면____________________

### |표 6-11| 문장완성검사의 분류표(아동용)

아동용 SCT 해석 분류표

| 구분 | 제시 문구 | 작성 내용 |
|---|---|---|
| ① 어머니에 대한 태도 | 4. 우리 엄마는 | |
| 해석적 요약 | | |
| ② 아버지에 대한 태도 | 10. 우리 아빠는 | |
| 해석적 요약 | | |
| ③ 대인 지각 및 관계 | 2. 나는 친구가 | |
| | 8. 내가 가장 좋아하는 사람은 | |
| | 15. 나를 가장 화나게 하는 것은 | |
| | 16. 우리 엄마 아빠는 | |
| 해석적 요약 | | |
| ④ 학교생활에 대한 태도 | 14. 선생님들은 | |
| 해석적 요약 | | |

| | | |
|---|---|---|
| ⑤ 부정적인 것에 대한 태도 | 6. 내가 제일 걱정하는 것은 | |
| | 11. 내가 가장 무서워하는 것은 | |
| | 13. 나를 가장 슬프게 하는 것은 | |
| 해석적 요약 | | |
| ⑥ 긍정적인 것에 한 태도 | 1. 내가 가장 행복한 때는 | |
| | 5. 나에게 가장 좋았던 일은 | |
| 해석적 요약 | | |
| ⑦ 자신의 능력에 대한 태도 | 7. 대부분의 아이들은 | |
| | 12. 나의 가장 좋은 점은 | |
| 해석적 요약 | | |
| ⑧ 미래에 대한 태도 | 7. 만일 내가 지금 나이보다 10살이 위라면 | |
| | 17. 내 소원이 마음대로 이루어진다면<br>첫째 소원은<br>둘째 소원은<br>셋째 소원은 | |
| 해석적 요약 | | |
| ⑨ 목표에 대한 태도 | 18. 내가 만일 동물로 변할 수 있다면<br>이 되고 싶다. 왜냐하면 | |
| 해석적 요약 | | |
| 일반적 요약 | 1. 주된 갈등과 혼란 영역:<br>2. 태도 간의 상호 관계:<br>3. 성격 구조<br>1) 내적 충동과 외적 자극에 대한 피검자의 반응 정도<br>2) 정서적 적응<br>3) 성숙도<br>4) 현실검증 수준<br>5) 갈등을 표현하는 방법 | |

### |표 6-12| 문장완성검사(청소년용)

이름 ______ 학교: ______ 성별: ______ 실시일: ______

[검사방법]

아래에 제시되어 있는 문장은 완성되지 않은 상태입니다. 각 문장을 읽으면서 맨 먼저 떠오르는 생각을 뒷부분에 기록하여 문장이 완성되도록 해 주십시오. 시간제한은 없으나 될 수 있는 대로 빨리 작성해 주십시오.

1. 내가 가장 좋아하는 사람은 ______
2. 내가 백만장자라면 ______
3. 이번 방학에 꼭 하고 싶은 것은 ______
4. 내가 신이라면 ______
5. 내가 앞으로 하고 싶은 일은 ______
6. 내 생애에서 가장 행복한 날은 ______
7. 만일 내가 지금 나이보다 10살이 위라면 ______
8. 다른 사람들은 나를 ______
9. 내가 가장 우울할 때는 ______
10. 내가 가장 성취감을 느낄 때는 ______
11. 내가 가장 싫어하는 사람은 ______
12. 나를 가장 화나게 하는 사람은 ______
13. 담임선생님과 나는 ______
14. 아빠와 나는 ______
15. 엄마와 나는 ______
16. 친구들과 나는 ______
17. 내가 가장 두려워하는 것은 ______
18. 내가 가장 따뜻하게 느끼는 사람은 ______

19. 아무도 모르게 내가 원하는 것은 ____________________

20. 나는 공부가 ____________________

21. 내가 믿는 것은 ____________________

22. 집에 혼자 있을 때, 나는 ____________________

23. 우리 엄마는 ____________________

24. 내가 가장 자신하는 것은 ____________________

25. 다른 사람이 내게 기대를 많이 하면 나는 ____________________

26. 언젠가 나는 ____________________

27. 우리 아빠는 ____________________

28. 우리 선생님은 ____________________

29. 내가 좀 더 어렸다면 ____________________

30. 요즘 나는 ____________________

31. 내게 제일 걱정되는 것은 ____________________

32. 나의 좋은 점은 ____________________

33. 나의 나쁜 점은 ____________________

34. 내가 만약 외딴곳에 혼자 살게 된다면, ____________________와 제일 같이 살고 싶다.

35. 현재 나의 큰 즐거움은 ____________________

36. 나의 학교생활은 ____________________

37. 무엇보다도 좋지 않게 생각하는 것은 ____________________

38. 내 소원이 원하는 대로 이루어진다면,

첫째 소원은 ____________________

둘째 소원은 ____________________

셋째 소원은 ____________________

## |표 6-13| 문장완성검사의 분류표(청소년용)

청소년용 SCT 해석 분류표

이름 학교: 성별: 실시일:

| 구분 | 제시 문구 | 작성 내용 |
|---|---|---|
| ① 어머니에 대한 태도 | 15. 엄마와 나는 | |
| | 23. 우리 엄마는 | |
| 해석적 요약 | | |
| ② 아버지에 대한 태도 | 14. 아빠와 나는 | |
| | 27. 우리 아빠는 | |
| 해석적 요약 | | |
| ③ 대인 지각 및 관계 | 1. 내가 가장 좋아하는 사람은 | |
| | 8. 다른 사람들은 나를 | |
| | 11. 내가 가장 싫어하는 사람은 | |
| | 12. 나를 가장 화나게 하는 사람은 | |
| | 16. 친구들과 나는 | |
| | 18. 내가 가장 따뜻하게 느끼는 사람은 | |
| | 22. 집에 혼자 있을 때, 나는 | |
| | 34. 내가 만약 외딴곳에 혼자 살게 된다면, | ________________ 와 제일 같이 살고 싶다. |
| 해석적 요약 | | |
| ④ 학교생활에 대한 태도 | 13. 담임선생님과 나는 | |
| | 28. 우리 선생님은 | |
| | 36. 나의 학교생활은 | |
| 해석적 요약 | | |
| ⑤ 부정적인 것에 대한 태도 | 9. 내가 가장 우울할 때는 | |
| | 17. 내가 가장 두려워하는 것은 | |
| | 31. 내게 제일 걱정되는 것은 | |
| | 37. 무엇보다도 좋지 않게 생각하는 것은 | |
| 해석적 요약 | | |

<table>
<tr><td rowspan="4">⑥ 긍정적인 것에 대한 태도</td><td>2. 내가 백만장자라면</td><td></td></tr>
<tr><td>6. 내 생애에서 가장 행복한 날은</td><td></td></tr>
<tr><td>10. 내가 가장 성취감을 느낄 때는</td><td></td></tr>
<tr><td>35. 현재 나의 큰 즐거움은</td><td></td></tr>
<tr><td>해석적 요약</td><td colspan="2"></td></tr>
<tr><td rowspan="8">⑦ 자신의 능력에 대한 태도</td><td>4. 내가 신이라면</td><td></td></tr>
<tr><td>20. 나는 공부가</td><td></td></tr>
<tr><td>21. 내가 믿는 것은</td><td></td></tr>
<tr><td>24. 내가 가장 자신하는 것은</td><td></td></tr>
<tr><td>25. 다른 사람이 내게 기대를 많이 하면 나는</td><td></td></tr>
<tr><td>30. 요즘 나는</td><td></td></tr>
<tr><td>32. 나의 좋은 점은</td><td></td></tr>
<tr><td>33. 나의 나쁜 점은</td><td></td></tr>
<tr><td>해석적 요약</td><td colspan="2"></td></tr>
<tr><td>⑧ 과거에 대한 태도</td><td>29. 내가 좀 더 어렸다면</td><td></td></tr>
<tr><td>해석적 요약</td><td colspan="2"></td></tr>
<tr><td rowspan="2">⑨ 미래에 대한 태도</td><td>7. 만일 내가 지금 나이보다 10살이 위라면</td><td></td></tr>
<tr><td>38. 내 소원이 마음대로 이루어진다면,<br>첫 번째 소원은 ____________________<br>두 번째 소원은 ____________________<br>세 번째 소원은 ____________________</td><td></td></tr>
<tr><td>해석적 요약</td><td colspan="2"></td></tr>
<tr><td rowspan="4">⑩ 목표에 대한 태도</td><td>3. 이번 방학에 꼭 하고 싶은 것은</td><td></td></tr>
<tr><td>5. 내가 앞으로 하고 싶은 일은</td><td></td></tr>
<tr><td>19. 아무도 모르게 내가 원하는 것은</td><td></td></tr>
<tr><td>26. 언젠가 나는</td><td></td></tr>
<tr><td>해석적 요약</td><td colspan="2"></td></tr>
</table>

| 일반적 요약 | 1. 주된 갈등과 혼란 영역:<br>2. 태도 간의 상호 관계:<br>3. 성격 구조<br>1) 내적 충동과 외적 자극에 대한 피검자의 반응 정도<br>2) 정서적 적응<br>3) 성숙도<br>4) 현실검증 수준<br>5) 갈등을 표현하는 방법 |
|---|---|

**|표 6-14| 문장완성검사(성인용)**

이름 ______________ 연령: __________ 성별: ____________ 실시일: _________

[일러두기]

다음의 기술된 문장은 뒷부분이 빠져 있습니다. 각 문장을 읽으면서 맨 먼저 떠오르는 생각으로 뒷부분을 이어 문장이 완성되도록 하면 됩니다. 시간제한은 없으나 되도록 빨리하십시오.

1. 나에게 이상한 일이 생겼을 때______________________________
2. 내 생각에 가끔 아버지는______________________________
3. 우리 윗사람들은______________________________
4. 나의 장래는______________________________
5. 어리석게도 내가 두려워하는 것은______________________________
6. 내 생각에 참다운 친구는______________________________
7. 내가 어렸을 때는______________________________
8. 남자에 대해서 무엇보다 좋지 않게 생각하는 것은______________________________
9. 내가 바라는 여인상은______________________________
10. 남녀가 같이 있는 것을 볼 때______________________________
11. 내가 늘 원하기는______________________________
12. 다른 가정과 비교해서 우리 집안은______________________________
13. 나의 어머니는______________________________
14. 무슨 일을 해서라도 잊고 싶은 것은______________________________
15. 내가 믿고 있는 내 능력은______________________________

16. 내가 정말 행복할 수 있으려면________________
17. 어렸을 때 잘못했다고 느끼는 것은 ________________
18. 내가 보는 나의 앞날은________________
19. 대개 아버지들이란 ________________
20. 내 생각에 남자들이란________________
21. 다른 친구들이 모르는 나만의 두려움은________________
22. 내가 싫어하는 사람은________________
23. 결혼생활에 대한 나의 생각은 ________________
24. 우리 가족이 나에 대해서________________
25. 내 생각에 여자들이란 ________________
26. 어머니와 나는 ________________
27. 내가 저지른 가장 큰 잘못은________________
28. 언젠가 나는 ________________
29. 내가 바라기에 아버지는________________
30. 나의 야망은 ________________
31. 윗사람이 오는 것을 보면 나는 ________________
32. 내가 세일 좋아하는 사람은________________
33. 내가 다시 젊어(어려)진다면 ________________
34. 나의 가장 큰 결점은________________
35. 내가 아는 대부분의 집안은________________
36. 완전한 남성상은________________
37. 내가 성교를 했다면________________
38. 행운이 나를 외면했을 때 ________________
39. 대개 어머니들이란________________
40. 내가 잊고 싶은 두려움은________________
41. 나의 평생 가장 하고 싶은 일은 ________________
42. 내가 늙으면________________

43. 때때로 두려운 생각에 내가 휩싸일 때 ____________________
44. 내가 없을 때 친구들은 ____________________
45. 생생한 어린 시절의 기억은 ____________________
46. 무엇보다도 좋지 않게 여기는 것은 ____________________
47. 나의 성생활은 ____________________
48. 내가 어렸을 때 우리 가족은 ____________________
49. 나는 어머니를 좋아했지만 ____________________
50. 아버지와 나는 ____________________

### |표 6-15| 문장완성검사의 분류표(성인용)

성인용 SCT 해석 분류표

| 구분 | 번호 | 제시 문구 | 작성 내용 |
|---|---|---|---|
| ① 어머니에 대한 태도 | 13 | 나의 어머니는 | |
| | 26 | 어머니와 나는 | |
| | 39 | 대개 어머니들이란 | |
| | 49 | 나는 어머니를 좋아했지만 | |
| 해석요약 | | | |
| ② 아버지에 대한 태도 | 2 | 내 생각에 가끔 아버지는 | |
| | 19 | 대개 아버지들이란 | |
| | 29 | 내가 바라기에 아버지는 | |
| | 50 | 아버지와 나는 | |
| 해석요약 | | | |
| ③ 가족에 대한 태도 | 12 | 다른 가정과 비교해서 우리 집안은 | |
| | 24 | 우리 가족이 나에 대해서 | |
| | 35 | 내가 아는 대부분의 집안은 | |
| | 48 | 내가 어렸을 때 우리 가족은 | |
| 해석요약 | | | |

| | | | |
|---|---|---|---|
| ④ 여성에 대한 태도 | 9 | 내가 바라는 여인상은 | |
| | 25 | 내 생각에 여자들이란 | |
| 해석요약 | | | |
| ⑤ 남성에 대한 태도 | 8 | 남자에 대해서 무엇보다 좋지 않게 생각하는 것은 | |
| | 20 | 내 생각에 남자들이란 | |
| | 36 | 완전한 남성상(男性像)은 | |
| 해석요약 | | | |
| ⑥ 이성, 결혼에 대한 태도 | 10 | 남녀가 같이 있는 것을 볼 때 | |
| | 23 | 결혼 생활에 대한 나의 생각은 | |
| | 37 | 내가 성교를 했다면 | |
| | 47 | 나의 성생활은 | |
| 해석요약 | | | |
| ⑦ 친구나 친지에 대한 태도 | 6 | 내 생각에 참다운 친구는 | |
| | 22 | 내가 싫어하는 사람은 | |
| | 32 | 내가 제일 좋아하는 사람은 | |
| | 44 | 내가 없을 때 친구들은 | |
| 해석요약 | | | |
| ⑧ 권위자에 대한 태도 | 3 | 우리 윗사람들은 | |
| | 31 | 윗사람이 오는 것을 보면 나는 | |
| 해석요약 | | | |
| ⑨ 두려움에 대한 태도 | 5 | 어리석게도 내가 두려워하는 것은 | |
| | 21 | 다른 친구들이 모르는 나만의 두려움은 | |
| | 40 | 내가 잊고 싶은 두려움은 | |
| | 43 | 때때로 두려운 생각이 나를 휩싸일 때 | |
| 해석요약 | | | |
| ⑩ 죄책감에 대한 태도 | 14 | 무슨 일을 해서라도 잊고 싶은 것은 | |
| | 17 | 어렸을 때 잘못했다고 느끼는 것은 | |
| | 27 | 내가 저지른 가장 큰 잘못은 | |
| | 46 | 무엇보다도 좋지 않게 여기는 것은 | |
| 해석요약 | | | |

| 영역 | 번호 | 문항 | |
|---|---|---|---|
| ⑪ 자신의 능력에 대한 태도 | 1 | 나에게 이상한 일이 생겼을 때 | |
| | 15 | 내가 믿고 있는 내 능력은 | |
| | 34 | 나의 가장 큰 결점은 | |
| | 38 | 행운이 나를 외면했을 때 | |
| 해석요약 | | | |
| ⑫ 과거에 대한 태도 | 7 | 내가 어렸을 때는 | |
| | 33 | 내가 다시 젊어진다면 | |
| | 45 | 생생한 어린 시절의 기억은 | |
| 해석요약 | | | |
| ⑬ 미래에 대한 태도 | 4 | 나의 장래는 | |
| | 11 | 내가 늘 원하기는 | |
| | 16 | 내가 정말 행복할 수 있으려면 | |
| | 18 | 내가 보는 나의 앞날은 | |
| | 28 | 언젠가 나는 | |
| 해석요약 | | | |
| ⑭ 목표에 대한 태도 | 30 | 나의 야망은 | |
| | 41 | 내가 평생 가장 하고 싶은 일은 | |
| | 42 | 내가 늙으면 | |
| 해석요약 | | | |
| 일반적 요약 | 1. 주된 갈등과 혼란 영역:<br>2. 태도 간의 상호 관계:<br>3. 성격 구조<br>1) 내적 충동과 외적 자극에 대한 피검자의 반응 정도<br>2) 정서적 적응<br>3) 성숙도<br>4) 현실검증 수준<br>5) 갈등을 표현하는 방법 | | |

문장완성검사는 투사적 검사이기에 내담자나 아동이 기술하는 내용에 의거하여 해석할 수밖에 없다. 내담자나 아동의 반응유형은 다음과 같이 분류해 볼 수 있다.

|표 6-16| 문장완성검사의 반응유형

| 반응유형 | 반응 내용 |
|---|---|
| 감정 단반응형 | 짤막한 감정적 어휘로 반응함. 지능이 낮거나 감정적 통제가 되지 않음 |
| 거부형 | 반발, 방어적 태도 |
| 고집형 | 내용의 변화가 적고, 특정 대상이나 욕구를 고집하며 반복이 많음. 인격의 경직성과 흥미의 거짓임을 나타냄 |
| 공상반응형 | 비현실적인 생각이나 공상, 도피적인 인성 혹인 검사에 대한 방어적 태도 |
| 모순형 | 검사 전체에 대한 모순, 무의식중의 갈등 |
| 반문형 | 확실히 결정짓지 못함, 권위에 대한 반항의 표현 |
| 병적 반응형 | 망상, 정신분열증 |
| 은닉형 | '말할 수 없다'와 같은 반응, 자기 방어적 태도 |
| 자기중심형 | 어느 문항이고 자기 중심의 주제로 바꿈, 미성숙 |
| 장황형 | 장황하게 빽빽하게 적어놓음, 신경증적이거나 강박 상행 |
| 허위반응형 | 도덕적인 반응으로 일관, 자기를 잘 보이게 하려는 방어 태도 |

### (4) HTP 검사

집-나무-사람 그림검사(HTP: House-Tree-Person)는 집, 나무, 사람의 세 그림을 통하여 공통적으로 드러나는 내적인 욕구, 환경에 관한 정보를 얻을 수 있는 유용한 검사이다. 순서대로 집, 나무, 사람을 그리도록 지시하고 그려진 그림에 관한 추가 질문을 함으로써 아동을 이해하는 투사적 검사이다. 가정환경, 자아상, 대인관계 및 중요한 타인과의 관계, 의존욕구를 비롯한 다양한 의식적, 무의식적 욕구, 성취 수준, 사회적 발달 상태, 정서상태, 정신병리적 측면을 이해할 수 있다.

동적 가족화(KFD)는 가족 내에서 느끼는 주관적이고 심리적인 감정을 시각적으로 표현하는 검사이다. 최초로 가족화를 개발한 사람은 Hulse(1951)이며, Hammer(1958)에 의해 가족 내에서의 개인 욕구와 압력, 관계성에 대한 욕구로 확장되었다. 그림에서 아동의 눈에 비친 가족들의 일상생활, 가족구성원에 대한 감정이 반영되므로 KFD는 의식적, 무의식적 투사기법이며 검사도구로서 뿐만 아니라 아동 가족 치료도구로서 중요하게 활용되기도 한다(김정희, 2013).

A4 용지를 가로로 놓아주고 "자신을 포함하여 가족 모두가 무엇인가를 하는 모습을 그려보세요. 사람을 졸라맨이나 만화 형태, 정지한 모습이 아닌 사람들이 무엇인가를 하고 있는 장면 그려보세요.'라고 이야기해 준다. 그림을 다 그렸다고 하면 인물에 대한 소개와 무엇을 하고 있는지 등에 대해 물어본다. 전체적인 구도가 자연스러운지, 소외된 듯이 표현한 인물이 있는지, 그림에서 아예 제외된 사람이 있는지를 확인한다.

### (5) 한국판 아동행동척도(K-CBCL)

한국판 아동행동척도(K-CBCL: Korea-Child Behavior Checklist)는 만 4~7세 아동을 자녀를 둔 부모를 대상으로 하고 부모 외의 주양육자가 평가할 수 있다. K-CBCL은 Achenbach와 Edelbrock(1983)이 개발한 미국판 CBCL을 오경자·이혜련·홍강의·하은혜 등이 우리나라 실정에 맞게 표준화한 행동평가도구이다(하은혜·오경자·이혜련·홍강의, 1995).

사회능력척도와 문제행동증후군 척도로 117개 문항으로 구성되어 있다. 사회적 능력척도에서는 친구나 또래와 어울리는 정도, 부모와의 관계를 알아보는 사회성 척도, 교과목수행 정도와 학업수행상의 문제를 알아보는 학업수행척도가 있다. 문제행동증후군척도에는 위축, 신체증상, 불안/우울, 사회적 미성숙, 사고의 문제, 주의집중 문제, 비행, 공격성 등이 포함된다.

### (6) 다면적 인성검사(MMPI)

다면적 인성검사(MMPI: Minnesota Multiphasic Personality Inventory)는 미국의 심리학자인 Hathaway가 이끄는 미네소타대학 연구팀이 개발한 다면적 인성검사법이다. 이 검사의 타당도 척도는 '모르겠다(Can not say), L 척도(Lie), F 척도(Frequency), K 척도(Defensiveness)'로 구성되어 있다. 임상척도는 '건강염려증(Hypochondriasis; 1; Hs), 우울증(Depression; 2; D), 히스테리(Hysteria; 3;

Hy), 반사회성(Psychopathic Deviate; 4; Pd), 남성특성-여성특성(Masculinity-Feminity; 5; Mf), 편집증(Paranoia; 6; Pa), 강박증(Psychasthenia; 7; Pt), 정신분열증(Schizophrenia; 8: Sc), 경조증(Hypomania; 9; Ma), 사회적 내향성(Social introversion; 0; Si)'로 구성되어 있다. 566개 문항으로 된 이 검사는 16세 이상의 사람이 자기보고식으로 하는 검사인데 각 문항에 그렇다, 아니다, 모르겠다 등의 대답을 할 수 있다(박영숙 외, 2010). MMPI 문항 수가 너무 많아 시간이 오래 걸리는 문제점을 보완하여 단축형 MMPI(383문항)가 개발되어 사용되고 있다. 아동의 문제는 부모의 영향을 받으므로, MMPI의 경우 내담아동자의 부모에게 실시하여 아동상담의 기초자료로 활용하기도 한다.

### (7) 아동발달검사(K-CDI)

아동발달검사는 부모 관찰을 통하여 아동의 심도 있는 발달적 정보를 얻는 체계적인 검사로서 미국에서 개발된 『The Child Development Inventory』를 한국 실정에 적합하도록 표준화한 검사이다. 일반적으로 아동의 발달 정도를 파악하고, 정상범위에 속하는지 여부를 사정함으로써, 영·유아 보육을 담당하는 기관과 특수교육 대상 기관 그리고 발달문제 관련 소아과에서 아동의 발달선별검사로서 활용될 수 있다. 특히, 아동발달검사(K-CDI)는 부모보고를 통하여 15개월에서 만 6세 사이 아동의 발달상의 문제를 조기에 선별하는 데 목적을 두고 있다(노명숙, 신리행, 2017).

아동발달검사의 내용은 아동의 발달 상태를 측정하는 8개 하위발달척도로 사회성, 자조행동, 대근육 운동, 소근육 운동, 표현 언어, 언어이해, 글자, 숫자와 전체발달영역 그리고 부가적인 정보를 제공해주는 문제항목영역으로 구성되어 있다.

첫째, 사회성은 개별적 상호작용뿐만 아니라 집단 참여 상황에서 부모, 아동, 다른 사람들과의 상호작용 발달을 측정한다.

둘째, 자조행동은 먹기, 옷 입기, 목욕하기, 화장실 가기, 독립심과 책임감 발달을 측정한다.

셋째, 대근육운동은 걷기, 뛰기, 오르기, 점프하기, 타기, 균형잡기, 협응 능력 발달을 측정한다.

넷째, 소근육운동은 뇌와 손의 협응 능력을 포함하여 물건을 들어 올리는 것, 낙서하고 그림 그리는 것까지의 눈과 손의 협응 발달을 측정한다.

다섯째, 표현언어는 간단한 몸짓, 발성, 언어 행동부터 복잡한 언어 표현인 표현적 의사소통 발달을 측정한다.

여섯째, 언어이해는 간단한 이해에서부터 개념이해인 언어이해 발달을 측정한다.

일곱째, 글자는 쓰기와 읽기를 포함하는 문자와 단어에 대한 인지발달을 측정한다.

여덟째, 숫자는 간단한 숫자 세기부터 간단한 산수 문제풀이까지 수의 양과 숫자에 대한 인지발달을 측정한다.

아홉째, 부모가 체크하는 전체발달영역과 문제항목으로 시각과 청각, 건강과 성장, 언어문제, 주의집중, 정서 등을 측정하며 부모가 체크한 문항들은 검사결과에 보충적으로 사용될 수 있다.

이처럼 아동발달검사는 이러한 8가지 하위발달척도와 1가지 부모의 체크한 문항으로 인해 아동에 대한 심도 있는 발달적 정보를 얻을 수 있다. 이러한 아동발달 검사결과는 영유아기에 초래할 수 있는 발달상에 이루어질 수 있는 부적응행동이나 장애 여부 선별에 활용할 수 있으며, 유아교육기관과 가정에서 부모와 교사가 어떤 식으로 접근해야 할지를 계획하기 전에 교육계획 및 중재를 위한 기초자료로 사용할 수 있다. 또한 이러한 결과는 현재 아동의 발달에 대해 의심되는 증상과 특정한 문제를 체크하는 항목이 있어서 다른 발달진단결과를 이해하는 데에도 유용한 자료로 활용될 수 있다.

# K-CDI

**Korean - Child Development Inventory**

## 아동발달검사
결과보고서

**평가 대상 아동**

성명 · · · · · ·

성별 · · · · · · · 남

검사일 · · · · · 2015-12-02

생년월일 · · · · 2010-05-01

생활연령 · · · · 67개월

## 01 K-CDI 결과 프로파일

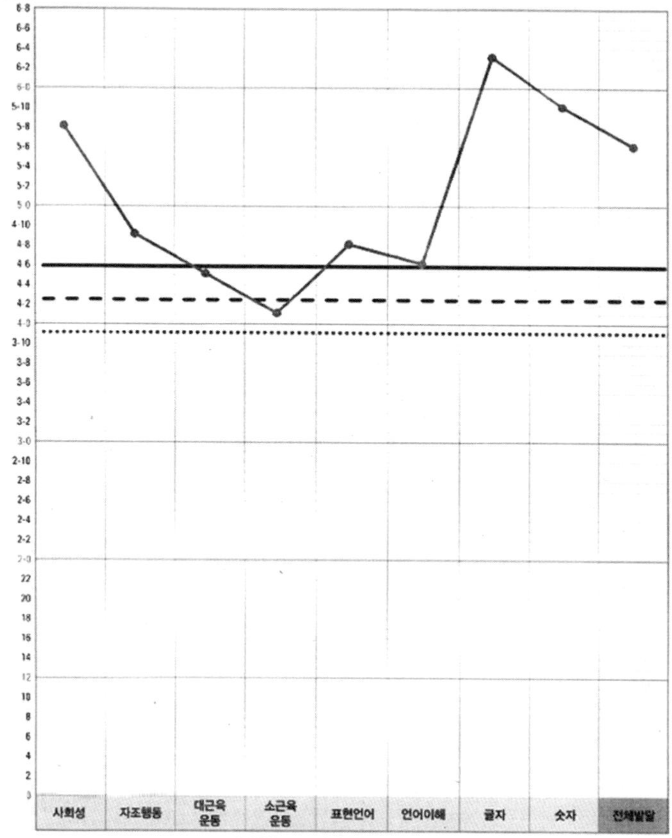


정상범위 ----이상 / 경계선범위 ----미만, ········ 이상 / 지연범위 ········미만

## 02 K-CDI 진단결과

| 척도명 | 사회성 | 자조행동 | 대근육 운동 | 소근육 운동 | 표현언어 | 언어이해 | 글자 | 숫자 | 전체발달 |
|---|---|---|---|---|---|---|---|---|---|
| 발달연령 (년-월) | 5-8 | 4-9 | 4-5 | 4-1 | 4-8 | 4-6 | 6-3 | 5-10 | 5-6 |
| 발달범위 | 정상 | 정상 | 정상 | 경계선 | 정상 | 정상 | 정상 | 정상 | 정상 |

* 단, 2세 미만일 경우에는 '월(月)' 로만 표시됩니다.

### ＊주의사항

본 검사 결과는

아동발달을 돕기 위한 자료이며 아동을 이해하기 위해서는 다양한 검사를 실시하고 종합적인 해석을 요합니다.

따라서 본 검사 하나의 결과로 아동의 현재 발달상태를 단정할 수 없습니다.

또한 기록지의 모든 문항(발달영역 270문항과 문제항목 30문항)에 응답하지 않았다면 사실과 다른 결과가 나올 수 있습니다.

## 03 K-CDI 결과해석 총평

아동의 발달은 개인 내 그리고 개인 간 차이가 민감하게 작용하므로 각 아동에 대한 심층 이해를 위해서는 결과에 대해 전문가로부터 개별상담을 받으시길 권합니다.

이 아동은 전체발달이 정상범위에 속하며 사회성, 자조행동, 대근육, 표현언어, 언어이해, 글자, 숫자 발달이 정상범위에 속하지만 소근육발달이 정상범위 이하의 지연(또는 경계선) 범위에 속하고 있습니다. 이 아동은 현재 연령수준에 적합한 발달을 하고 있으나, 소근육 영역의 발달을 촉진하기 위한 기회가 다소 부족하였던 것으로 판단됩니다. 일상 중 자연스러운 상황에서 아동과 다양한 경험을 가지는 것은 아동의 균형적인 발달 촉진에 도움이 될 것입니다.

*** 문제항목**

| 영역 | 항목 | 예 |
|---|---|---|
| 시각·청각·성숙 문제 | 잘 보지 못하는 것 같다. | ☐ |
| | 잘 듣지 못하는 것 같다. | ☐ |
| | 건강상의 문제가 있다. | ☐ |
| | 발육, 키, 몸무게에 문제가 있다. | ☐ |
| | 식습관에 문제가 있다(예: 너무 안 먹거나 너무 많이 먹는다). | ☐ |
| | 배변훈련이 잘 안 되어 있다. | ☐ |
| | 수면문제가 있다. | ☐ |
| | 통증을 호소한다(예: 귀, 배, 머리 등) | ☐ |
| | 체력 문제가 있다. 쉽게 피곤하거나 행동이 매우 둔해 보인다. | ☐ |
| 운동 문제 | 행동이 매우 서툴다(예: 서툴게 걷거나 뛰고 비틀거리거나 쓰러진다(만 2세 이상 아동의 경우). | ☐ |
| 언어능력 문제 | 또래 아이들에 비해 잘 말하지 못한다. | ☐ |
| | 아동이 하는 말을 이해하기 어렵다(만 3세 이상 아동의 경우) | ☐ |
| | 말을 더듬는다. | ☐ |
| | 다른 사람의 말을 잘 이해하지 못하거나 이해가 느리다. | ☐ |
| 미성숙 문제 | 미성숙하여 자기 나이보다 훨씬 어린아이의 행동을 한다. | ☐ |
| | 자신보다 어린아이들과 놀기를 좋아한다. | ☐ |
| | 부모와 떨어지기가 어렵다(예: 심하게 매달리거나 슬퍼한다). | ☐ |
| | 수동적이며 거의 주도적이지 않다. | ☐ |
| 주의집중 문제 | 주의집중을 못한다(예: 다른 사람의 말을 잘 경청하지 못한다) | ☐ |
| | 가만히 앉아 있지 못하고 지나치게 활동적이다. | ☐ |
| | 어수선하여 어지럽히거나 조심성이 없거나 책임감이 없다. | ☐ |
| 행동 문제 | 하나를 고집스럽게 요구한다. | ☐ |
| | 복종하지 않으며 공손하지 못하고 반항적이다. | ☐ |
| | 지나치게 공격적이다. | ☐ |
| 정서 문제 | 소심하고 겁이 많고 걱정이 지나치다. | ☐ |
| | 행복해 보이지 않는다(예: 자주 울거나 칭얼거린다). | ☐ |
| | 다른 아동들과 잘 어울리지 못한다. | ☐ |
| | 자신감이 부족하다(예: '나 못해'와 같은 말을 한다). | ☐ |

# K-CDI

**Korean - Child Development Inventory**

## 아동발달검사 결과보고서

**평가 대상 아동**

| | |
|---|---|
| 성명 · · · · · · | |
| 성별 · · · · · · | 여 |
| 검사일 · · · · · | 2015-12-03 |
| 생년월일 · · · · | 2012-12-05 |
| 생활연령 · · · · | 35개월 |

학지사 심리검사연구소

http://blog.naver.com/kops_blog

## 01 K-CDI 결과 프로파일

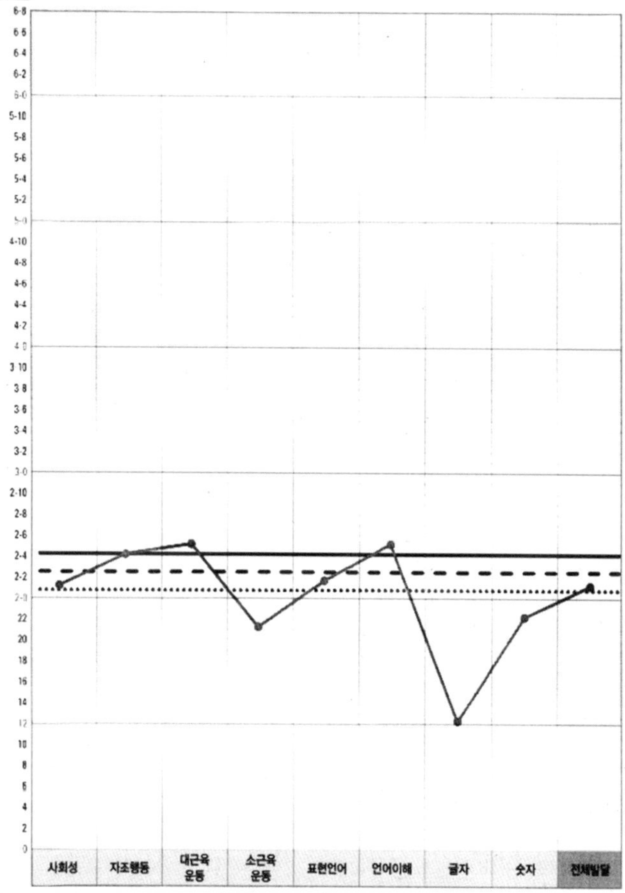


## 02 K-CDI 진단결과

| 척도명 | 사회성 | 자조행동 | 대근육 운동 | 소근육 운동 | 표현언어 | 언어이해 | 글자 | 숫자 | 전체발달 |
|---|---|---|---|---|---|---|---|---|---|
| 발달연령 (년-월) | 2-1 | 2-4 | 2-5 | 1-9 | 2-1 | 2-5 | 1-0 | 1-10 | 2-1 |
| 발달범위 | 경계선 | 정상 | 정상 | 지연 | 경계선 | 정상 | 지연 | 지연 | 경계선 |

*단, 2세 미만일 경우에는 '월(月)'로만 표시됩니다.

### ✻주의사항

본 검사 결과는

아동발달을 돕기 위한 자료이며 아동을 이해하기 위해서는 다양한 검사를 실시하고 종합적인 해석을 요합니다.

따라서 본 검사 하나의 결과로 아동의 현재 발달상태를 단정할 수 없습니다.

또한 기록지의 모든 문항(발달영역 270문항과 문제항목 30문항)에 응답하지 않았다면 사실과 다른 결과가 나올 수 있습니다.

## 03 K-CDI 결과해석 총평

아동의 발달은 개인 내 그리고 개인 간 차이가 민감하게 작용하므로 각 아동에 대한 심층 이해를 위해서는 결과에 대해 전문가로부터 개별상담을 받으시길 권합니다.

이 아동은 전체발달이 경계선범위에 속하며 사회성, 자조행동, 대근육, 언어이해 발달이 정상범위에 속하지만 사회성, 소근육, 표현언어, 글자, 숫자 발달이 정상범위 이하의 지연(또는 경계선) 범위에 속하고 있습니다. 이 아동은 사회성 소근육 표현언어, 글자 숫자 영역의 발달을 촉진하기 위한 기회가 다소 부족하였던 것으로 판단됩니다. 아동의 건강한 발달을 위해 추후 지속적인 관찰이 필요합니다. 일상에서 아동과 자주 접하는 부모의 관찰은 아동의 발달에 중요한 정보를 제공합니다. 아동과 다양한 경험을 가지는 것은 아동의 균형적인 발달 촉진에 도움이 될 것입니다.

*** 문제항목**

| | | 예 |
|---|---|---|
| 시각·청각·성숙 문제 | 잘 보지 못하는 것 같다. | ☐ |
| | 잘 듣지 못하는 것 같다. | ☐ |
| | 건강상의 문제가 있다. | ☐ |
| | 발육, 키, 몸무게에 문제가 있다. | ☐ |
| | 식습관에 문제가 있다(예: 너무 안 먹거나 너무 많이 먹는다). | ☐ |
| | 배변훈련이 잘 안 되어 있다. | ☐ |
| | 수면문제가 있다. | ☐ |
| | 통증을 호소한다(예: 귀, 배, 머리 등) | ☐ |
| | 체력 문제가 있다. 쉽게 피곤하거나 행동이 매우 둔해 보인다. | ☐ |
| 운동 문제 | 행동이 매우 서툴다(예: 서툴게 걷거나 뛰고 비틀거리거나 쓰러진다(만 2세 이상 아동의 경우). | ☐ |
| 언어능력 문제 | 또래 아이들에 비해 잘 말하지 못한다. | ☐ |
| | 아동이 하는 말을 이해하기 어렵다(만 3세 이상 아동의 경우) | ☐ |
| | 말을 더듬는다. | ☐ |
| | 다른 사람의 말을 잘 이해하지 못하거나 이해가 느리다. | ☐ |
| 미성숙 문제 | 미성숙하여 자기 나이보다 훨씬 어린아이의 행동을 한다. | ☐ |
| | 자신보다 어린아이들과 놀기를 좋아한다. | ☐ |
| | 부모와 떨어지기가 어렵다(예: 심하게 매달리거나 슬퍼한다). | ☐ |
| | 수동적이며 거의 주도적이지 않다. | ☐ |
| 주의집중 문제 | 주의집중을 못한다(예: 다른 사람의 말을 잘 경청하지 못한다) | ☐ |
| | 가만히 앉아 있지 못하고 지나치게 활동적이다. | ☐ |
| | 어수선하여 어지럽히거나 조심성이 없거나 책임감이 없다. | ☐ |
| 행동 문제 | 하나를 고집스럽게 요구한다. | ☐ |
| | 복종하지 않으며 공손하지 못하고 반항적이다. | ☐ |
| | 지나치게 공격적이다. | ☐ |
| 정서 문제 | 소심하고 겁이 많고 걱정이 지나치다. | ☐ |
| | 행복해 보이지 않는다(예: 자주 울거나 칭얼거린다). | ☐ |
| | 다른 아동들과 잘 어울리지 못한다. | ☐ |
| | 자신감이 부족하다(예: '나 못해'와 같은 말을 한다). | ☐ |

## 4. 아동 검사의 실시방법

### 1) 검사 선택

아동 검사를 평가하기 위해서는 어떤 심리검사를 선택하고 실시해야 하는 기준이 있어야 하는데, 곽금주(2002)는 심리검사를 선택할 때 기준을 다음과 같이 말하고 있다.

첫째, 아동문제와의 관련성으로 심리검사를 선택할 때 아동문제를 적절하게 이해하고 정보를 수집할 수 있는지를 고려해야 한다. 특정한 지표영역을 포함하고 있는지, 혹은 전반적인 평가를 하고 있는지를 각각의 아동에 맞춰서 진행할 수 있다. 이는 아동별로 다르게 진행할 수 있는데, 관련성이 적은 경우라면 불필요한 정보를 제외하고 필요 이상으로 많은 검사를 하여 아동이 스트레스를 받는 상황을 만들지 않아야 한다.

둘째, 검사의 표준화, 타당도, 신뢰도를 대표하고 있는지 여부를 따져보는 것이다. 간혹 검사지 중에는 규준 집단이 없거나 적합하지 않은 규준 집단으로 검사지를 만든 경우도 있으므로 이러한 검사지로 아동을 평가한다면 정확한 판단을 내리기가 어려울 수 있다. 따라서 실제 검사지를 사용하게 될 모집단을 잘 대표하고 있는지 여부를 잘 파악해야 한다.

셋째, 검사 실시 방법과 채점의 편리함, 소요시간, 검사 비용 등 검사의 실용성을 고려하여 선택하여야 한다. 검사시간이 너무 오래 소요된다면 아동들이 힘들어할 수 있기 때문에 적합하지 않다. 따라서 사전에 충분히 검토해 보고 결정해야 한다.

### 2) 검사 실시

아동 검사를 실시하기 전에 검사자는 검사 도구를 비롯한 자료를 준비하고, 검사하는 과정에서 아동의 반응과 행동 특성을 정확하게 기록할 수 있도록 연습해야 한다. 아동이 각각의 문항에서 어떤 질문을 대할 때 주저하고 있는지 파악할 수 있다. 아동 대상의 검사를 실시하는 것은 답이 정해져 있는 것도 있지만, 답보다는 과정을 살피는 중요한 시간이기 때문에 아동과 신뢰하는 관계 내에서 편안하게 임할 수 있도록 분위기를 형성하는 것도 중요하다. 이를 위해 검사를 실시하면서 구체적으로 유의해야 할 사항을 살펴보면 다음과 같다.

첫째, 검사자료를 제시해야 한다. 검사 지침서에 특별한 지시가 없다면 아동 쪽에서 보았을 때 왼쪽에서 오른쪽으로 진행되도록 제시한다. 검사 자료가 많은 경우에 자료는 한 번에 하나씩 올려놓고 아동이 다 볼 때까지 치우지 말아야 한다.

둘째, 지시하기와 질문하기를 사용한다. 적당한 속도로 대화하듯이 편안하게 설명하거나 읽어주고 이해하지 못했을 때는 다시 한 번 읽어준다. 그러나 보충설명을 하거나 해석하는 것은 의도가 들어갈 수 있으므로 하지 말아야 한다.

셋째, 시간을 기록한다. 스톱워치로 아동의 반응시간을 재서 기록하면서 망설인 시간도 기록한다.

넷째, 아동의 반응을 확인한다. 반복해서 대답을 강요하기보다는 되도록이면 아동이 대답한 것을 그대로 기록하는 것이 좋다.

다섯째, 아동의 반응을 기록한다. 아동의 반응을 판단하여 기록하는데 이때 아동이 기록하는 걸 눈치채지 않도록 해야 한다.

여섯째, 아동의 반응을 채점한다. K-WISK와 같은 채점이 필요한 검사는 검사

하면서 바로 채점하면 좋으나, 아동이 검사자가 지침서를 뒤적이며 채점을 하면 불안해할 수 있기 때문에 그런 모습은 보여 주지 않고 추후에 하는 것이 좋다. 그러나 반응을 점수화하는 채점 기준을 미리 숙지하고 있어야 할 것이다.

일곱째, 검사를 종료한다. 검사를 마치고 아동에게 격려와 칭찬을 한다.

### 아동발달의 문제 토론주제

1. 아동기 발달 문제들 중 한 가지를 선택하여 치료방법에 대한 개인적인 의견을 자유롭게 쓰시오.

2. 아동발달검사를 선택하고 실시하는 과정을 기술하시오.

CHAPTER 7

# 문제행동 지도방법

## 1. 공격성 아동

아동은 적절한 신체적 보살핌을 받았어도 정서적으로 학대받았던 경험이 많다면 그렇지 않은 아동에 비해 쉽게 겁에 질리고 무표정하고 몸집도 작으며 연령이 높아짐에 따라 사람들과 관계 맺기를 어려워한다(김지영, 2005). 이처럼 아동기에 주양육자로부터 사랑과 보호를 정서적으로 받지 못하게 되면 그들은 상실감을 느끼게 되며 이후에 정서적으로 취약한 반응을 형성하게 된다. 자녀들이 어렸을 때 맞벌이를 한다든지 직접 자녀를 양육할 수 없는 상황(환경)이 많을 경우에 충분한 정서적 양육이 어려울 수 있다. 또한 부모들이 바쁜 나머지 자녀가 신체적으로 공격성을 보이거나 욕을 하고 물건을 던지는 행동을 하더라도 방임하는 경우가 있다. 이러한 부모의 태도가 오히려 자녀의 공격성을 더 악화시키기도 한다. 그러나 공격성 행동과 방임적 태도는 자녀에게도 부모에게도 좋지 않다. 사회 부적응으로 더 큰 일탈행동이 일어나기 전에 부적응행동을 지도하여 적응하도록 도와주어야 한다.

## 1) 공격성의 원인

아동이 공격성을 보이는 이유는 다양하다. 개인적인 기질로 인한 원인과 부모의 잘못된 양육방식에 의한 원인, 대중매체에 의해 학습된 원인으로 나눠볼 수 있다(김윤옥·황선희, 2006; 신혜영, 2013).

첫째, 아동이 정서적으로 흥분상태를 잘 보이게 되는 개인적 기질을 가지고 있는 경우에 공격성을 보일 수 있다. 분노나 적개심을 느끼고 화를 참지 못하여 욕을 하게 되는 것이다. 이러한 기질을 가지고 있는 아동의 경우에는 흥분을 가라앉히고 먼저 생각하게 한 다음에 행동할 것을 지도할 수 있다. 또한 욕을 하거나 물건을 집어던지는 행동은 잘못된 행동임을 단호하게 알려준다.

둘째, 부모의 잘못된 양육방식에 의한 원인으로 공격성을 보일 수 있다. 즉, 부모가 평상시에는 자녀의 좋은 행동에 관심을 갖지 않고 무관심하게 지내다가 아동이 때리거나 욕을 하면서 공격적인 행동을 했을 경우에만 벌이나 체벌을 하면서 강화를 하면 아동은 자연스럽게 공격적인 행동을 강화받게 된다. 이는 아동이 자신이 한 공격적인 행동으로 인해 부모가 '나에게 관심을 주고 있어.'라고 생각을 하게 되고, 이로 인해 반복적으로 더 문제행동을 보이게 된다.

셋째, 대중매체 등을 통한 학습이 원인이다. TV나 만화영화, 드라마, 컴퓨터 게임 등 다양한 대중매체에 나오는 싸우는 모습을 보고 폭력성을 배우게 된다. 스마트폰 등 모바일 매체를 통해 아동이 폭력에 쉽게 노출되는 환경 때문에 매체에서의 모습들을 그대로 모방할 수 있다. 한류열풍을 일으킬 정도로 우리나라 드라마는 잘 만들어졌다. 그래서인지 부모들이 즐겨보는 드라마를 아동이 함께 시청하기도 하는데, 이 중에 포함된 폭력문화를 아동이 그대로 학습하게 되는 것이다. 아동들이 폭력적인 행동을 멋져 보이고 힘이 세 보여서 좋아하는 분위기가 보육기관 전체적인 교실 문화가 된다면, 아이들의 생각을 변화시키기 위해 여러 가지 방법을 시도해봐야 한다.

그러나 최근에는 온라인 컴퓨터 게임이 폭력을 유발한다는 주장에 동조하지 않는 심리학자도 있다. 게임을 통해 아동이 카타르시스를 느끼고 자기감정을 표현하는 순기능을 강조하는 측면이다. 아동의 폭력성이 알코올중독이나 가정의 불화 등 다양한 환경적 변인 때문일 수도 있는데 단순히 대중매체와 게임이 폭력성을 야기했다는 것에 반박하는 연구가 있다. 물론 게임이나 대중매체에서 나오는 폭력을 보면서 바람직한 지도가 이루어졌다면 반드시 실제생활에서 폭력을 사용한다고 단정 지을 수는 없을 것이다. 그럼에도 불구하고 공격적 행동이란 단어 자체에서 풍겨 나오는 느낌은 폭력성에 가깝기 때문에 대중매체와 게임에서 나오는 폭력성을 무시할 수만은 없다.

### 2) 공격성 행동의 유형

가장 흔한 유형은 신체적 공격성이다. 언어적으로 표현이 미숙한 아동들은 신체를 사용하여 공격적인 행동을 하게 된다. 예를 들어, 물고, 때리고 차고 할퀴면서 신체적으로 대상을 괴롭히게 된다. 아동이 공격하는 대상은 주로 자신보다 왜소하거나 질투심에 의해 공격 행동을 보이게 되는데, 어린이집 교사나 부모는 공격적인 행동이 나타나지 않도록 환경을 미리 점검하고 대상과의 관계를 관찰하여 문제행동을 미연에 방지하는 것이 필요하다. 그러나 아동이 무차별적으로 주변 대상에게 공격성을 나타내는 경우도 있다. 이는 공격하는 아동이 관심을 받고 싶어서 하는 행동일 경우가 있다. 그런 때는 무작정 혼내고 벌을 주기보다는 공격행동이 나쁜 것이라는 설명을 해주고 더불어 뭔가 잘하는 행동을 그 아동이 보였을 경우 민감하게 관찰하여서 칭찬과 격려를 해줌으로써 자극을 주어 강화하는 것이 필요하다.

또 어떤 아동은 남을 놀리거나 비웃고, 욕을 하거나 비난을 하는 등 언어를 사용하여 공격하기도 한다. 이러한 경우에 그 언어에 담긴 나쁜 의미를 알지 못하고 따라 하는 경우가 많다. 그러므로 오히려 부모나 보육교사가 아동의 폭력적 언어를 듣고 놀라서 야단을 치는 방식을 보이면 이것을 관심으로 이해하면서 강화받게 되어 더 자주 폭력언어를 쓰게 되기도 한다. 따라서 욕을 하는 아동의 태도를 부모나 보육교사가 대수롭지 않게 대하면서 욕 대신에 적당하게 사용할 수 있는 말을 구체적으로 알려주며 지도해야 한다.

### 3) 공격성 아동행동 지도

아동은 공격적 행동을 했음에도 불구하고 금방 잊어버리기 때문에 시간이 지난 다음에 그 문제행동을 끄집어내서 이야기하는 것은 효과가 없다. 따라서 문제행동을 했을 경우에 바로 그곳에서 지도하는 것이 바람직하다. 이에 공격적인 아동을 지도할 때 유의해야 할 점을 제시하면 다음과 같다(김윤옥·황선희, 2006).

첫째, 분노를 인정해야 한다. 아동이 현재 지니고 있는 분노의 감정을 인정하고 공감해주어야 한다. 아동이 자연스럽게 감정을 느끼고 표현하도록 해야 하는데, 오히려 분노를 억압하는 것은 공격적인 행동을 더욱 부추기게 된다. 따라서 분노가 일어났을 때 할 수 있는 방법으로 "10까지 세기", "숨을 깊게 쉬기", "화장실에서 손을 씻고 오기" 등 구체적인 행동 지침을 알려주고 할 수 있는 방법을 선택해 보라고 할 수 있다. 그리고 이를 할 수 있도록 격려해 주고, 아동이 이를 실행했을 때 반드시 칭찬해 주면서 분노를 조절할 수 있음을 인지시켜 준다.

둘째, 아동의 개인 기질을 이해해야 한다. 각기 다른 성격처럼 아동들이 가지고 있는 기질도 다름을 인정하고 쉽게 분노하고 감정표현이 서툰 아동도 있음을 알아야 한다. 또는 소극적인 태도로 감정을 나타내는 아동도 있음을 알고 이를 적절히 구분하여 대해야 한다.

셋째, 공격적인 상황을 제거해야 한다. 어떤 행동이건 아동이 공격성을 나타내게 한 상황이 있다. 따라서 그러한 상황을 분석해 보고 이러한 상황이 발생되지 않도록 미연에 방지할 필요가 있다. 이를 위해서는 적절한 관찰이 필요하다.

넷째, 모델링을 제시한다. 아동에게 모범적으로 분노를 표현하는 방법을 제시해줄 필요가 있는데 분노의 감정을 조절하는 방법, 표현하는 장소, 대상에 대해서 모델링을 보여 줄 수 있다. 예를 들어, 놀이터에 가서 신체놀이를 할 수 있고, 실내놀이터에서는 안전하게 친구와 손바닥 밀기 정도를 할 수도 있다는 것에 대해 알려주고 이를 같이 수행해 본다.

다섯째, 보상을 해준다. 공격적인 행동에 지나친 관심을 보이게 되면 공격적인 행위를 부추기는 긍정적인 강화로 작용하게 된다. 그러므로 아동의 공격적인 행위를 적당히 무시하고 무관하게 다루다가, 아동의 바람직한 행위에 대해 즉각적인 보상을 해줌으로써 강화를 해줄 수 있다.

여섯째, 폭력 행동에 대해 재구성한다. 만화영화, 드라마에 나온 특정한 장면을 보여주고 이야기 나누기 시간이나 토론을 통해 아동들의 생각을 말하게 해본다. 보육교사라면, 이런 장면을 보여준 후에 주인공들의 얼굴 대신에 우리반 친구들의 얼굴을 붙여보고 "우리 ○○가 주인공이라면" 어떤 행동을 했을지에 대해 이야기해보고, 폭력적인 행동보다는 다른 친구를 위해서 할 수 있는 행동을 생각해서 말해 볼 수 있게 한다.

## 2. 거짓말 아동

거짓말은 대부분 의도적으로 처벌을 회피하기 위해서 하게 된다. 물론 나이가 어린 아동은 현실과 상상을 구별하지 못해서 거짓말을 하고, 주목을 받기 위해서 하기도 한다. 그러나 문제행동으로 보고 있는 거짓말은 의도적으로 하는 거짓말만을 말한다.

### 1) 거짓말 행동의 원인

첫째, 인지적 미성숙으로 인해 자기가 상상한 것과 원하는 것을 사실인 것처럼 이야기할 수 있다. 이는 4세를 전후로 현실과 상상을 잘 구별하지 못하면서 인지발달의 미성숙으로 인해 속이려는 의도 없이 하는 거짓말이다.

둘째, 관심을 받기 위해 거짓말을 할 수 있다. 아프지 않지만 부모나 보육교사의 관심을 받기 위해서 아프다고 거짓말을 한다. 이런 경우에는 야단을 치기보다는 아동의 거짓말에 무덤덤하게 반응하면서 다른 긍정적인 면을 보일 때 격려와 관심을 나타내는 것이 바람직하다.

셋째, 모방하므로 거짓말을 하기도 한다. 친구의 말을 무의미하게 따라 하기도 하고, TV를 보면서 거짓말을 모방하기도 한다. 때로는 이런 행동 자체가 놀이의 일부분으로 작용하게 되므로 죄의식 없이 거짓말을 하게 된다. 그러나 이런 행동은 위험한 결과를 가져오게 될 수 있기 때문에 이야기 나누기나 토론을 통해 거짓말은 어떤 것인지, 어떤 결과를 가져오는지 알려줘야 한다.

넷째, 주변사람들의 지시에 의해 하게 된다. 아동이 스스로 하는 것이 아니라 성인이 시켜서 하게 되는 경우인데 주변 사람들이 거짓말을 하게 되면 아동도 이를 학습하게 되면서 사소한 것도 거짓말을 하게 될 수 있다. 예를 들어, 엄마가 받고 싶지 않은 전화가 왔을 때, 아이에게 전화를 받게 하고 '엄마 없다고 해라.' 하는 경우 아이는 성인이 시킨 것에 의해 쉽게 거짓말을 하는 방식을 배우게 된다.

다섯째, 자신감이 부족하여 거짓말을 하기도 한다. 아동 자신이 자신감이 부족하여 논리적으로 이야기할 수 없을 때 자신의 생각과 다르게 거짓말을 하게 된다. 그러므로 교사는 논리적으로 따지거나 추궁하는 질문들을 피하고 획일적인 태도를 강요하지 말아야 한다(김윤옥·황선희, 2006).

### 2) 거짓말 행동 지도

아동이 하는 거짓말은 대체로 두 가지 유형으로 나눌 수 있다(김윤옥, 2004).

첫째, 자신이 갖고 싶은 물건이나 칭찬, 좋아하는 친구, 자존심을 보상받기 위해서 등 무엇인가를 얻기 위해서 거짓말을 하는 경우가 있다.

둘째, 벌이나 비난, 싫어하는 행동, 어떤 대상, 책임을 회피하기 위해서 등 자신이 원하지 않는 무엇인가를 피하기 위해서 거짓말을 하는 경우이다. 이처럼 아동은 무엇인가를 얻기 위해서 또는 피하기 위해서 거짓말을 하게 된다. 거짓말은 아동은 수많은 경험을 통해 학습되고 강화되면서 습관처럼 형성되는데, 의도적인 거짓말을 하는 경우 이는 다른 이에게 상처를 주게 되고 잘못된 결과가 나타나므로 바람직하게 지도할 필요가 있다.

바람직한 지도를 위해서 적절한 보상과 좋은 모델링이 필요하다.

첫째, 적절하게 보상을 한다. 아동이 거짓말을 했을 때는 무시하고 무관심하다가 솔직하게 이야기하고 거짓말하지 않았을 때 즉각적으로 적절한 관심과 보상을 해주는 것이다.

둘째, 좋은 모델링을 제시해준다. 아동이 본받을 수 있는 모델을 제시해 줄 수 있다. 예를 들어, 이야기 나누기나 동화 등을 통해 실수나 잘못을 했을 때 용서를 구하는 방법을 알고, 잘못된 행동으로 인해 받는 벌을 용기 있게 받아들이는 자세, 자신이 한 결과를 책임지는 모습 등을 이야기할 수 있다.

## 3. 자위행위 아동

### 1) 자위행위 원인

첫째, 일종의 놀이를 생각한다. 유아는 생식기를 만지며 놀면서 우연히 쾌감을 느끼게 되는데 자위행위는 남자아이뿐 아니라 여자아이도 한다.

둘째, 성충동 해소로 인해 한다. 몽정 등을 통해 사정의 경험을 하게 된 아동은 신진대사 활동으로 자연스럽게 성적 충동을 해소하는 자위행동을 하기도 한다. 그러나 자위를 하면서 갖게 되는 불안감이나 죄책감이 오히려 문제되어 아동을 힘들게 하는 경우가 생기게 된다.

셋째, 성폭력이나 성추행의 후유증이다. 평소와 다르게 성기에 집착하거나 성행위를 흉내 내는 등 성폭력·성추행 후유증으로 자위행위를 하기도 한다.

### 2) 자위행위 아동 지도

자위행위 자체에 무안을 주어 오히려 그 행동을 강화시키기보다는 천천히 그 행동이 잘못된 행동임을 인식하도록 도울 필요가 있다(서울초등상담연구회, 2016). 이보다 더 재미있는 환경을 제공해서 다른 것으로 관심을 유도하고, 생식기가 소중한 곳이라는 생각을 스스로 하게 하는 것이 중요하다.

첫째, 다른 것으로 관심을 유도한다. 손을 사용하여 생식기를 만지게 되면 감염의 위험이 있기 때문에 아동이 생식기를 만지면서 자위행위를 한다면 다른 것으로 관심을 유도해서 중단하도록 해야 한다. 그러나 주변에서 이 행동에 관심을 갖고 야단을 치거나 과도한 지도를 하게 된다면 오히려 강화될 수 있기 때문에 주의해야 한다.

둘째, 남녀 생식기의 소중함을 알려준다. 성교육을 통해서 남녀의 성기가 나중에 아기를 만들어 주는 소중한 곳임을 알려주고 함부로 만지지 않도록 알려준다. 성추행이나 성폭행의 위험으로 보호 예방할 수 있는 교육도 더불어서 이뤄져야 한다.

셋째, 성폭력이나 성추행으로 인한 후유증인 경우 임상경험이 풍부한 심리상담사에게 장기적·단기적인 상담치료를 받는 것이 필수적이다. 성추행범이 잘못인 것이고, 이런 경험을 한 자신은 지나가다 새가 똥을 머리에 싼 것과 같이 어쩔 수 없이 일어난 일일 뿐이라는 생각을 하게 지도해야 한다. 자신의 몸과 생식기를 소중히 여길 수 있도록 충분한 상담이 이뤄져야 한다.

## 4. 자신감 없는 아동

### 1) 원인

자신감이 없어서 어떤 일이든 적극적으로 도전하지 못하는 아동은 자존감(self-esteem)이 낮은 경우가 많다. 아동에게 있어서 자신감은 주변 사람들의 평가와 대우에 의해 결정된다. 성취감, 칭찬, 소속감 등은 아동의 자신감에 커다란 영향을 미친다. 대체로 자신감이 부족한 아동은 자신의 노력으로 얻은 성취에 대해 낙관적이지 못하다. 그래서 무능력, 열등감, 비관적, 무기력, 용기부족 등에 시달리게 된다. 그러한 아동은 무엇을 하든지 제대로 할 수 없다고 생각한다. 따라서 쉽게 포기하고 두려움을 느낀다.

자신감이 없는 아동행동은 다양한 원인이 있다.

첫째, 과보호가 원인이 되기도 한다. 과보호적 양육을 받는 아동은 환경에 대처하는 기술이나 독립심, 자신의 판단에 대한 존중 등을 배우지 못한다. 그래서 실수를 두려워하고 의기소침해지기 쉽다. 부모가 뭐든 대신해주기 때문에 더욱 자신이 없어지고, 따라서 정상적인 스트레스를 감당할 수 없게 된다. 이러한 아동들은 쉽게 상처받고 자신에 대해 방어하기에 급급하다.

둘째, 방임이다. 방임적인 부모는 아동을 제대로 돌보아주지 않고 놔두어버린다. 부모의 방임적 태도는 아동이 자신의 존재에 대해 부모를 귀찮게 하는 가치 없는 존재라고 생각하게 한다. 신체적·정신적으로 애정 어린 돌봄을 받지 못하면 자신이 가치 없다고 생각하게 되고 자신감을 잃게 된다.

셋째, 완벽주의다. 자녀에게 완벽을 기대하거나 지나치게 높은 요구를 하는 부모들이 많다. 그러한 부모들은 자녀에게서 강점만을 기대하고, 약점은 수용해주지 못한다. 그러한 부모들은 실패에 대해 과대 해석하고, 상황의 부정적인 면만을 강조한다.

넷째, 전제주의와 처벌이다. 이러한 부모 밑에서 자란 아동은 자신의 가치를 높게 생각하기 힘들다. 그래서 자신감이 없는 아동으로 자라기 쉽다.

다섯째, 비난적 태도이다. 부모로부터 거부와 비난을 받고 자라난 아동은 스스로를 비하하고, 자신의 능력에 회의를 갖게 된다.

### 2) 행동지도

첫째, 자신감이 없는 아동에게 애정과 수용을 주는 것이 제일 좋은 방법이다. 아동은 자신이 사랑받고 있고, 수용(accepted)받는다고 생각할 때, 자신감을 발달시킨다. 안전하고, 신뢰 있는 환경 속에서 사랑받는다고 느낄 수 있을 때, 아동은 매사에 자신 있게 도전할 수 있게 된다. 아동이 하는 행동이나 사고, 감정표현 등에 대해 부모는 긍정적 반응을 보여주어야 한다.

둘째, 행동수정이다. 자신감이 심하게 없는 아동들에게 자신감을 불어 넣어주기 위해서는 힘들어하는 상황을 모의로 만들어 실행해보는 것이 좋다. 스스로에게 용기를 불어넣어 줄 수 있는 혼잣말을 개발하는 것도 한 가지 방법일 것이다. 예를 들어, '난 할 수 있어', '괜찮아' 등과 같은 말을 혼잣말로 연습해보는 것이다.

셋째, 칭찬과 보상이다. 자신감이 없어 하는 아동에게는 조그마한 성취라도 항상 칭찬을 잊지 말아야 한다. 그러기 위해서는 일단 부모가 지나치게 기대를 높게 가는 것은 피해야 한다. 토큰이나 점수, 스티커 등을 주어 일정 개수를 모으면 보상한다. 보상을 위한 구체적인 행동목록을 정해 부모와 자녀가 약속으로 정해서 문서화할 수도 있다.

## 5. 도벽 아동

### 1) 원인

도벽이란 자신의 것이 아닌 물건을 가지는 것으로 정의된다. 보통 아동들은 도둑질이라고 이름 붙여진 사건을 통해서 자신의 소유가 아닌 물건을 갖는 것이 나쁘다는 사실을 알게 된다. 유아기는 아주 흔하게 사소한 물건을 훔치는 행동을 하게 되는데, 일반적으로 5~8세 때에 정점을 이루다가 그 후에는 점차 사라진다. 유아기에 어쩌다 일어나는 훔치는 행동에 대해 지나치게 민감할 필요는 없다. 하지만 10세 이후에도 도벽이 계속 나타난다면 심각한 정서장애가 있다는 징후가 되므로 전문가의 도움을 받아야 한다.

도벽 있는 아동이 되는 원인은 다음과 같다.

첫째, 정서적 결핍이다. 아동의 삶에서 정서적인 결핍이 있기 때문에 허전한 마음을 달래기 위해서 훔치는 행동을 한다. 이럴 때 훔치는 행동은 부모의 사랑이나 관심, 애정을 못 받는 것에 대한 전치(replacement)로 나타나는 것이다. 부모가 이혼한다든지, 사망했을 경우에 훔치는 행동이 나타날 수도 있다.

둘째, 나쁜 모델링이다. 가족이나 친구가 훔치는 것을 보고 따라 하는 경우도 많다. 특히 비행집단인 경우에 훔치는 행동을 통해 소속감을 느끼려 하는 경우가 흔하다.

셋째, 왜곡된 자존감의 고취이다. 어떤 아동은 훔치는 행동을 통해 자신의 터프함이나 남성다움, 자신감 등을 확인시키고자 한다. 또한 흥분을 만끽하고 모험심을 만족시키기 위해 훔치는 행동을 하는 아동들도 있다.

넷째, 잘못된 감정표현 방법이다. 훔치는 행동은 아동 내면에 존재하는 스트레스나 우울, 질투, 분노 등의 표현일 수도 있다. 그런 아동은 훔치는 행동을 통해 내면에 평정을 되찾고자 노력하고 있는 것이다. 또 다른 원인으로는 아동이 실망에 견디는 힘이 너무 적고, 유혹에 저항하기가 너무 힘들기 때문이다.

### 2) 행동지도

첫째, 도벽 있는 아동을 위해 첫째는 가치관 확립이 필요하다. 물건이 소중하다는 것과 개인의 물건을 사용하기 위해서는 허락을 받고 배려하는 상황에서 사용해야 한다는 등의 가치를 알려주는 것이 필요하다.

둘째, 일정한 용돈 제공이다. 아동에게 일정 기간을 정하고 일정한 금액의 용돈을 주어 필요한 물건을 살 수 있다는 것을 알려주어야 한다. 또 필요한 물건을 사기 위해 용돈을 모을 수 있는 인내심도 기를 수 있다.

셋째, 좋은 모델링이다. 부모는 일상적인 생활에서 성실함을 보여준다. 물건을 주우면 주인을 찾아주려 노력하고, 슈퍼마켓에서 계산을 덜 한 물건을 발견한다면 꼭 지불하는 태도를 자녀에게 보여준다. 타인의 소유권을 존중해야 한다는 것을 보여주고, 다른 사람에게 물건을 빌릴 때나 돌려줄 때 어떻게 말해야 좋은지 말해준다.

넷째, 유혹을 제거하는 것이다. 부모나 어른들이 잔돈이나 지갑, 돼지 저금통 등을 허술하게 아무 곳이나 놔두지 말아야 한다.

그러나 심하게 도벽 있는 아동을 위해서는 좀 더 적극적인 문제해결방안이 필요하다. 훔치는 행동은 절대로 용납되지 않는다는 것을 일깨워준다. 혹 집에서 훔치는 행동이 처음으로 일어날 때, 집안에 일어난 일이니까, 처음이니까 '괜찮다'라고 생각해서 그냥 넘어가는 경우가 많은데, 처음 그런 행위를 했을 때의 부모의 태도가 아동의 문제행동을 계속 유지시킬 수도, 근절시킬 수도 있다는 것을 명심해야 한다. 행동수정의 방법을 적용하여 남의 물건을 훔쳤을 때에 가장 합리적인 방법은 사죄와 함께 물건을 돌려주거나 손해를 배상하게 하는 것이다.

또한 직면하기를 통해서 아동에게 훔친 물건에 대해 변상하면서 부모는 훔치는 행동의 중대성과 심각성에 대해 말해 주어야 한다. 그 행동이 왜 나쁜 것인지, 왜 그 행동이 용납될 수 없는지 설명해주어야 한다.

더불어 아동은 자아중심성과 쾌락추구의 성향을 가지고 있기 때문에 대부분 한두 번씩은 훔쳐본 경험을 갖게 된다. 부모는 처음에 아동의 훔치는 행동이 나타날 때, 지나치게 소리를 지르거나 흥분하지 말고, 단호한 목소리로 그런 행동을 용납할 수 없다는 것을 말해주어야 한다. 하지만 그 사건을 과장해서 표현한다든가, 범죄로 몰고 가는 것은 피해야 한다. 다시 말하면 부모는 '도둑'으로 몰고 가는 형사 같은 태도를 보여서는 안 된다. 만약 부모가 아동에게 나쁜 표식(label)을 붙이게 되면 어차피 부모에게 인정받을 수 없다는 생각에 더욱 더 나쁜 행동이 가중될 수 있다.

## 6. 떼쓰는 아동

### 1) 원인

떼쓰기(temper tantrums)는 화를 폭발하는 것이다. 통제력이 상실되어 악을 쓰고 울거나, 바닥에 뒹굴고, 물건을 던지는 등의 행동을 보여준다. 어떤 아동의 경우에는 토하는 경우도 있고, 오줌을 싸거나 숨을 안 쉬는 경우도 있다.

2~5세 아동의 경우에는 떼쓰는 행동은 보편적으로 일어나는 문제행동이다. 이는 아동의 언어적 능력이 그다지 발달되지 못하기 때문에, 부정적 감정이나 독립심을 행동으로 나타내는 것이라고 생각할 수 있다. 그 후 성장하면서 언어적 능력이 발달되면서 자신의 생각이나 감정을 말로 표현할 수 있게 되기 때문에 떼쓰는 행동도 줄어들게 된다.

떼쓰는 아동의 주된 원인은 다음과 같다.

첫째, 분노의 표현인 경우가 많다. 분노는 좌절감을 느끼거나, 공격을 받거나, 실망했을 때에 일어나는 본능적인 반응이다. 하지만 분노의 표현으로 나타나는 어린 아동의 떼쓰는 행동은 외부 세계에 원인이 있다기보다는 자신의 욕구가 좌절되었기 때문에 일어나는 자연스러운 현상이다.

둘째, 아동의 부모가 화내는 모습을 자주 보이게 되면 그 행동이 모델링 되어 아동이 모방하게 된다. 특히 아동과 많은 시간을 보내는 어머니의 짜증 내는 모습을 보고 배우는 경우가 많다.

셋째, 아동의 감정 표현 기술의 미숙이 원인이 될 수 있다. 짜증이나 화가 나는 것을 표현할 수 있는 언어적 기능이 미숙할 때에 떼쓰는 행동으로 보여주는 것이다. 내면의 부정적 감정을 조절할 수 있는 능력이 미약하기 때문에 떼쓰기로 나타나는 것이다.

### 2) 행동지도

떼쓰는 아동의 행동이 나오기 전에 미리 생리적 욕구를 충족시켜주는 것이 중요하다. 배가 고프거나 지쳐 있을 때에는 신경이 예민해져서 떼쓰는 행동이 나오기가 쉽다. 그러므로 충분히 수면을 취하고 제때에 식사를 제공해주어 생리적 욕구를 충족시켜 주는 것은 매우 중요하다. 또한 지나치게 많은 규칙이나 요구로 아동에게 스트레스를 주지 말아야 한다. 금지사항이 너무 많은 것도 아동의 분노를 불러일으킬 수 있다. 그러므로 부모는 아동에게 요구하는 것을 최소화하여 편한 마음을 가질 수 있도록 하여야 한다.

그러나 지나치게 떼쓰는 행동을 하는 아동을 위해서는 적극적인 문제해결방안이 필요하다.

첫째, 무시하는 방법이다. 만약 부모가 떼쓰는 행동을 견딜 수만 있다면 무시해버리는 것이 최선의 방법이 될 것이다. 이러한 행동에 과도한 관심을 기울이게 되면, 그 행동이 학습되어 계속적으로 사용하게 될 것이다.

둘째, 적절한 분노표현을 할 수 있게 한다. 언어적으로 분노를 표현할 수 있게 한다. 이를 위해서 평상시에 감정을 표현하는 의사소통을 자주 나누도록 한다. 그리고 서로 의견이 충돌했을 때에는 대화로 풀어나가는 습관을 들여야 한다. 신체적으로도 분노를 표현할 수 있는 방법을 알려준다. 예를 들면, 화가 날 때에 베개 때리기, 다트하기, 공격적 게임하기, 점토 공예하기, 춤추기, 음악 듣기 등을 할 수 있도록 해준다.

## 7. 형제간 싸우는 아동

### 1) 원인

형제간 갈등이나 싸움은 두 명 이상의 자녀가 있는 가정에서는 정도의 차이는 있겠지만 보편적으로 일어나는 문제이다. 근접하여 오랫동안 같이 생활하게 되면 갈등이 생길 수밖에 없다. 특히 형제는 같은 방을 쓰기도 하고, 함께 놀이하는 등 오랜 기간 동안 가까이 생활하기 때문에 갈등과 다툼이 일어나게 된다. 하지만 이러한 형제간의 경쟁은 일반적인 발달과정이며, 이러한 과정을 통해서 서로에게 깊은 애착이 생기게 된다. 즉, 형제 사이는 일시적으로 흥분될 경우에는 싸움이 일어나고, 서로에 대해 견제도 많이 하지만, 일반적으로 서로에게 깊은 애정과 신의를 갖고 있는 관계이다. 형제간의 경쟁은 나이 터울이 적을수록 더 심한 경향을 보이며, 동성 관계에서 더욱 심하게 나타난다.

형제간의 싸우는 행동의 구체적인 원인은 다음과 같다. 첫째, 질투이다. 질투는 본능적인 감정이다. 부모의 애정과 관심을 공유해야 하는 형제에 대해 질투를 느끼는 것은 당연한 것이다. 둘째, 부모의 편애이다. 부모가 어떤 자녀를 편애할 경우 형제간의 다툼은 더욱 심해지게 된다. 성경에서도 가인과 아벨이 아버지의 편애로 인하여 갈등하는 경우가 수록되어 있는 것으로 미루어 부모의 편애는 형제간의 다툼의 중요한 원인을 제공한다. 셋째로는 자녀 중 하나가 다른 형제에 비해 자신이 열등하다고 생각될 때에 그 형제에 대해서 적대감이 싹트게 된다.

### 2) 행동지도

형제간의 갈등이 생기는 시작점이 동생을 보면서부터이다. 그러므로 예방 방법으로서 동생의 출생을 미리 준비하는 것이 필요하다. 동생을 보게 될 경우에 한 형제라는 것을 느낄 수 있는 기회를 자주 제공해야 한다. 동생이 태어난 후에 갑

자기 아기처럼 행동하는 퇴행을 보일 수 있는데, 충분히 애정을 확인할 수 있도록 안심시켜주어야 한다. 또한 공평성도 형제간의 갈등을 예방하기 위한 방법이다. 부모가 "오빠는 공부를 잘하는데, 너는 누굴 닮아서..."와 같은 말로 비교하거나 편애하는 말로 갈등의 씨앗이 뿌려지는 것이다. 그러므로 비교의 표현을 피하고 공평하게 대해야 한다. 자녀 각자에 대해 서로 다른 개성을 가지고 있고 서로 다른 인격체임을 인정해주어야 한다. 아동마다 발달 수준도 다르고, 능력도 다르고, 기호도 다르다는 것을 인정해주어야 한다. 똑같은 선물을 사주거나 똑같은 옷을 사주는 것도 도움이 될 수 있다. 짧은 시간이라도 부모가 한 자녀와만 단둘이 있는 시간을 가지면서 그 자녀만을 위한 특별한 관심을 기울여 주는 것도 좋다.

형제간의 갈등 문제에 대한 구체적인 문제행동 지도 방법은 다음과 같다.

첫째, 무시라는 해결방안이 있다. 만약 자녀들이 평등한 관계에서 사소한 다툼을 하고 있다면, 작은 말다툼은 그냥 내버려두는 것이 좋다. 이러한 부모의 약간 무심한 태도를 통해서 성인에게 의존하지 않고 다툼을 해결하는 법을 자녀들이 배우게 될 수 있다.

둘째, 중재자 역할로서 형제간의 갈등을 해결하기도 한다. 형제간의 싸움은 누가 잘못인지를 명확하게 가리기 힘든 경우가 많다. 그러할 경우에 부모는 중재자의 역할을 하여 형제간의 다툼을 해결할 수 있도록 도와주어야 한다. 먼저 서로에게 품는 분노의 감정을 언어로 표현하게 한다. 밉고, 화가 난다는 감정을 표출하게 하고, 그것이 정상적인 것임을 말해준다. 하지만 욕을 한다든가, 별명 부르며 놀리기, 소리 지르기, 협박하기, 때리기 등의 행동은 분명하게 안 된다는 것을 설명해야 한다.

셋째, 재판관의 역할이다. 한 자녀를 꾸짖어야 할 이유가 분명히 있다든지, 아동 스스로 갈등을 해결할 수 없을 때에는 부모가 재판관의 역할을 해야 한다. 서로 얼굴을 대면한 자리에서 각자의 입장을 설명하게 하고, 따로 자리를 마련하여 이야기를 나누어 본다. 물론 이때 부모는 경청적 태도를 취해야 하며, 자신의 식대로 상황을 판단해서는 안 된다.

넷째, 형제간의 갈등 다루기에서 제한과 한계 설정하기가 중요한 해결방안이 될 수 있다. 욕하지 않기, 때리지 않기, 물건 빼앗거나 부수지 않기, 고자질하지 않기 등 구체적인 제한과 한계 목록을 아동들의 동의하에 정하고 그에 따를 벌칙도 구체적으로 정한다. 그리고 어떠한 상황에서도 그 제한들을 어기는 것에 대해 관용을 베풀지 말아야 한다.

### 문제행동 지도방법의 토론주제

1. 주변에 있는 아동 중에 이 책에서 제시하고 있는 문제와 유사한 경우가 있다면 그 사례를 기술하고, 원인이나 지도방법을 적어보시오.

2. 주변에 있는 아동 중에 이 책에서 제시하고 있는 문제와 달리 다른 특별한 문제행동을 보이는 경우가 있다면 그 사례를 기술하고, 원인이나 지도방법을 적어보시오.

CHAPTER 8

# 아동상담의 이론적 모델

아동상담적인 측면을 이해한다는 것은 먼저 인간행동의 전인적인 측면들에 대한 이해가 선행되어야 한다. 즉, 상담자는 아동의 행동을 보다 더 잘 이해하기 위해 생물학적, 사회학적, 심리학적 관점을 모두 고려해야 아동에게 또 다른 상처를 주지 않는다. 상담이론과 그에 따른 주요 기법을 통해 아동의 발달문제 행동을 살펴보면 다음과 같다.

## 1. 아동상담의 이론

### 1) 정신역동적 상담모델

프로이트의 초기 성격구조이론에 있어서 인간의 정신이 의식, 전의식, 무의식의 세 가지 영역으로 구성되어 있다고 하였다. 의식(conscious)은 자기 내부와 외부에서 오는 지각을 인식하는 마음의 부위로서, 주의하고 있는 부분, 즉 알고 있는 부분을 말한다. 전의식(preconscious)은 정신집중만 하면 능히 기억할 수 있는 생각들과 기억 같은 것을 말하며, 의식과 무의식 사이의 영역으로 상호 연결되며 이차 사고과정을 수행한다고 하였다. 무의식(unconscious)은 정신집중을 해도 좀처럼 떠오르지 않는 마음의 부위로서, 의식하고 있지 않은 부분으로 대개 억압된 사고와 감정이 그 내용을 이루는바, 행동의 대부분은 이 무의식에 의해 결정된다고 하였다. 무의식은 비록 자각할 수 없다고 하더라도 행동에 영향을 준다. 특히 무의식은 직접 연구할 수 없으며 행동으로부터 추론을 한다. 무의식적 욕구, 소망, 갈등의 상징적 표현인 꿈과 자유연상법으로부터 나온 경험의 자료들, 투사법으로 나온 자료들을 통해 무의식을 볼 수 있다.

리비도(libido)는 원초아가 갖고 있는 생물학적인 본능 에너지로 일차적으로 성적인 에너지를 말한다. 삶의 본능은 성욕, 배고픔, 갈증 등 생존과 번식에 목적을 둔 신체적 욕구의 정신적 표상이다. 원초아(id) 즉, 본능은 성격의 가장 원초적인 체계로서 출생 시에는 모두 본능의 상태이다. 쾌락원칙에 따라 본능욕구를 만족시키려는 생각에 의해서만 움직인다. 본능은 결코 성숙하지 않고 무의식적(unconscious)인 존재이다. 자아(ego)는 현실 외적인 세계와 관계를 가지며 성격을 제어하고 통제하고 다스리는 구실을 한다. 자아는 본능의 맹목적적인 충동을 점검하고 통제하는 지성과 이성이라고 볼 수 있다. 초자아(super ego)는 사람의 도덕 규범이며, 주관하는 내용은 개인의 행동이 옳은가 그른가, 좋은가, 나쁜가를 구분하는 것이다. 초자아는 현실보다는 이상을 대표하며 쾌락보다는 완성을 추구한다. 그래서 초자아는 부모와 사회기준을 내면화하며 심리적인 보상(자존심과 자기애)과 처벌(죄의식과 열등감)을 한다. 또한 프로이트는 아동의 성격이 심리성적 발달단계로 구강기-항문기- 남근기- 잠복기- 생식기로 이루어졌다고 하였다.

### (1) 방어기제(defense mechanism)

이 용어는 프로이트에 의해 처음 사용되었고, 주된 방어기제에는 억압·반동형성·투사·퇴행·승화·부정·합리화이다. 방어기제는 신경증적인 구조에 속하는 것이지만 자신을 보호하고 방어하는 행위 그 자체는 병적인 것으로 간주되지 않는다. 방어기제는 개인이 불안에 대처하는 것을 돕고 상처 입은 자아를 보호해 준다. 자아방어기제는 병적인 것이기보다는 오히려 정상적인 행동들이다(다음백과사전).

- 억압(repression)은 현실이 너무나 고통스럽고 충격적이어서 무의식 속으로 억눌러 버리는 것을 말한다.
- 부정(denial)은 고통스러운 현실을 인정하지 않는 것을 말한다.
- 투사(projection)는 자신의 심리적 속성이 타인에게 있는 것처럼 생각하고 행동하는 것이다.
- 보상(compensation)은 실제 혹은 가상으로 성취하거나 우월감을 얻기 위해 어떤 다른 것에 몰두하여 만회하려는 노력이다.
- 퇴행(regression)은 이전에 안전하게 느꼈던 발달단계로 돌아가려는 것이다.
- 합리화(rationalization)는 자신의 행동으로 좌절하거나 비판받을 수 있는 상황에 직면하여 자신의 진정한 동기를 감추기 위해 그럴듯한 이유를 갖다 대는 것으로 종종 변명으로 나타날 수 있다.
- 반동형성(reaction formation)은 자신의 억압된 무의식 충동과 반대로 사회적으로 인정받는 행동이나 태도를 발달하는 것이다.
- 동일시(identification)는 자신이 이상적으로 생각하는 사람(부모, 친척, 대중적 영웅 등)의 태도, 행동 혹은 개인적 공헌을 닮으려는 것이다.
- 승화(sublimation)는 의식적으로 받아들일 수 없는 본능적 욕구를 수용할 수 있는 형태로 바꾸어 만족을 추구하는 것이다.

### (2) 상담목표

개인은 자신의 동기를 의식할 수 있을 때에만 행동 선택을 할 수 있으므로, 정신분석의 궁극적인 목표는 무의식적 동기를 의식화시키는 데 있다. 그러면 인지적 통찰을 통해 내담자의 자기인식, 효과적인 대인관계 성취, 불안 통제를 위한 현실적인 방법의 모색을 통한 변화로 자신이 추구하는 삶을 선택할 수 있다.

### (3) 상담과정 및 기법

정신역동적 상담 과정은 자기 이해의 수준을 높이기 위해 개인의 과거를 깊이 탐색하고, 아동기 성장 경험을 재구성하고, 해석하고, 분석하는 과정을 거친다. 상담단계는 시작단계-전이의 발달단계-훈습단계-전이의 해결단계로 구성된다. 상담기법으로는 상담자가 자기노출을 피하고 중립성을 유지함으로써 내담자의 투사를 촉진시키고 전이가 일어나게 하는 것이다. 전이는 내담자가 과거 중요한 사람들과의 관계에서 경험했던 긍정적 혹은 부정적 감정이나 환상을 현재 상담자에게 무의식적으로 연결시킬 때 일어난다.

또한 자유연상, 꿈, 저항, 전이 현상 등을 분석하고 해석하는 기법을 통해 내담자의 무의식적 요소를 의식으로 표면으로 끌어올리기도 한다. 전이의 해결단계에서는 내담자가 자신에 대한 통찰을 얻고 성격을 재구성하도록 돕는다.

## 2) 개인 심리학적 상담모델

개인 심리학은 우리의 행복과 성공은 주로 사회와 관련되어 있다는 핵심사상에 근거한다. 우리는 사회의 일원이기 때문에 사회구조를 떠나 고립된 존재로 이해될 수 없다. 삶을 통해 소속되고자 하는 욕구가 인간행동의 기본이 된다. 우리가 경험하는 문제의 대부분은 자신이 가치를 두는 사람들에게 수용되지 못한다는 두려움에 관련되어 있다. 만약 이러한 소속감이 충족되지 못하면 불안이 발생한다. Adler는 우리는 소속되고자 하는 강한 욕구를 가졌고 또 소속감을 가질 때만이 문제에 직면하고 그것을 처리하려고 노력한다고 주장하고 있다. Adler는 성격형성에 있어서 유전과 환경의 중요성을 인정하면서도, 개인은 분명히 이 두 요인 이상의 산물이라고 하였다. 그래서 사람들이란 창조적인 힘을 가지고 자기 인생을 좌우할 수 있는 존재로 묘사한다. 즉, 자유롭게 의식적인 활동이 인간을 정의하는 특징이다.

### (1) 열등감, 보상, 생활양식

열등감을 극복하기 위한 방법 중 하나는 약점을 다룰 수 있는 힘을 기르거나 보상 작용을 통하여 극복하는 것이다. 신체 기관의 열등감을 극복하려는 노력은 나약함, 무력감과 같은 이러한 생각들을 바꾸거나 보상하는 기술, 행동, 특성, 힘의 개발을 통하여 극복된다.

Adler는 약한 소화기, 약한 시력이나 청력 등을 타고난 사람들이 이 약점을 보상하는 방식에 관심이 있었다. Adler는 그런 사람들이 남다른 노력으로 그 약한 기관을 훈련. 강화시키거나 아니면 다른 기관들을 개발한다는 것을 관찰하였다. 이를 보상이라 한다. 말을 더듬거나 신체장애가 있거나 유난히 못생긴 것이 심리적으로 큰 열등감을 줄 수 있는 것이다. 그에 따라 신체적 약점의 보상에서 출발하여 Adler는 심리적 열등과 보상에 관심을 가지게 되었다.

열등감에 대한 보상의 노력은 결국 우월성의 추구라는 개념으로 연결된다. Adler는 인간이 추구하는 궁극적인 목적을 바로 우월성의 추구라고 보았는데, 이는 단지 열등감을 극복한다는 소극적인 입장에서 한 단계 넘어서서 보다 적극적으로 향상과 완성으로 나아가는 것이라고 하였다. 아동을 상담하기 위해서는 또한 생활양식으로 긍정-부정적인 생활양식, 출생순위, 가족 내 분위기, 부모의 양육태도를 참고할 수 있다.

### (2) 상담 목표

아동의 사회적 관심을 증대시키고, 열등감을 극복하고, 생활목표 및 생활양식을 변화시키도록 돕는 데 있다.

(3) 상담과정 및 기법

개인 심리학의 상담과정은 상담관계를 수립하고 내담자의 역동을 탐색하며 자기 이해로 인한 새로운 선택을 수립하는 것이다. 상담기법은 우선 두 사람의 대등한 입장에서 협동적인 상담관계를 형성한다. 또한 내담자가 자신의 생활양식을 이해하고 그것이 현재의 생활에 어떻게 영향을 미치는가를 탐색한다. 통찰의 단계에서는 내담자의 생활을 변화시키기 위해 문제에 대한 가능한 대안을 탐색하고, 대안의 결과를 예측하고, 이러한 대안이 자신의 생활목표와 부합되는지의 여부를 평가하고, 구체적인 행동 절차를 결정하고 이것을 실행에 옮길 수 있다. 이러한 상담기법은 부모-자녀상담, 부부상담, 집단상담, 아동의 학교생활에서의 부적응행동을 교정하는 데 효과적으로 적용된다.

## 3) 인간중심 상담모델

Carl Rogers(1902~1987)는 인본주의 심리학에 기초한 인간중심 상담이론을 제시하였다. 인간은 잠재적인 자원을 가진 존재로서 자기 자신을 이해하고 자아실현을 추구하려는 기본적인 성향을 가지고 있고 사회적, 심리적 환경에서 잠재력을 개발할 수 있는 것이 제공되면 긍정적인 방향으로 자발적으로 실현될 수 있다고 주장한다(Rogers, 1956).

(1) 상담목표

비지시적 심리상담치료사는 자신을 노출시키기보다 내담자가 자신의 감정을 인식하도록 하는 데 목표를 두고 내담자의 언어·비언어적 표현을 반영해주고 명료화시키는 데 초점을 두었다. 즉, "충분히 기능하는 인간"이 되도록 돕는다. 상담자는 아동으로 하여금 경험에의 개방, 자신에 대한 신뢰, 내적 평가, 지속적인 성장에 의지를 북돋워 준다.

(2) 상담과정 및 기법

첫째, 신뢰이다. 이는 인간중심 치료에서 가장 근본적이고 설득적인 개념이다.

둘째, 일치성 또는 진솔성이다. 이는 아동과의 관계에서 지금 느끼는 감정, 생각, 반응 그리고 태도들을 개방적으로 표현할 수 있어야 한다는 뜻이다.

셋째, 무조건적 긍정적 관심과 수용으로 상담받는 아동을 한 인간으로서 진정으로 깊이 있게 무조건적인 관심을 가지는 것이다.

넷째, 정확한 공감적 이해는 상담과정 중의 모든 순간에서 아동의 경험과 감정들을 민감하고 정확하게 이해해야 한다.

### 4) 행동주의적 상담모델

행동주의 상담이란 바람직하지 못한 행동을 소거시키고 바람직한 행동을 학습시키는 것이 상담목적이다. 이 기법은 사람들의 행동을 증강시킬 수도 있고, 바람직하지 않은 행동을 약화시킬 수도 있다. 어떤 사람이 바람직한 행동을 하지 않거나 또는 거의 하지 않을 경우 상담치료사 또는 교사, 학부모, 지도자 등은 이러한 방법을 써서 그의 행동을 바람직하게 증강시킬 수도 있고, 바람직하지 않은 행동을 약화시킬 수도 있다(서울초등상담연구회, 2016). 이를 위하여 잘못 학습된 행동의 소거와 바람직하고 효과적인 행동의 학습에 도움이 되는 조건을 찾아내거나 조성하려 한다.

(1) 상담 목표

첫째, 내담자의 부적응행동을 변화시키며, 장차 일어날 부적응행동을 예방한다.

둘째, 내담자가 효율적 의사결정과정을 학습하도록 한다.

셋째, 구체적 행동상의 문제를 해결하고, 일상생활에 전이될 수 있도록 행동을 변화시킨다.

(2) 상담과정 및 기법

바람직한 행동을 할 수 있도록 내담자를 돕는 기술에는 정적 강화(positive reinforcement), 부적강화(negative reinforcement), 간헐 강화(intermittent reinforcement), 모델링(modeling), 행동연습(behavior rehearsal), 행동계약(behavior contracts), 토큰경제체제(token economy systems), 프리맥의 원리(Premack's Law)가 있다. 바람직하지 못한 행동을 하지 않도록 내담자를 돕는 기술에는 상반된 행동의 강화, 소멸(소거), 벌, 주장훈련(assertiveness training), 체계적 둔감법(systematic desensitization), 혐오기술(aversive techniques)이 있다. 자신의 행동을 스스로 통제 또는 지도할 수 있도록 내담자를 돕는 기술은 자기 지시(self-instruction), 사고중지(thought-stopping)가 있다(고인숙, 2008).

상담의 과정은 세 단계로 설명할 수 있다.

첫째, 문제 확인과 평가단계에서 문제가 언제 시작되었고 얼마나 심하며 얼마나 자주 발생하는지와 같은 문제의 구체적인 차원에 대하여 상세한 정보를 구한다. 특수한 환경적 변인과 인적 변인들을 확인하려고 시도한다.

둘째, 행동 관찰단계로써 외현적 문제 행동을 평가할 때에는 그것이 발생하는 자연적인 상황에서 내담자의 행동을 관찰하는 것이 이상적인 것이다.

셋째, 심리 검사와 질문지단계에서는 표준화된 심리 진단검사나 투사적인 심리검사, 체크리스트와 질문지를 사용한다.

## 5) 인지행동적 상담모델

인지행동주의 상담모델은 상담자가 내담자에게 적극적이고 지시적인 방법을 사용한다. 상담자는 능동적인 조언을 하며, 내담자의 생각, 감정 그리고 행동을 바꾸는 데 초점을 둔다(문혁준 외, 2014). Ellis는 비합리적인 신념체계를 합리적으로 변화시키는 일련의 과정을 A-B-C-D-E 모형으로 제시하였다. 여기서 A(Activating event)는 선행하는 사건이고, B(Belief system)는 신념체계이며, C(Consequences of A and B)는 선행하는 사건에 대한 정서적 반응과 행동이다. D(Disputing irrational thoughts and beliefs)는 비합리적 신념체계에 대한 상담적 논박이고, E(Effects of revised beliefs)는 수정된 신념체계로 인해 변화된 인지-정서적 효과를 의미한다.

#### (1) 인지치료의 개입방법

첫째, 아동의 학습경험을 강조하면서 자신의 부정적인 사고를 모니터하고, 인지와 정서, 행동의 연관성을 인식하며, 왜곡된 인지-사고로 기울어지게 된 가정들과 믿음을 규명하고 변경할 수 있도록 학습하는 것이다.

둘째, 아동의 의미체계가 서로 다르다는 것을 강조하면서 아동의 반응을 추측하지 않고 계속되는 생각에 대해 확인하고 개별 아동의 의미체계를 이해하며 이들이 현실적으로 변화하도록 교육한다.

셋째, 치료가 진행됨에 따라 교사는 치료사가 아닌 자문의 역할을 수행하게 된다.

넷째, 역기능적 사고에 대한 인식을 구체적으로 한다. 일상생활에서 불쾌한 감정을 경험할 때마다 다양한 감정과 사고에 대한 합리적 반응을 알아보고, 합리적 반응에 따르는 결과를 작성한다.

#### (2) 인지행동적 상담목적과 과정

인지행동적 상담의 목적은 교육을 통해 상황을 왜곡해서 해석하는 방식을 바꾸거나 기능적인 차원에서 해석하는 방식을 배워 정서 변화를 도모하며, 관찰학습으로 새로운 기능적 행동기술을 학습하고, 실제 생활에 적용하도록 격려하면서 행동주의에서 빌려온 강화를 통해 행동 변화를 유지하는 것이다(김재은, 2002).

인지행동적 상담과정은 다음과 같다.

첫째, 접수단계이다. 우선 심신의 이완상태를 유도하는 대화 및 간단한 호흡을 시행하여 편안한 상태에서 치료사와 대화할 수 있는 상태를 만든다.

둘째, 문제 청취단계이다. 사고와 논리체계에 문제가 있더라도 일단 그것을 받아들이면서 이해하도록 노력한다.

셋째, 문제 우선순위의 설정단계이다. 우선순위를 정할 때는 아동의 입장에서 쉽게 성취 가능한 작은 변화를 목표로 하는 문제를 선장하는 것이 좋다.

넷째, 부정적 인지-사고체계 탐색 단계이다. 문제 속에 내재하는 역기능적 믿음, 사고체계, 인식체계 등을 찾아내도록 돕는 단계이다.

다섯째, 자료수집단계이다. 아동의 문제 상황이 해결되었는지를 사후평가 하기 위해서는 개입 전의 문제 상황에 대한 자료수집이 필요하다.

여섯째, 부정적 인지-사고체계의 정황분석단계이다. 아동으로 하여금 부정확한 인식이나 잘못된 생각 등을 갖게 한 주변의 사건이나 상황을 아동 스스로 분석하여 그 당시에 자신이 가졌던 생각이나 믿음의 합리성 정도를 평가하도록 한다.

일곱째, 순기능적 인지-사고체계로 전환단계이다. 자기 파괴적인 인식 체계를 순기능적 자기 구술(self-statements)로 바꾸도록 교사가 모델링을 통해 도와준다.

여덟째, 과제 제기하기 단계이다. 일상생활에서 경험하는 사회, 심리적 어려움 가운데서 자신에게 행하는 역기능적인 자기 구술을 관찰, 발견하여 그것을 순기능적인 자기 구술로 바꾸는 훈련을 지속적으로 하는 데 있다.

마지막으로 평가단계이다. 평소 갖고 있던 역기능적인 인지체계나 사고체계가 어느 정도 합리적인 체계로 변환되었는가를 확인하는 단계이다.

## 6) 통합적 상담모델

지금까지 다양한 상담 이론을 제시한 대표적인 이론의 차이점을 중심으로 소개했다. 이러한 방식은 상담이론이 발전해온 역사나 맥락, 각 이론의 특성 및 차이점 등을 쉽게 이해할 수 있게 하기 때문에 상담이론을 처음 접하는 사람들이 이론을 이해하는 데는 효과적이다. 그러나 이러한 방식은 실제 상담에서 내담자가 변화하는 과정이나 그러한 변화를 꾀하기 위해 필요한 상담자의 개입절차에 초점을 맞추어 기술된 것이 아니기 때문에 몇 가지 오해나 어려움을 초래한다. 예컨대, 우선 각 이론마다 공략하기에 적합한 문제가 따로 있을 것이라는 오해를 불러일으키곤 한다.

상담이론이 다양한 이유(신혜원, 2014)는 첫째, 문제에 따라 상담이론을 달리 적용해야 하기 때문이 아니라 상담 실제와 내담자 변화과정을 다양한 측면에서 조명했기 때문이다. 다양한 이론들을 어떻게 상담 실제에 통합시켜 적용할 것인가의 어려움은 매 순간 적용하기 전에 드는 고충일 것이다. 다양한 아동상담 이론을 배우며, 그것의 차이점과 강점, 약점 등을 습득하고 상담이론보다 더 많은 아동의 다양한 문제나 특성에 따라 적용하는 상담이론을 달라야 할 것이다.

그러므로 우선 각 이론을 확실히 공부한 후, 많은 경험을 하고 그 경험을 통해 다시 이전에 습득했던 이론들을 평가하여 자신의 관점에 맞게 재구성하는 노력을 계속해야 할 것이다.

## 2. 아동상담의 영역

아동상담은 대부분 부모가 상담을 요청할 때 다양한 문제로 의뢰하게 된다. 그들은 발달연령상에서 적절한 시기에 아동 자신이 스스로 고민을 하기도 하고, 부모가 문제행동으로 바라보고 상담을 하게 되기도 한다. 7세에서 12세에 해당되는 학령기는 초등학교 시기로 그들은 신체발달적 특성이 두드러지게 발달하며 신체뿐 아니라 사춘기가 오기도 한다. 사회적으로는 좀 더 또래 친구들과 함께하고자 하며, 친구들을 모방하고 정체감을 형성하게 된다. 그러면서 자신을 발견하고 자신에 대한 개념을 형성하면서 청소년기의 자아정체감을 형성하게 된다.

아동상담의 문제는 대인관계 갈등으로 부모, 형제, 교사 및 또래 아동들과의 관계에서 어려움을 겪고 있으며, 좀 더 좋은 관계를 원하게 된다고 하였다. 또한 기술부족으로 인한 문제로 아동은 효율적인 학습방법, 주장적인 행동, 경험기술이나 친구 사귀는 방법 같은 구체적인 기술에 대해 학습할 필요가 있다(김영숙·윤여흥, 2001).

또한 인지적 행동치료사 Lazarus(1992)는 아동상담에서 자주 다루는 문제를 7가지로 구분하였는데 이는 다음과 같다.

첫째, 행동(behavior)으로 다툼, 훔치는 행동, 떠들기, 방해하기 등

둘째, 정서(affect)로 분노, 불안, 공포, 우울 등

셋째, 학교에서의 감각(sensation school)으로 학교에서 두통이나 복통이 나서 부적응하는 행동 등

넷째, 이미지에 대한 환상(image)으로 악몽을 꾸거나, 거부에 대한 공포를 가지고 있고, 지나친 공상과 환상을 하는 것

다섯째, 인지(cognition)로 비합리적 사고, 의사결정에 대한 어려움, 문제해결의

어려움 등

여섯째, 대인관계(interpersonal relationships)로 다른 사람 앞에서 수줍음을 타서 위축되는 것, 성인과의 갈등, 또래와의 갈등, 가족 문제 등

일곱째, 약물체중조절(drug diet), 약물남용, 담배나 술, 약물 등

이처럼 아동상담은 다양한 영역의 부적응 문제로 인해 상처와 고통을 경험하고 있어서 상담을 의뢰하게 된다. 이에 상담을 통해 아동이 긍정적으로 행동을 변화시켜서 기존에 가지고 있던 부정적인 감정을 해소하고 문제를 해결할 수 있도록 돕는 데 의의를 가진다.

## 3. 아동상담의 종류

### 1) 놀이치료

놀이는 어린이의 삶 자체인 동시에 이 세상을 이해하는 수단이다(Isaacs). 놀이는 아동의 존재를 통합시킬 뿐만 아니라 아동의 주요 과업이며 아동이 성장하는 것은 놀이를 통해서 이루어진다(Piaget). 어른은 언어라는 매개체로 의사소통을 하지만 아이들은 놀이와 활동으로 의사소통을 한다. 아이들은 언어가 충분히 발달되지 않았을 뿐 아니라 언어보다는 비언어적인 의사소통 방법을 많이 사용하기 때문에 성인과는 다른 놀이와 행동 표현을 통한 접근이 효과적이다. 놀이치료는 다양하고 고도로 발달된 이론적 지침과 기술적 전략을 포함한 일련의 치료 양상으로 구성된다(김진영, 2003). 따라서 놀이치료란 훈련된 치료사가 심리적 문제를 지닌 내담자를 돕기 위해 체계적으로 놀이의 치료적 힘을 적용시키는 대인관계 과정이다.

그러므로 놀이가 가지는 심리치료적 요소들이 무척 많다. 놀이는 아동들이 가장 하고 싶어 하는 일이고, 가장 즐거워하는 일이다. 놀이는 자발적이어서 아동의 내적 동기에 의해 조성되고 실행되며 절대로 외적 보상에 의해 좌우되지 않는다. 놀이는 아동의 마음의 세계를 있는 그대로 드러내 주고 만들어 준다(정선철·정현숙, 2016). 놀이는 놀이의 대상물보다 사람이 중심이다. 놀이는 마음을 주고받고 또 느낌대로 표현하고 구성하는 창조적 활동이다(강혜원·김성원·석은조·오성숙·최효정, 2012). 놀이는 긴장이나 억압되어 있는 감정을 해소시켜주는 천연의 통로이다. 그래서 놀이는 아동의 아픈 정서를 치료해 줄 수 있다.

### 2) 미술치료

미술치료란 여러 가지 미술활동을 통하여 심리 내적 갈등을 해결하여 증상을 치유하고, 인격의 통합을 이루어 나가며 더 나아가 개인적인 성장과 내적 발달을 촉진하는 심리치료라고 할 수 있다.

미술치료 기법은 진단기법과 치료기법이 있다. 아동의 심리적 상태 및 가족 간의 체계를 살펴보는 진단 기법으로는 사람 그림검사(DAP), 집–나무–사람 그림검사(HTP), 가족 그림검사(DAF), 동적 가족화 검사(KFD), 동적 학교 그림검사(KSD) 등이 있다. 치료기법은 여러 미술치료 기법들이 있다. "연속그림 그리기"는 1회에 15~20분 정도 아동을 정기적으로 만나 "우리는 함께 시간을 보낼 텐데, 나는 네가 내게 그림을 그려 줄 거라고 생각한다. 네가 그리고 싶은 것은 무엇이든지 그릴 수 있단다."라고 말해주고 그림을 그리게 하는 방법이다. "난화법"은 상담치료사가 먼저 난화–구부러진, 똑바른, 곡선 등의 선–를 그린 후 뒤이어 아동에게 상담치료사의 난화를 그림으로 그리게 하는 기법이다. 난화법과 이야기 나누기법을 종합한 것이 난화게임법이다. 상담치료사가 난화를 시작하고 아동에게 난화를 완성하게 한 후, 그림에 대해 이야기를 꾸며서 해 보게 하고, 그림에 대해 일반적인 몇 가지 질문을 한다. 그런 다음 절차를 바꿔 아동이 먼저 난화를 시작하고 뒤이어 상담치료사가 난화를 완성한다. 그것에 대해 이야기를 꾸미고 아동이 다시 질문한다. "테두리법"은 일본주택의 중정에서 인용하여 고안한 방법으로 아동에게 그림을 그릴 도화지를 주면서 테두리를 그어주는 방법이다. 자아가 약하여 불안하거나 치료에 대해 공포를 갖는 아동들에게 사용하면 안정감을 줄 수 있다. 이때 테두리는 자를 사용하지 않고 그려준다. "콜라주기법"은 여러 사진 매체에서 자신의 삶과 관련된 사건이나 영상을 골라 종이에 오려붙이는 방법이다. 쉽게 자신의 감정이나 욕구, 타인에 대한 감정 등을 표현할 수 있다.

### 3) 음악치료

음악치료는 치료적인 환경 속에서 아동의 행동을 바람직한 방향으로 변화시키기 위하여 음악치료사가 음악을 단계적으로 사용하는 기법이다. 이 기법은 운동을 용이하게 하고 활동 수준을 높이며 만족감과 참여를 증가시키기 위하여 악기 연주, 노래, 음반청취 등의 방법을 이용한다.

### 4) 모래놀이치료

모래놀이치료는 Lowenfeld에 의해 창시된 기법으로 분석심리의 창시자인 Jung의 개성화 과정의 이론을 기반으로 하였다. 스위스의 Kalff에 의해 발전되어 현재는 심리치료의 한 기법으로 널리 이용되고 있다. 이 기법은 아동에서 성인까지 두루 적용되는 기법이다. 모래놀이치료의 본질은 내담자 자신이 모래놀이 과정에서 자기실현을 표현하고 그것에 의해 저절로 나아가게 되는 데 있다.

### 5) 표현예술치료

'예술'에는 그림이나 조각, 음악, 무용, 연극 등 다양한 형태가 있다. 예술가는 자신의 내부에 생성되는 역동적인 힘을 다양한 예술 형태를 통하여 진지하면서도 교묘하게 표현하여 사람들에게 감동을 주고 있다. 이런 예술 활동의 과정은 특히 아동의 입장에서는 지금까지 자신의 마음을 언어로 충분하게 표현하기 힘들었던 부분을 그림이나 음악, 신체 표현 등을 통해 나타냄으로써 마음의 균형을 회복하고, 몸과 마음이 자연스럽게 리듬이나 흐름을 탈 수 있게 회복되면서 안정을 되찾는 효과를 기대할 수 있다. 이것은 치료적 조작이라는 방법을 통하여 심리치료에 활용한 것이 예술치료이다. 그림(미술)치료, 조형치료, 댄스치료, 사진치료, 원예치료, 인형극이나 서예를 활용한 심리요법 등 다양한 기술들이 개발되고 있다.

## 4. 아동상담의 방법

아동상담에는 여러 가지를 고려하여야 하는데 Rogers(1957)는 상담자와 내담자 간의 관계가 지니는 6가지 조건으로 다음을 제시하였다.

첫째, 두 사람은 심리적 접촉을 한다.

둘째, 상처를 받았거나 통합되지 않은 불안한 상태에 있는 사람을 내담자라 부른다.

셋째, 상담자라 부르는 사람은 관계에서 일치적이거나 통합적이다.

넷째, 상담자는 내담자에 대한 무조건 긍정적 존중을 경험한다.

다섯째, 상담자는 내담자의 참조체계에 대한 공감적 이해를 경험하고 이 경험을 내담자에게 전달하기 위해 노력한다.

여섯째, 상담자의 공감적 이해와 무조건 긍정적 조건이 어느 정도는 전달되어야 한다.

또한 Landreth(1991)는 아동상담자가 가져야 할 아동에 대한 이해에 대해 다음과 같이 설명하였다.

첫째, 아동은 성인의 축소판이 아니므로 상담치료사는 아동이 성인의 축소판인 것처럼 반응하지 않는다.

둘째, 아동은 사람이다. 아동들도 깊은 정서적 고통과 기쁨을 경험할 수 있다.

셋째, 아동은 독특하고 존중받을 가치가 있다. 상담치료사는 각 아동의 독특함을 높게 보고 존중한다.

넷째, 아동은 능력 있는 사람이다. 아동은 장애와 자신이 살고 있는 환경을 극복할 수 있는 대단한 능력을 소유하고 있다.

다섯째, 아동은 성장과 성숙을 향한 타고난 경향성을 가지고 있다. 이들에게는 내적인 직관적 지혜가 있다.

여섯째, 아동들에게는 긍정적인 자기안내(self-direction)의 능력이 있다. 창의적인 방법으로 자신들의 세계를 다룰 수 있다.

일곱째, 놀이는 아동들의 자연스러운 언어이며 아동들이 가장 편안해하는 자기표현 매개체이다.

여덟째, 아동들에겐 침묵할 수 있는 권리가 있다. 상담치료사는 아동이 말하지 않기로 한 결심을 존중한다.

아홉째, 아동들은 자신들이 필요로 할 때 치유적 경험을 할 것이다. 상담치료사는 언제 어떻게 아동이 놀이해야 하는지를 결정하지 않는다.

열째, 아동의 성장을 재촉해서는 안 된다. 상담치료사는 이를 인식하고 아동의 발달 과정에 안내한다.

더불어 Landreth(1991)는 아동중심 상담의 8가지 원리로서 다음을 제시하였다.

첫째, 상담치료사는 순수하게 아동에게 관심을 가지고 따뜻하게 보살피는 관계를 발전시킨다.

둘째, 상담치료사는 아동의 무조건적 수용을 경험하며 아동이 다른 모습이기를 바라지 않는다.

셋째, 아동이 완전하게 자신을 탐색하고 표현할 수 있도록 하기 위해 상담치료사는 안전하고 허용적인 분위기를 만든다.

넷째, 상담치료사는 항상 아동의 감정에 예민하며 아동이 자기 이해를 발달시킬 수 있도록 그러한 감정들을 부드럽게 반영해 준다.

다섯째, 상담치료사는 아동이 반응적으로 행동할 수 있다는 깊은 믿음을 가지고 있으며 개인적 문제를 해결할 수 있는 아동의 능력을 확고하게 존중하며, 아동이 그렇게 할 수 있도록 허용한다.

여섯째, 상담치료사는 아동이 내적 자기 안내를 신뢰하고, 아동이 관계의 모든 영역을 리드하도록 허용하며, 아동의 놀이나 대화를 인내하려는 방향을 지향한다.

일곱째. 상담치료사는 치료과정의 점진적인 성질을 이해하고 서두르지 않는다.

여덟째, 아동이 개인적이고 적절한 관계상의 책임을 수용하도록 도울 수 있을 때만 치료적 제한을 설정한다.

이러한 사항을 토대로 아동상담 시 주요기법을 설명하면 다음과 같다.

첫째, 경청으로 내담자의 말을 잘 듣는 것은 상담면접의 가장 기본이 된다. 경청을 잘하기 위해서는 내담자의 비언어적 반응에 대하여 민감하게 지각할 수 있어야 하고, 상담자도 언어적 반응과 비언어적 반응에서 관심을 기울이고 있음을 나타내야 한다.

둘째, 부연(paraphrasing)으로 자신에게 전달된 메시지를 확인하기 위하여 상대편의 말을 자기가 이해한 말로 바꾸어 다시 물어보는 것이다. 부연은 내담자가 말하고 있는 바를 상담자 자신이 제대로 이해했는지 확인할 수 있고, 이해하려는 상담자의 노력을 알게 해주며, 내담자의 생각을 구체화·명료화시켜주게 된다.

셋째, 질문은 너무 많이 하지 말고, 대답을 잘 들어야 한다. 또한 가능한 한 개방적 질문이 바람직하고, 질문은 구체적으로 하는 것이 좋다. '왜'를 사용하는 질문과 이중질문은 피해야 한다.

넷째, 공감(empathy)으로 상담자가 내담자와 대화를 나누는 동안, 내담자와 다르다는 점을 유지해 가면서, 내담자의 입장이 되어 내담자의 방식대로 그의 세계를 수용지각하고 그 생각과 느낌을 표현해주는 것으로 공감하게 되면 내담자에게 자신의 말이 주의 깊게 경청되고 있음을 전달할 수 있고, 내담자의 방어심리가 축소되어 개방적인 표현이 보다 촉진된다.

다섯째, 나-전달법(I-message)으로 자신의 내면을 표현할 때 주어를 "나"로 하여 그런 느낌을 가지게 된 책임이 상대방에게 있지 않고 표현하도록 하게 함으로써 알려 주는 진술방식이다. 느낌의 책임을 자신에게 두지 않고 상대방에게 전가하는 진술방식은 너-전달법(You-message)이다.

## 5. 아동상담 사례

> 어머니는 가출하고, 아버지는 일을 핑계로 하여 전혀 자녀들을 돌보지 않으므로 인해 방임된 상태에서 오빠(중 3)의 신체적 폭력 및 성적인 접촉 문제가 발생하므로 인하여 위기개입을 실행한 후 지속적으로 개입하고 있는 12세 된 여자 아동

### (1) 일반적인 정보

▶ 아동상담 내담자

- 박아픔, 여, 12세(5학년)

① 가족

- 박방임(부), 일용직: 1달에 1번 정도만 집에 들름
- 이가출(모), 식당보조: 가출
- 박폭력(오빠), 16세(중 3)

② 가족력

생활보호 대상자이며, 아버지의 폭력과 의처증으로 아동의 어머니는 2년 전에 가출하여 다른 도시에서 식당보조를 하며 생계를 잇고 있는 상태이며, 현재 아버지와 오빠, 아픔이 세 식구가 살고 있다. 아버지는 한동안 실직 상태에 있다가 현재 일을 구하여 이를 핑계로 집을 나가 있으며, 한 달에 한 번 정도 집에 들러 용돈을 주고 있다. 아버지는 어머니뿐 아니라 자녀에게도 폭력을 행사하였고, 수입의 대부분을 술을 사는 데 사용한다. 오빠는 중학교 3학년에 재학 중이나 장기적인 무단결석을 비롯하여 다양한 문제 행동을 보이고 있으며, 아동에 대한 폭력 행사와 함께 많은 영향력을 행사한다.

### ▶ 문제 사정

| 문제 | 자원 | 목적 | 방법 |
|---|---|---|---|
| 아픔이의 문제 행동 | • 놀이치료<br>• 미술치료<br>• 상담 | • 거짓말, 도벽, 강박적인 행동 수정 | • 상담실시 |
| 폭력이의 문제행동 수정 | • 기관 실무자<br>• 사회복지사<br>• 상담소<br>• 치료시설 | • 박폭력의 불안감 해소 및 문제 행동 수정 | • 학교 담임교사의 협조<br>• 상담소 초기면접 후 입소 의뢰<br>• 단기적인 행동 치료 후 장기적 관리 |
| 아픔이와 폭력이의 밀착관계 | • 기관실무자<br>• 쉼터 사회복지사<br>• 사례관리자<br>• 이가출(어머니)<br>• 상담시설 | • 오누이의 관계를 해체하고, 다시 재형성 | • 어머니와의 친밀한 유대관계 확립<br>• 아픔이와 폭력이와의 심리적 문제 해결로 인한 효과 |
| 이가출 (어머니)의 건강문제 | • 동사무소<br>• 기관 실무자<br>• 기관 연계 병원 | • 위암 초기로 인한 아동의 어머니의 건강 악화를 회복 | • 생활보호대상/한시적 자활보호<br>• 지속적 관리<br>• 내담자와 친밀함 형성 |
| 이가출 (어머니)의 자립보조 | • 동사무소<br>• 기관 실무자<br>• 여성지원 기관 | • 경제적인 안정 지원 | • 구직 정보<br>• 정보 보조 |
| 이가출 (어머니)의 심리적 문제 | • 기관 실무자<br>• 사례관리자<br>• 쉼터 사회복지사 | • 남편의 폭력 및 가출, 건강, 아동의 문제 등으로 발생한 여러 가지 심리적 문제들의 해소 돕기 | • 지속적인 상담<br>• 내담자의 문제 및 기타 관련 문제들의 해결 |
| 부모의 이혼처리 | • 기관 실무자<br>• 법률사무소 | • 이혼문제 해결 | • 법률상담소 연계<br>• 이혼에 대한 준비 도움 |

| 문제 | 자원 | 목적 | 방법 |
|---|---|---|---|
| 아픔이(딸)와 이가출(어머니)의 관계 | • 기관 실무자<br>• 사례관리자<br>• 쉼터 사회복지사<br>• 박아픔(내담자) | • 관계 회복 | • 지속적인 상담 및 친밀감을 유도할 수 있는 프로그램 마련 |
| 폭력이(아들)와 이가출(어머니) 관계 | • 상담소<br>• 기관 실무자<br>• 사례관리자<br>• 박아픔과 박폭력 | | • 지속적인 상담 및 친밀감을 유도할 수 있는 프로그램 마련 |
| 박방임(아버지)의 아동방임과 폭력성 및 음주 문제 | • 아동 위원회<br>• 치료시설 | • 박방임(아버지)이 가진 문제 행동 해결 또는 배제 | • 개별 상담, 치료<br>• 가족치료 |
| 장기적인 아동 정착 문제 | • 아동 위원회 | • 안정된 생활환경 및 가족으로서의 관계 회복 | • 가족치료<br>• 위원회 평가<br>• 자원연계 |

|  |  |
|---|---|
| 단계 1: 개입하기 | 사례 소개를 받고 개입 |
| ↓ | |
| 단계 2: 사정하기 | 사정자료: 상담자료, 아동관찰, 기관 실무자 상담<br>아동 자원봉사자 상담 |
| ↓ | |
| 단계 3: 계획하기 | 단기계획 & 장기계획 |
| ↓ | |
| 단계 4: 자원접근 | 부모상담<br>아동상담 – 미술치료, 놀이치료<br>시설연결 – 쉼터, 상담소 등 |
| ↓ | |
| 단계 5: 조정하기 | 상담자원 · 시설 연계 지속되도록 중재하기, 동기 부여하기 |
| ↓ | |
| 단계 6: 철수하기 | 박아픔(내담자)을 위한 위원회 조직 |

▶ 문제 해결

| 문제 | 자원 | 목적 | 방법 |
|---|---|---|---|
| 긴급한 아동 분리 | • 임시: 실무자가정<br>• 쉼터 | • 오빠로부터의 신체적 폭력 및 성적 접촉 차단<br>• 심리적으로 안정된 공간 제공 | • 일시적으로는 기관 실무자가 아동을 보호하고 있도록 하고, 적절한 쉼터를 물색하여 연결 |
| 박아픔의 의료적 문제 | • ㅇㅇ종합병원<br>• 내과 및 산부인과<br>• 성폭력상담소<br>• 연결 산부인과 | • 성적 접촉으로 인한 손상 확인<br>• 아동의 장애에 대한 처치 | • 기관과 연결되어 있는 병원에서 진료 도움 |
| 박아픔의 심리정서적 문제 | • 사례관리자<br>• 놀이치료기관<br>• 미술치료기관<br>• 자원봉사자<br>• 기관 실무자<br>• 아동의 어머니 | • 부모로부터의 폭력, 학대 등으로 인한 심리정서적 문제의 해결 | • 쉼터에서의 안정된 생활<br>• 사회복지사 및 자원봉사자의 개별 면담<br>• 놀이치료 및 미술치료 실시<br>• 아동의 어머니와 점진적 관계 회복 |
| 박아픔의 쉼터 적응 | • 쉼터 사회복지사<br>• 사례관리자<br>• 자원봉사자<br>• 아동의 어머니 | • 환경 적응<br>• 안도감<br>• 새로운 생활 설계 | • 쉼터 입소 준비<br>• 지속적 및 규칙적인 방문<br>• 생활 관리 |

## 아동상담의 이론적 모델의 토론주제

1. 다음의 방어기제의 예를 작성해보시오.
   - 부정(denial)
   - 투사(projection)
   - 보상(compensation)
   - 퇴행(regression)
   - 합리화(rationalization)
   - 반동형성(reaction formation)
   - 동일시(identification)

2. 행동주의 상담기법의 예를 작성하시오.

3. 대중매체(동영상 "은준이의 소원-집으로", KBS 동행)에 나오는 사례를 분석해보고 어떤 방법으로 도움을 줄 수 있는지 계획을 작성하시오.

PART III

# 가정과의 협력

CHAPTER 9

# 부모참여 프로그램

## 1. 부모참여 프로그램 종류

부모참여와 교육방법에 대하여 김영옥(2015)이 제시한 종류는 무척 다양하다. 만남과 참여 및 다양한 교육방법, 자유로운 대화방법, 대소집단 모임방법, 수업관찰과 면담, 자원봉사자방법, 부모참여 수업, 의사결정자로서의 참여방법 등이 있다. 만남과 참여 및 다양한 교류방법으로는 가정통신문, 웹(web) 활용, 도서관 운영, 교육자료 및 장난감 대여, 나눔 센터 등의 방법이 있고 자유로운 대화의 방법으로는 학부모 쉼터를 활용하는 것이 있다. 대·소집단 모임의 방법으로는 비교적 형식적인 것에서부터 비형식적인 것에 이르는 것으로서 강연회, 세미나, 시청각 교재, 토론, 역할놀이, 워크숍, 소집단 토의, 브레인스토밍 등으로 매우 다양하다. 수업관찰과 면담은 교육활동 참관, 개별 및 집단 면담, 전화통신(전화면담)의 방법으로 이루어질 수 있다. 자원봉사 방법으로는 단순한 도우미 또는 훈련된 봉사자로서 참여를 예로 들 수 있다.

## 1) 정보제공

### (1) 가정통신문

가정통신문은 유아교육기관이나 보육시설에서 가정으로 지면을 통해 여러 가지 사항에 대한 정보를 제공하고 협력을 요청하는 형태로서 안내문, 서신, 기록과 보고, 쪽지, 뉴스레터 등이 있다. 구체적인 예를 들면, 유아교육기관의 월간교육 계획안, 주간교육계획안, 각종 행사안내문, 부모나 가정의 협조를 요청하는 통신문, 부모에게 다양하고 유용한 양육정보를 제공하는 통신문, 준비물 협조 안내문 등이 있다.

### (2) 네트워크상의 교류

SNS, 유아교육기관의 홈페이지, 커뮤니티 운영 등 네트워크상의 교류를 통해 유치원이나 어린이집과 가정, 교사와 부모 간의 정보교환 및 교육활동을 공유하는 것으로 유아교육기관이나 보육시설에서는 부모의 요구사항을 보다 신속하게 수렴하여 교육활동에 반영할 수 있고, 가정에서는 시간과 공간에 구애받지 않고 언제든지 학부모의 의견을 제시할 수 있는 장점이 있다.

### (3) 도서실 이용 및 대여를 통한 참여

도서실에는 아동용 도서뿐만 아니라 학부모들에게 유익한 도서들도 비치해 두어 유치원이나 어린이집에 방문한 부모들이 자유롭게 읽어볼 수 있도록 한다. 또한 이를 통해 자연스러운 만남이 이루어져서 실질적으로 필요한 정보를 교환할 수 있다.

## 2) 학부모 쉼터에서의 교류

아동의 등·하원 시 또는 어린이집의 행사에 부모들이 참여할 때 부모 간, 부모와 교사 간의 편안한 대화가 이루어질 수 있도록 학부모 쉼터를 제공하기도 한다.

### 3) 대·소집단 모임 방법

#### (1) 강연

강연회는 많은 사람들에게 정보를 동시에 전달할 수 있으므로 부모들이 공통적으로 관심을 두는 문제들을 다룰 때 유아교육기관이나 보육시설에서 많이 활용한다. 새로운 교육환경에 처한 학부모들은 교육목적, 교육과정, 활동, 교사, 운영방침, 부모로서 해야 할 일 등에 대해 알고 싶어 하기 때문에 강연회를 통해 이러한 활동을 하기도 한다. 그리고 학기 초가 지나면 자녀교육과 양육방법에 대한 내용을 선정하여 연간 필요한 주제를 계획하여 진행한다.

#### (2) 독서회

독서회는 몇 명의 부모들을 모집하여 좋은 책을 나누어 읽고 그 내용을 요약·정리하여 부모회 때 보고하는 방식이다. 사회자가 책과 토의자를 소개하고, 발표자가 책의 저자와 내용을 소개한 후 모두 함께 대화형식으로 토의한다. 독서회는 강연회처럼 먼 곳에서 강사를 초청하지 않아도 되는 장점이 있으며, 부모들 자신의 참여의식을 높여주고 문제를 해결해 보고자 하는 의욕을 북돋아 준다.

#### (3) 토론

토론은 논란이 되는 문제에 대하여 찬·반을 토의하는 것으로 공개토론회보다 형식적인 성격을 띤다. 공개토론회가 새로운 교수법이나 훈육방법에 대한 주제를 논하는 데 비하여, 토론은 개방적 교육 대 전통적 교육, 성취 지향적 교육 대 전인 지향적 교육 등과 같이 양방향에 대한 의견을 논하는 효과적인 방법이다. 일반적으로 토론의 구성원은 2~6명 정도로 운영된다.

### (4) 극 놀이

극 놀이는 기존의 연극대본을 사용하거나 집단의 구성원이 구상한 것 또는 참여자들이 만든 대본 등을 사용할 수 있다. 또한 극을 변형시킨 인형극은 심리적 부담이 적으므로 자유롭게 사용할 수 있다. 좌석은 주로 원이나 반원 형태로 배치하고 집단이 크면 대강당을 이용하는 것도 좋다. 극이 끝난 후에는 공개토의를 통하여 느낀 점이나 새로운 지식 등에 대하여 의견을 나누면 좋다.

### (5) 역할놀이

역할놀이는 부모나 교사 몇 사람이 역할을 분담하여 교육상의 문제점을 극으로 표현하는 것이다. 부모의 입장에서 생각하였던 문제를 유아의 입장에서 보는 역할을 통해 유아의 마음상태를 이해할 수 있는 기회를 갖게 되는 등의 교육적 효과가 있다. 또 놀잇감 사용방법에 대하여 역할놀이를 해봄으로써 부모지도자 훈련을 습득하게 하는 좋은 방법이다. 적당한 주제는 극 놀이와 동일하며 역할극을 한 후에 질의응답 시간을 가질 수 있다.

### (6) 워크숍

워크숍은 교육활동에 필요한 자료-교구 등을 부모들이 만들도록 하는 모임이다. 워크숍에서 필요한 물건을 만들 뿐 아니라 유아들이 유아교육기관에서 하는 활동들, 노래, 언어, 수 개념 익히기, 동화 등을 부모들과 함께 해봄으로써 유아교육 활동에 대한 이해를 도모하고 도울 수 있도록 해준다.

### (7) 소집단 토의

소집단 토의는 대집단 모임 도중 또는 끝난 후에 주위에 앉은 사람들끼리 토의하는 형식이다. 같은 장소에서 동시에 토의가 이루어지기 때문에 다른 집단에서 웅웅 거리는 소리가 들려서 시끄러운 단점이 있으나, 누구나 다 참여할 수 있고 또 토의 집단을 조성하는 시간이 오래 걸리지 않는 장점이 있다. 토의 주제를 현장에서 주고 정해진 시간 동안 토의하게 한 후 발표를 하면 서로 다른 집단의 의견을 듣고 공유할 수 있다.

#### (8) 동심원 모임 & 원탁모임

동심원 모임은 공개토론이나 원탁모임을 변형한 형태로 큰 원 안에 작은 원을 만들어 소집단 토의를 하고, 전체 집단에 공개하는 형식으로 25~30명 정도가 가능하다. 즉, 작은 원 안의 구성원들이 문제를 토론하는 동안 밖의 큰 원 안에 있는 구성원들은 토론을 경청하며 5~10분의 정해진 토론시간이 지난 후 회의내용은 전체구성원에게 개방된다.

또한 원탁모임은 위, 아래의 구분이나 자리의 순서가 없는 모임으로 모든 구성원이 평등하게 참여할 수 있도록 둥근 탁자에 둘러앉아 서로 얼굴을 마주 보며 관심 있는 주제에 대하여 자유롭게 토의하는 형태이다. 이때 대형은 원 또는 반원의 형식을 취하기도 한다.

#### (9) 브레인스토밍

브레인스토밍은 집단의 모든 구성원들이 다양한 아이디어를 산출하게 하는 방법으로 참여자들이 적극적인 상호작용을 통하여 아이디어를 교환하고 많은 사고를 할 수 있도록 장려한다. 제안된 의견에 대하여 비판은 하지 않고 일단 받아들인 후에 여러 아이디어를 종류에 따라 선별하고 분석한다.

### 4) 수업관찰과 면담

#### (1) 교육활동 참관

교육활동 참관은 부모들에게 유아교육기관이나 보육시설에서 일어나는 일상생활 및 교육활동을 관찰할 수 있는 기회를 제공하여 자녀를 보다 객관적으로 이해할 수 있도록 도와준다. 참관의 방법에는 별도의 관찰실에서 참관하는 방법과 교실 안에서 직접 참관하는 방법이 있다. 참관 후에는 소감문을 통하여 부모들은 교육활동에 대한 이해를 높일 수 있고, 유아교육기관이나 보육시설은 부모들의 소감을 교육활동 운영에 반영할 수 있다.

### (2) 개별 및 집단 면담

개별면담은 유아의 전반적인 생활모습이나 발달에 대하여 교사와 부모가 일대일로 상호작용하는 방법이다. 이를 통해 부모는 공개적으로 상담하기 어려운 사항들을 심도 있게 상담해 볼 수 있는 기회가 될 수 있을 뿐 아니라 개인적으로 교사와의 친밀감을 높일 수 있다. 개별상담의 효과는 첫째, 부모와 교사 간에 상호 친밀감을 형성할 수 있다. 둘째, 교사가 유아에게 영향을 주는 가정생활이나 가족관계에 대해 알 수 있어 유아를 이해하는 데 도움을 준다. 셋째, 유아의 문제행동이 발생할 경우 해결방법을 함께 연구할 수 있다. 넷째, 부모가 원의 교육목적이나 프로그램에 대해 알 수 있다. 다섯째, 원에서의 행사에 대해 의견을 교환할 수 있다는 것이다.

집단면담은 자녀양육 정보와 유아교육기관이나 보육시설에 관한 기대와 정보를 공유하고 서로의 공통 관심사에 대하여 교사와 다수의 부모가 상호작용하는 방법이다. 학기 초 오리엔테이션 후 각 반에서 이루어질 수 있으며 수업 참관 또는 관찰 후에 집단면담이 이루어질 수도 있다.

### (3) 전화통신(전화면담)

전화면담은 필요에 따라 수시로 간편하게 부모와 연락할 수 있는 방법이다. 일과 중에 일어난 유아의 특이사항에 대한 내용을 전달하거나 유아교육기관이나 보육시설에 자주 방문하기 어려운 부모를 위하여 자녀의 양육에 관한 상담 또는 전달사항 등을 알려 줄 수 있다.

### 5) 자원봉사 방법

#### (1) 도우미 또는 훈련된 봉사자로서 참여

자원봉사자로서의 참여는 유아교육기관이나 보육시설의 교육활동 및 그 외 활동에 별도의 훈련 없이도 참여할 수 있는 방법으로 교실 청소 또는 급·간식 도우미, 견학 도우미 등을 예로 들 수 있다. 또한 훈련된 봉사자로서의 참여는 부모가 소정의 훈련을 받은 후 유아교육기관이나 보육시설의 교육활동에 참여하는 방법이다. 교재교구 제작 도우미와 자유선택활동 영역의 도우미 등의 사례가 있을 수 있다.

#### (2) 수업에서 부모로서의 참여 및 교사로서의 참여

부모로서의 참여는 부모와 자녀의 상호작용을 촉진하기 위한 목적으로 실시되는 활동에 부모의 역할로 참여하는 것으로, 어머니 참여수업과 아버지 참여수업이 대표적인 예이다. 또한 부모들이 학급의 일일교사 또는 보조교사로서 유아교육기관이나 보육시설의 교육활동에 직접 참여하고 수업을 진행해 보는 방법이다. 예를 들어, 안전교육, 언어활동, 요리활동 등에서 교사로서의 참여방법이 있다.

#### (3) 자원인사로서의 참여

자원인사로서의 참여는 특정한 재능이나 전문적인 직업 또는 특기가 있는 부모가 유아교육기관이나 보육시설의 교육활동에 참여하는 방법이다. 또한 영양사(영양교육), 박물관 큐레이터(미술교육), 치위생사(위생교육), 소방관(소방안전교육), 예절교육선생님(기본생활습관교육) 등이 소개될 수 있다.

### 6) 의사결정자로서 참여방법

의사결정자로서의 참여는 부모교육 및 참여의 방법 중 부모가 유아교육기관이나 보육시설에 가장 적극적으로 관여하는 방법이다. 즉, 유아교육기관이나 보육시설의 운영과 교육과정의 내용 및 방향 결정, 기자재 구입 등의 행정과 재정 경영에 관련된 전반적인 정책을 결정하는 데 있어 학교 운영위원회와 같은 역할을 한다.

## 2. 프로그램 기획, 실행, 평가

### 1) 부모참여 프로그램의 기획

부모참여 프로그램을 기획할 때 구성되는 각 내용은 상황에 따라 적절한 상황과 기준을 고려하여 내용과 방법을 선택할 수 있으며 그 방법에 따라 구성이 다양하게 조정될 수 있다. 즉, 부모참여 내용은 참여하는 부모-아동의 특징, 사람 수, 문제행동의 정도를 판단하는 접근방법 등을 고려하여 선택하여 기획할 수 있다. 예를 들어, 문제행동의 예방과 치료에서 문제행동을 발견하기 위해서는 다른 부모와의 만남, 교사와의 면담 또는 수업관찰 등을 통해서 이루어질 수 있다. 또는 부모가 직접 놀이나 게임을 해볼 수도 있다. 교재교구 만들기, 이야기 나누기나 동화 읽어주기에 참여하기, 극 놀이에서 일부분 또는 다소 어려운 부분의 역할 담당하기, 자료인사로 참여함으로써 여러 직업에 대한 소개나 특기 또는 경험자로서 교사의 수업을 도울 수 있다. 또한 간식 및 급식 도우미를 함으로써 교사의 수고를 덜고 어려움을 이해할 수도 있다.

또는 바람직한 부모-자녀관계에 변화를 가져옴으로써 양육태도 형성에 영향을 미치게 되기도 한다. 이럴 때 부모참여 방법으로 앞서 소개했던 대소집단 방법으로 극 놀이를 통해 역할을 바꾸어 본다든지 영화를 활용하여 연극을 기획해 볼 수도 있으며 부모들의 관심분야를 조사하여 듣고 싶은 강의를 정해보고 각 발달 영역이나 다른 분야의 전문가를 초청하여 교육과 훈련을 받을 수도 있다. 예를 들어, 목공을 배워보는 교실을 주기적으로 계획하여 함께 모인다든지, 아동과 효과적인 의사소통 및 대화기술을 증진하는 방법에 대한 강연을 듣거나, 사회·문화적 환경과 긍정적 가치관 정립에 관한 세미나, 강연회 또는 녹화 비디오를 시청하고 부모들과 대화를 나눔으로써 평소의 생각을 교류하거나 자신의 생각을 보다 명료화할 수 있는 기회가 될 수 있다(김영옥, 2015). 이와 같은 내용은 부모나 원장이 강사가 되거나 원의 부모들끼리 대화를 하도록 분위기를 조성하여 진행할 수도 있다. 또한 특정한 장면이 담겨 있는 비디오를 보고 찬반토론을 할 수도 있으며 부모끼리 짝을 지어 상대방과 집중적인 상호작용과 평가를 기획해 볼 수도 있다.

## 2) 부모참여 프로그램의 실행 및 평가

다양한 방법으로 이루어지는 부모참여 프로그램이 있을 수 있으나, 이 중 몇 가지만 살펴보고자 한다. 우선 부모참여가 일반적인 형태로 유아교육기관에서 이루어지고 있는 강연회는 다음과 같은 순서로 실행과 평가가 이루어진다.

### (1) 사전준비

교사들과 원장의 필요 또는 학부모의 요구조사를 통해 의견을 반영하여 강연주제를 선정한다. 그 후에 주제에 맞는 강사를 의뢰하고 날짜와 시간을 선정한다. 적극적인 홍보로 강연회를 알리고 참석 예정 인원을 파악하여 적절한 크기에 맞추어 장소를 결정한다. 그 행사장에 필요한 전반적인 준비를 미리 준비해야 한다. 예를 들어, 좌석 세팅, 방송시설 점검, 유인물 및 팸플릿 제작, 다과 준비, 시간 전에 와서 기다리는 부모들을 위한 배려, 화분, 쓰레기통, 화장실 점검 등을 해야 한다.

### (2) 당일 준비

사전준비 사항을 재점검하여 누락된 것이 있는지 여부를 파악한다. 이후에 학급 또는 유아교육기관이나 어린이집 내에 있는 화분들을 유아교육기관의 입구와 강연 장소, 휴식 공간 등에 적절히 배치하여 보다 산뜻하고 아늑한 분위기를 조성하도록 할 수도 있다. 특히 행사 당일은 평소보다 많은 사람들이 모이는 날이므로 쓰레기가 많이 나오게 되어 있다. 그러므로 쓰레기통은 사람이 많이 모이는 장소에 충분히 배치하고 분리수거를 할 수 있도록 안내문을 써놓도록 해야 한다.

### (3) 진행방법

일찍 강연회에 도착한 부모들을 위한 배려로 다과를 할 수 있도록 별도의 장소를 마련해 두고 그곳에 홍보책자, 유아활동 포트폴리오, 활동사진 등을 볼 수 있도록 하여 기다리는 지루함을 최소화하고 유아교육기관이나 보육시설의 활동을 이해하도록 돕는다. 또한 강연회 시작 전 참석할 부모들이 거의 모이면 부드러운 분위기 조성을 위한 레크리에이션을 잠시 실시할 수 있다. 이후에 강사의 양력을 간단히 소개한 후 강연회를 시작한다. 강연 후 참석한 부모들의 궁금한 점들을 해결할 수 있는 질의응답 시간을 가진다.

### (4) 평가

행사 후 카드나 전화 혹은 메일 등을 이용하여 강연회 참석에 대한 감사의 뜻을 전하고 다양한 피드백(feedback) 활동을 진행한다.

이처럼 강연회를 기획하고 실행하고 평가까지 이루어지려면, 오랜 시간 동안 많은 교사의 철저한 준비가 필요하다.

## 부모참여 프로그램의 토론주제

1. 부모참여 프로그램의 종류를 기술하시오.

2. 부모참여 프로그램을 계획하여 보시오.

CHAPTER

10

# 부모교육

## 1. 부모교육 특성

부모교육은 부모의 역할을 수행하는 데 있어서 효과적인 변화를 위한 모든 종류의 교육적 기술이나 작용이므로 이에 따라 부모교육은 부모를 대상으로 교육 목적, 내용이 설정되고, 구체적인 지도, 기술을 제공해 주며 가르칠 수 있는 교수매체를 제공하는 집단 상담이 가능한 교육적 기능을 갖게 되었다. 또한 부모교육은 부모훈련, 부모참여, 부모지지, 부모역할하기 등의 다양한 용어로 불리는데 각 용어들은 다음과 같이 약간씩 다른 개념으로 사용되고 있다(김영옥, 2015).

- 부모교육(parent education): 부모가 유아교육 및 발달에 적극적으로 참여할 수 있도록 교육자가 지식 및 정보를 전달하거나 기술을 가르치는 것이다.
- 부모훈련(parent training): 부모교육과 비슷한 의미로 사용되는데 구체적 절차와 개입이 있을 때 '훈련'이라는 용어를 사용한다.
- 부모참여(parent involvement): 부모가 가족생활에 영향을 주는 특정 프로그램의 구성 및 운영에 직접 참여하는 것으로 부모와 교사가 동반자로서 동등

한 입장에서 상호 유대관계를 갖는 보다 포괄적이고 적극적인 개념이다.

더불어 부모교육의 대상은 넓은 의미에서는 부모, 자녀, 가족을 모두 포함하는 개념이나 구체적으로는 그 대상을 다음과 같이 예비부모(부부)와 자녀를 둔 부모로 크게 구분할 수 있으며, 유아교육기관이나 보육시설에서는 주로 자녀를 둔 부모를 대상으로 하고 있다.

### 1) 부모교육의 개념

유아교육사전에서는 "이미 성인이 된 사람들이나 예비부모들을 위한 일종의 성인교육으로 자녀의 양육이나 교육, 가정생활의 개선 등에 관한 지식을 얻거나 소양을 높이기 위한 것을 목적으로 한다."고 명시하고 있다(한국유아교육학회, 1996).

이연섭과 강문희(2010)는 부모교육이란 "부모의 역할을 하는 방법에 대한 지침"이라고 정의할 수 있다고 보면서 "부모교육이란 부모의 자녀에 대한 이해와 지식을 증진시켜서 자녀를 양육하는 새로운 방법을 습득하도록 도와주는 다양한 교육적 경험을 말한다."고 하였다.

### 2) 부모교육의 중요성

자녀의 입장에서 부모교육은 중요한 의의가 있다. 부모가 자녀를 잘 기르게 되면, 첫째, 아동들은 한 인간으로서 정서적, 인지적, 신체적으로 자신의 세계를 온전하게 잘 발달하여 전인적 인간으로 성장할 수 있다. 아동의 인성은 물론 사회적, 정서적 발달은 부모의 양육태도 및 양육방법에 크게 영향을 받는다. 둘째, 부모가 자녀를 잘 기르게 되면 아동들은 사회적 관계 속에서 세상을 풍요롭고 폭넓은 마음으로 함께 더불어 살아가는 '꼭 필요한' 사람으로 성장할 수 있다.

또한 부모의 입장에서 부모교육은 중요한 의의가 있다. 자녀가 자기 자신의 잠재적 유능성을 마음껏 발휘하고 세상에 꼭 필요한 사람으로 성장하여 살아가게 된다면, 부모는 자신의 자녀 양육 결과에 대하여 자긍심을 갖게 될 것이다. 또한 부모로서 자녀를 한 인간으로 길러온 과정을 되돌아보면서 부모 자신이 이뤄낸 결과들에 대하여 마음속에 아쉬움이나 후회 없는 자아통합감(ego integrity)을 갖게 되어 마음에 행복감을 느끼게 될 것이다. 특히 자녀를 기르는 것은 부모의 선택이 아닌 필연적 책임이자 의무이기에 더욱 그러하다.

사회 인류학적 입장에서도 부모교육은 중요하다. 건강한 사회는 건강한 사람들에 의해 이뤄질 수 있다. 이러한 관점에서 "사회개혁은 인간개혁을 통하여 이뤄질 수 있다."는 페스탈로치의 주장은 매우 의미가 크다. 좋은 부모들에 의해 아동들이 온전하게 발달하고 성장하게 되면, 아동들은 곧 미래의 건강한 사회를 구성하는 주인공이 될 것이다. 부모가 자녀를 건강하게 양육하지 못하고 교육하지 못한다면, 그것이 곧 사회병리의 원인이 될 수 있다. 이것은 곧 인류의 역사를 발전시키지 못하게 하는 요인이 된다.

어린이집 보육교사의 입장에서 부모교육은 중요하다. 부모교육을 통해서 아동들이 자신의 능력을 발휘하고 세상과 더불어 행복한 삶을 살아가게 된다면, 보육교사는 교사로서의 삶에 대한 긍지와 보람을 갖게 될 것이다. 교사의 안내와 도움을 받은 부모가 자녀에게 좋은 부모역할을 수행하게 되면, 아동들은 건강하고 행복한 모습으로 성장하게 될 것이다. 이러한 과정에서 교사는 자기 자신의 역할 수행에 대한 보람과 긍지를 가지고 교사로서의 자긍심과 만족감이 증가될 것이다.

### 3) 부모교육의 목적과 목표

부모교육의 목적은 첫째, 좋은 부모로서의 역할을 수행함으로써 자녀가 행복한 삶을 살아갈 수 있도록 돕는 것, 둘째, 부모 스스로 자신의 삶을 보다 좋은 부모의 모습으로 변화할 수 있도록 돕는 것으로 정리할 수 있다.

부모교육의 목적을 달성하기 위한 부모교육의 목표는 다음과 같다.

첫째, 좋은 삶의 모습을 보여주는 부모가 되어야 한다. 부모는 자녀에게 좋은 삶의 모습을 보여주어야 한다. 부모는 자녀의 미래 모습이고, 자녀는 부모와의 관계에서 삶을 배우기 때문이다. "문제 아이는 없다. 다만 문제 부모가 있을 뿐"이라는 Ginott의 말이 있다. 자녀에게 무엇을 가르치고 교육하는가의 문제에 앞서 부모가 자녀에게 어떤 모습으로 비추어지는가의 문제가 더욱 중요하다. 자녀는 부모의 모습을 보면서 성장하기 때문이다.

둘째, 자녀의 성장을 잘 도와주는 부모가 되어야 한다. 이것은 부모가 자녀를 어디에서 무엇을 어떻게 도와줄 것인가의 문제이다. 부모는 자녀가 사랑받는 느낌으로 자랄 수 있게 해주어야 하고, 자녀가 자신의 삶을 스스로 창조적으로 살아갈 수 있도록 도와줄 수 있어야 한다.

셋째, 배우고 연구하고 실천하는 부모가 되어야 한다. 부모는 부모의 마음과 눈으로만 자녀를 보아서는 안 된다. 자녀의 마음 세계에 대해서 늘 깊은 관심을 가지고 있어야 한다. 아동들은 계속 변화하면서 성장하기 때문에 변화하는 상황에 따라 부모의 역할은 달라져야 한다. 부모는 필요한 경우 전문가의 도움을 받으면서 진지하게 배우고 연구하면서 자녀양육을 실천해야 한다. 부모의 고정된 자녀양육 방식은 자녀의 삶을 충실하게 도와주지 못한다.

부모교육의 목적과 목표를 달성하기 위한 교육내용을 정리하면 다음과 같다.

|표 10-1| 부모교육의 목적·목표·교육내용

| 부모교육의 목적 | 부모교육의 목표 | 부모교육의 교육내용 |
|---|---|---|
| 좋은 삶의 모습을 보여주는 부모되기 | 좋은 삶의 모습 보여주기 | 1. 좋은 부모 모습 갖추기<br>2. 부모-자녀 간 갈등 원인 인식하고 해소하기 |
| 자녀의 성장을 도와주는 부모되기 | 좋은 부모역할 수행하기 | 3. 바람직한 자녀관 인식하기<br>4. 바람직한 자녀교육관 인식하기<br>5. 영유아기 자녀 교육의 중요성 인식하기<br>6. 올바른 자녀교육 방법 실천하기 |
| | 좋은 가정환경 조성하기 | 7. 자녀와 좋은 관계 형성하기<br>8. 건강한 가정 분위기 조성하기 |
| 배우고 연구하고 실천하는 부모되기 | 전문가 도움받으며 실천하기 | 9. 전문가의 도움을 받으며 부모역할 수행하기 |
| | 아동 상황에 따른 부모역할 수행하기 | 10. 아동의 성장단계에 따른 부모역할 수행하기<br>11. 가족 형태의 특성에 따른 부모역할 수행하기 |

## 2. 부모교육의 이론

부모교육이론은 민주적 관계를 강조한 Dreikurs의 이론, 상호교류분석을 강조한 Berne의 이론, 인본주의적 관계를 강조한 Ginott의 이론, 유능한 부모-자녀관계를 기초한 Gordon의 이론, 효율적인 부모역할 수행을 위한 체계적 훈련(STEP: Systematic Training for Effective Parenting)에 기초한 Dinkmeyer와 Mckay의 이론이 있다. 이를 구체적으로 살펴보면 다음과 같다.

### 1) Dreikurs의 민주적 관계이론

#### (1) 배경

사회가 민주화됨에 따라 권위적 양육방식은 비효율적인 것으로 여겨지게 되었고, 아동을 어른과 동등한 인격체로 대하자는 개념이 싹트기 시작하였다. 그러나 이러한 새로운 개념을 가정에서 실천하기 위해서 자율성에 의한 습관 형성 및 개인적 책임감을 기를 수 있는 적절한 방법이 필요하게 되었다. 이에 따라 Dreikurs는 Adler의 개인 심리학을 부모교육에 적용하여 가족 간의 관계를 향상시키는 민주적 생활태도를 개발하였다. 이 이론은 부모–자녀 간의 동등한 관계에 대한 연구결과를 기초로 하고 있으며, 함께 살면서 상호작용할 때 나타나는 갈등을 민주적인 방식으로 해결하고자 하는 이론 체계라고 할 수 있다.

### (2) 목표

민주적 부모교육이론에 근거한 부모교육의 목표는 부모와 자녀가 평등한 관계를 형성하며, 자녀의 행동 동기를 이해하고 바람직한 상호작용을 모색하여 보다 효과적으로 부모–자녀관계를 유지하는 데 있다. 부모들은 자녀를 양육하면서 모든 부모에게 적용되는 일반적인 문제와 각 가정에서 독특하게 발생하는 구체적인 문제를 경험한다. 이 이론에서는 일반적인 문제 해결을 위해 전문가의 이론교육을 실시하고 있다. 아울러, 구체적인 문제 해결을 위해 같은 입장에서 자녀를 양육하는 부모들의 실제 경험담을 나누는 집단모임을 통해 부모가 자녀의 행동에 관한 동기를 이해하고 평등한 부모–자녀관계를 유지하면서 문제해결책을 찾도록 돕는다.

또한 전통적, 인과적인 개념보다는 역동성의 측면에서 행동을 이해하도록 하며 적절한 행동을 격려하고 동기화하는 데 목표를 두고 있다. 따라서 아동이 잘못된 목표를 형성하지 않도록 하는 것이 목표이자 내용이기도 하다.

#### ① 생활양식

생활양식이란 아동이 사회화 과정을 통해 형성되는 인성, 태도, 신념, 능력 등을 의미한다. 영유아기는 많은 생활양식이 형성되는 시기이며, 이때 형성된 생활양식이 이후 그 사람의 행동을 통제하고, 목적을 달성하기 위한 방법이 된다.

생활양식의 형성 경로는 다음과 같다. 영유아기 자녀는 부모에게 상대적 열등감을 느낄 뿐만 아니라, 스스로도 기본적으로 부정적 개념을 가지고 있다. 영유아기 자녀는 이를 보상하기 위하여 가상의 목표를 세우며, 이를 달성하기 위한 행동을 하게 되고 이러한 행동이 반복되어 생활양식이 된다. 이때 바람직한 행동으로 목표를 달성하게 되면, 바람직한 생활양식을 형성하게 될 것이며, 바람직하지 못한 행동으로 목표를 달성하게 되면, 바람직하지 못한 생활양식을 형성하게 될 것이다.

#### ② 가상적 목표

가상적 목표란 현재 아동의 행동에 영향을 주는 목표로 실제로 미래에 실현될 것과는 별 상관이 없는 목표라고 할 수 있다. 가상적 목표는 아동들의 행동 원인, 동기, 충동, 본능을 설명하는 단서가 된다. 따라서, 가상적 목표를 이해함으로써 자녀들이 행동을 통해서 얻고자 하는 것을 알 수 있게 된다. 아동은 실현 가능성에는 상관없이 가상적 목표를 달성하기 위하여 행동하므로 부모가 부모역할을 제대로 수행하여 긍정적인 부모-자녀관계를 형성하기 위해서는 자녀 행동의 가상적 목표를 이해하여야 한다.

아동은 가정에서 소속감에 대한 욕구를 충족시키기 위해 잘못된 목표를 설정하기도 한다. 즉, 가정에서 자신의 위치를 차지하기 위하여 또는 자신의 기대나 목표를 달성하기 위하여 관심 끌기, 겨루기, 보복하기, 무능함 보이기 등의 행동을 보이기도 한다.

- 관심 끌기: 아동들은 가족 내에서 자신의 위치를 차지하고 소속감을 느끼기 위해 여러 가지 방법으로 관심을 끌려는 행동을 한다. 대부분의 아동들이 타인의 관심을 끌기 위해 기분 좋은 방법을 쓰려고 하지만, 관심 끌기 목적을 달성하기만 한다면 거의 모든 아동들의 행동결과가 나쁘고 부모에게 부정적 피드백을 받더라도 계속 잘못된 방법을 사용한다. 예를 들어, 자녀가 칭얼거리는 행동을 할 때 부모가 달래거나 위협적인 행동을 한다면 이것은 아동의 관심 끌기 목표를 달성하게 된 것이다. 또한 일시적으로 잘못된 행동을

그만두어 관심을 얻게 되었다면, 다시 주의를 끌기 위해 같은 행동을 반복하거나 다른 잘못된 행동을 통해 관심 끌기 행동을 되풀이하게 된다. 따라서 부모는 아동의 잘못된 행동에 대하여 무시하여야 하며, 아동의 장점을 칭찬하고, 건설적인 행동에 관심을 보여야 한다.

- 겨루기: 자녀가 끊임없이 주의집중을 받으려고 하는 행동이 무시되거나, 관심을 받지 못하면, 겨루기를 두 번째 행동 목표로 삼는다. 이 행동 목표는 자기가 하고 싶은 대로 해버리는, 즉 자신의 힘을 최대로 활용하거나 반항하는 것이다. 자녀들은 하라고 하면 안 하고, 하지 말라고 하면 해버림으로써 가족 내에서 자신의 위치를 유지할 수 있다고 잘못 생각한다.

  자녀가 힘겨루기 행동을 할 때, 부모는 자녀의 행동범위를 제한하고 통제하게 되며, 흥분하고, 화를 내게 된다. 이런 부모의 반응은 부모-자녀관계의 갈등을 심화시킬 수 있다. 부모는 자녀의 정서에 공감해주고, 자녀들에게 도움을 구하거나 협동하게 함으로써 건설적으로 힘을 사용하는 방법을 가르쳐 주어야 한다.

- 보복하기: 관심 끌기가 잘 안 되고 부모와의 겨루기에서도 이길 수 없다고 판단이 되면, 자신의 행동목표로 보복하기를 추구하게 된다. 보복하기는 자신이 상처를 받은 만큼 다른 사람에게 상처를 주어야 한다고 느낄 때 추구하는 목표이다. 따라서 보복하기는 심술궂고 못된 행동이나 밉게 보이는 행동으로 나타나며, 다른 사람의 마음을 아프게 하기 때문에 아동들은 미움을 받게 된다. 그러나 아동의 심한 보복 행동에는 자신들의 수치심이나 실망한 감정이 내재되어 있으므로 부모의 따뜻한 관심과 격려가 필요하다. 부모가 벌을 주는 것은 효과가 없으며, 자연적 귀결을 경험할 수 있는 기회를 주고, 스스로 자신의 잘못된 행동을 인식하도록 하는 것이 중요하다.

- 무능함 보이기: 무능함 보이기는 관심 끌기, 힘겨루기, 보복하기의 결과가 제대로 효과를 거두지 못할 때 나타나는 행동 목표이다. 이때 자녀들은 실제로 또는 가상적인 무능력을 보이면서, 자신에 대해 실망하거나 성공희망을 포기한다. 또한 사회적 상호관계나 책임을 회피하려고 퇴행 현상을 보이면서 자신의 위치를 확보하려고 한다. 이때 자녀들은 부모에게 수동적으로 혹은 전혀 반응하지 않는데, 부모는 자녀의 행동을 비판하지 말고, 자녀의 장점을 칭찬해 주거나, 자녀의 노력을 격려해 주어야 한다.

③ 창조성

아동은 사회 속에서 능동적인 행동을 통해 자신을 창조해 간다. 아동은 어릴수록 타인에게 인정받고자 하는 욕구를 충족시키기 위해 행동하는데, 이 목표를 달성하기 위한 접근방법으로 행동양식을 창조한다. 이러한 행동양식은 타인의 반응에 따라 증가하거나 감소된다. 만일 나쁜 아이라는 낙인을 찍게 되면 그 아동의 행동은 낙인찍힌 방향으로 나아가고 아동 자신도 부정적인 자아상을 갖게 된다.

④ 행동통제

가상적 목표를 세운 자녀는 부모, 환경과의 사회적 상호작용의 영향을 받아 수집된 정보를 기초로 목표를 달성하기 위한 수행 행동을 결정한다. 즉, 자녀들은 자신의 행동에 대한 타인의 반응에 따라 통제되므로 부모가 자녀의 행동을 변화시키고자 할 때 자녀들이 긍정적 또는 부정적 결과를 경험하도록 하여 스스로 바람직한 행동에 대한 결정을 하도록 돕는다. 따라서 부모는 자녀들이 긍정적 방법을 통해 행동목표를 성취해 갈 수 있도록 자녀의 행동에 대하여 적절한 방법으로 통제해 주어야 한다.

### (3) 방법 및 전략

① 자연적 귀결

자연적 귀결이란 자연적인 상황에서 아동 자신의 행동으로 인해 자신이 보상받거나 또는 벌을 받는다고 느낄 수 있는 방법이다. 따라서 자신의 행동 결과를 보고 앞으로 해야 할 행동과 하지 말아야 할 행동을 스스로 배우는 것을 말한다(예를 들어, 밥을 먹지 않으면 어느 정도 시간이 지난 후에 배가 고파짐). 아동이 자신의 행동결과를 경험하도록 부모가 방해하지 않는다면, 일상생활에서 자연적 귀결은 얼마든지 경험할 수 있다. 그러나 부모가 꾸짖거나 벌을 주어 행동을 변화시키려 한다면 자녀와 불필요한 힘겨루기를 하거나, 자녀가 경험해야 할 부정적인 결과를 미리 방지해 주어 자녀에게 의존심을 조장하고 잘못된 행동을 격려하게 된다.

② 논리적 귀결

논리적 귀결이란 사회의 질서 유지를 위하여 정한 규칙을 어긴 것에 대하여 대가를 받게 하는 것이다. 즉, 상황에 따른 결과가 아동 자신의 행동으로 인한 것이 아니라, 다른 성인이나 부모에 의해 행동결과가 정해지는 방법이다. 따라서 부모와 성인들이 자녀와 합의하여 논리적으로 행동 결과를 정하며, 이 과정에서 상호존중, 상호권리에 대한 지식, 사회질서가 강조된다. 예를 들면, 정해진 저녁식사 시간에 밥을 안 먹었을 경우, 밥이 있다면 스스로 밥상을 차려 먹거나, 밥이 없을 경우 굶는다거나, 또는 숙제를 하지 않았을 경우에는 TV 시청이나 외출을 금지하는 규칙을 지키도록 하는 경우이다. 바람직한 훈육을 위해 논리적 귀결을 사용하려면, 규칙 설정 시 ① 자녀가 어떤 방식으로 책임질지 선택하게 하며, ② 부모도 자녀의 결정을 수용하고, ③ 행동결과를 경험한 후 상황에 따라 결정을 변경할 수 있다는 점을 자녀에게 인식시킬 필요가 있다.

민주적 부모교육이론이 강조하고 있는 원리는 처벌보다는 논리적 귀결이나 자연적 귀결이다. 자연적, 논리적 귀결 방법을 계획하는 목적은 유아들이 부모나 성인의 명령에 복종하도록 강요하지 않고 스스로 책임 있는 결정을 하도록 하여, 부모자녀 간의 권력 투쟁을 줄이는 데 있다.

### ③ 기타 여러 가지 전략

- 인식 반응: 아동의 그릇된 목표를 발견했을 때 부모뿐 아니라, 아동 자신도 문제의 원인을 파악하는 '인식 반응'이 일어나도록 상황을 만든다. 인식 반응이란 아동이 자신이 택한 목표를 갑자기 깨달았다는 뜻을 나타내는 특별한 미소나 눈빛을 뜻한다. 이는 자신의 행동을 이해하기 시작했다는 뜻이기도 하다. 또한 아동의 잘못된 가상적 목표를 발견했을 때 부모가 그 목표를 깨닫고 있다는 것을 미소나 눈짓, 말로 전달하는 것이다. 이를 통해 아동은 자신이 왜 그런 행동을 했는지를 스스로 생각하고 이해하기 시작한다. 이때 부모는 비난하거나 꾸짖는 어조를 피해야 하며, 갈등이 없을 때 하는 것이 바람직하다. 예를 들어, 아동들이 부모의 관심을 얻기 위해 자주 싸우고 부모는 끊임없이 말리느라 큰소리치는 악순환이 계속될 때, 부정적 행동에 근거한 상호작용이 계속됨을 깨달은 부모가 만일 "동생과 싸워서 엄마를 기쁘게 하려는 것은 아니겠지?" 하고 물었을 때 아동이 본능적으로 '응'했다든가 놀란 눈빛을 했다면 '인식 반응'이 일어난 것이다.

- 가족회의: 가정은 최초의 학교이며, 부모는 최고의 선생님이라는 점에서 가족모임이나 가족회의를 갖는 일은 그 자체만으로 가족 구성원들에게 중요한 의미를 제공해 준다. 모든 가족 구성원이 하나의 문제를 놓고 해결하고자 꾸준히 노력한다면 해결점에 도달할 수도 있다. 가족회의에는 말로 반응할 수 있을 정도의 아동도 참가할 수 있다. 모임에서 부모와 아동이 모든 가족문제를 말할 수 있는 기회를 가지면, 불평이나 다양한 해결방법을 제시할 수 있고, 투표도 할 수 있으며, 가족과 관련된 모든 안건(방학, 지출, 차량 선택

등)도 다룰 수 있다.

## 2) Eirc Berne의 상호교류분석이론

### (1) 배경

Eirc Berne은 의학을 전공하고 예일대학에서 정신과 의사로 근무하였으며, 샌프란시스코의 정신분석연구소에서 에릭슨의 지도와 영향을 받았다. Berne은 정신분석학에서 다루지 않았던 사회적 정신의학이란 분야에 관심을 두고 연구를 통해 체계화된 이론을 발표하게 되었다. 그는 〈심리치료에서 자아상태〉라는 논문을 통해 교류분석이론의 핵심을 발표하였고, 『심리치료에서의 교류분석』, 『사람들이 하는 게임』 등의 저서에서 자신의 교류분석이론을 발전시켜 나갔다. 그의 이론은 인간관계를 깊이 이해하는 데 도움을 주고 있었으나 복잡하였고, 일반인이나 부모교육을 목적으로 저술되지는 않았다.

Berne이 작고한 후 Harris 및 James, Jongward가 『나는 옳다 당신도 옳다(*I'm OK, You're OK*)』, 『아이는 성공하기 위해 태어난다(*Born to Win*)』라는 책을 써서 Berne의 이론을 일반 대중에게 알렸는데 이로 인하여 상호교류분석 심리학은 부모-자녀 관계에도 많은 영향을 끼치게 되었다.

### (2) 목표

상호교류분석이론의 목적은 개인이 자신의 자아상태를 자율적으로 선택할 수 있는 능력을 함양하는 데 있다. 이것을 구체적으로 살펴보면 다음과 같다.

첫째, 자신의 자아상태를 파악하여 성인 자아가 아동 자아와 부모 자아의 부정적인 영향력과 혼합되지 않고 자유롭게 기능하며 부당한 금지나 명령들을 독립적으로 선택할 수 있는 능력을 기른다.

둘째, 부모가 세 가지 자아 상태를 상황에 따라 적절하게 사용할 수 있도록 융통성을 기름으로써 다른 사람과 효과적인 관계를 가질 수 있도록 한다.

셋째, 부모와 아동이 자신의 과거 경험을 통해 형성된 부정적 생활자세를 버리고 자기 긍정-타인 긍정의 생활자세를 수용할 수 있도록 한다.

### (3) 내용

#### ① 생활자세의 형태

타인과 자신의 관계를 나타내는 기본적인 생활자세의 형태는 다음의 4가지로 결정된다.

- 자기 부정과 타인 긍정(I'm not OK, You're OK)

자신에 대한 부정적 감정을 가지고 있고 타인에 대한 열등감을 느끼며 자신에 대한 느낌은 다른 사람(또는 부모)의 손에 달려 있다고 생각한다. 이 형태를 가진 사람은 쉽게 좌절하고 마음에 상처를 받는다. 또한 타인과 친밀한 관계를 맺기 어렵고 타인을 불신한다.

- 자기 부정과 타인 부정(I'm not OK, You're not OK)

자기 자신과 타인을 모두 믿지 못하며 인생을 무가치한 것으로 생각한다. 이런 사람들에게 세상은 가치 없는 곳이고 냉혹하다고 생각하여 타인을 모두 적으로 삼는다. 따라서 타인이 주고자 하는 애정이나 관심을 거부하고 자기 자신 속에 침잠해 있다. 심한 경우 현실생활에 적응하지 못하고 정신분열증을 앓기도 한다.

- 자기 긍정과 타인 부정(I'm OK, You're not OK)

타인을 부적절하고 무가치하다고 생각하는 입장이다. 다른 사람을 불안해하고 불신하지만 기본태도는 타인 위에 군림하고자 하는 것이다. 분노를 쉽게 느끼며, 주변의 다른 사람들을 무시하고 경멸하는 태도를 보이고 그들의 결점을 끌어내고

자 한다.

- 자기 긍정과 타인 긍정(I'm OK, You're OK)

건강한 정신건강 상태를 나타낸다. 자신에 대해 만족하고 타인과의 관계에서도 편안함을 느끼고 만족한다. 자신과 타인의 가치를 모두 인정하고 존중한다. 삶의 기본 형태가 이러한 경우 모든 느낌을 인식하고 표현할 수 있기 때문에 늘 승리하는 위치에 있게 된다.

② 인성의 구조

Berne은 개인의 인성은 3가지 종류의 자아 상태로 구성되어 있다고 하였다. 즉, 아동 자아상태, 성인 자아상태, 부모 자아상태이다. 자아상태란 현실, 정보처리, 세상에 대한 일관적인 느낌 및 반응의 총체로서, 발달심리에서 말하는 아동, 성인, 부모라는 개념과는 다르다.

TA(Transactional Analysis) 성격이론은 인간의 마음의 구조를 세 가지 자아상태(P, A, C)로 구분하고, 구조에 따른 기능을 다섯 가지(CP, NP, A, FC, AC)로 세분하고 있다.

- Parent: 어버이 P의 자아상태는 생후 5년간의 경험 즉, 주양육자를 모방학습(modeling)하여 형성하게 되는 태도나 지각내용 및 행동들로서 구성된다. P 자아상태는 성장과정에서 의미를 부여하는 타인들, 즉 부모나 부모대리인들의 말과 행동을 보고 듣게 되면서 관찰된 내용이 P 자아상태를 형성하고 그 내용들이 무의식적인 상태에서 내면화된 것이다. P 자아상태는 개인의 도덕성과 가치 판단의 모체를 내포하고 있다. P 자아상태는 통제적, 지배적, 권위적, 보호적, 양육적 등의 비현실적인 특징을 나타낸다.

<u>CP(Critical Parent)</u>

– 긍정성: 잘못을 지적하고 정사선악을 구분해주는 언동, 자신의 신념 또는

가치관으로 개인이나 조직을 이끄는 행동

- 부정성: 상대를 위압적이고 강압적으로 제압하려는 언동, 권위적으로 엄격하여 상대의 가치를 받아들이려 하지 않는 배타적인 언동

NP(Nurturing Parent)

- 긍정성: 남의 어려움을 자신의 일처럼 돌보고 배려하는 행동, 마음이 온화하고 따뜻하며 상대를 지지하고 격려하는 언동
- 부정성: 상대를 지나치게 보호하고 개입하여 자주성을 해치는 언동, 지나치게 동정적이어서 남의 부탁을 거절하지 못하는 태도

- Adult: 어른 A의 자아상태는 생후 10개월경부터 자각(自覺)과 독자적인 사고로 형성되는 정보와 자료들로 구성된다. 이러한 A의 자아상태는 컴퓨터와 같은 기능으로 외부의 자극을 평가하며, 정보를 수집하여 미래의 행동 수행에서 참고자료로 사용할 수 있도록 경험에 의한 객관적인 자료를 축적하고 저장한다. A 자아상태는 사고와 행동의 객관적인 기준을 제공하는 기능을 한다. A자아상태는 이성적, 현실적, 객관적, 논리저, 합리적인 득징을 나타낸다.

A(Adult)

- 긍정성: 사실에 근거한 판단과 분석적이고 냉철한 계획에 입각한 행동, 사물을 이성적이고 논리적인 사고로 접근하는 언동
- 부정성: 재미보다는 기계적으로 일을 수행하는 냉정한 태도, 감정이 통제되어 일 이외에는 즐기지 않고 감정이 무딘 태도

- Child: 어린이 C 자아상태는 생후 5년간 형성되는 충동이나 감정들로 구성된다. 인생 초기인 어린아이의 경우 주양육자와의 관계를 통한 느낌 차원의 감정적 반응체계가 내면화되어 C 자아상태가 형성된다. C 자아상태는 자연스러운 모든 충동과 감정들, 또한 생의 초기에서 경험한 외부자극에 의해 느끼

게 된 감정과 그러한 감정에 대한 반응양식들로 구성된다. C 자아상태는 충동적, 자발적, 직관적, 본능적, 순응적, 폐쇄적, 의존적, 자기중심적인 특징을 나타낸다.

FC(Free Child)

- 긍정성: 감정과 행동을 자유롭고 자연스럽게 표출하여 상대에게 즐거움을 주는 언동, 생각을 행동으로 곧바로 옮기는 창조적인 아이디어를 제공하는 태도
- 부정성: 충동적이고 자기도취적이어서 생활 전반에 질서가 잡혀 있지 않은 언동, 감정이 절제되지 않아 실수나 경솔한 행동이 많아 가볍게 보이는 언동

AC(Adapted Child)

- 긍정성: 상대에게 순응적이고 협조적인 언동, 의사결정에 있어서 신중하고 조심성 있는 태도
- 부정성: 상태의 눈치를 보고 비위를 맞추려고 자신의 감정을 억압하는 태도, 자기비하와 열등감으로 억압된 감정이 분노나 반항으로 나타나는 언동

### 3) Ginott의 인본주의적 관계이론

부모-자녀관계에 대한 Ginott의 시각은 지능, 인성, 신체적 특징 그리고 성격이 어떻든 간에 자녀를 있는 그대로 받아들이고 수용해야 한다는 입장이다. 유아의 현재 있는 상태를 수용하고 유아들이 하는 이야기를 잘 들어주어 부모에게 표현하고 싶은 마음이 들도록 해야 한다는 것이다. 부모들은 유아의 세계를 이해하도록 노력하여 그들의 입장에서 감정이입(empathy)을 하게 되면 더욱 이해가 잘 된다고 한다.

Ginott의 부모교육에서는 실제적인 문제를 중요시하고 이에 필요한 양육기술

단계를 배우도록 한다. 부모교육 프로그램은 네 단계의 과정을 거치는데 경험과 불평 늘어놓기 단계(recitation phase), 감수성 증진 단계(sensitization phase), 개념 형성 단계(concept formation phase), 기술 익히기 단계(skill learning phase)로 구분하여 운영된다.

Ginott는 부모교육을 통해 부모–자녀관계를 향상시킴으로써 이들의 문제나 부적응행동을 해결하기 위한 부모–자녀관계에 있어서의 새로운 방법을 모색하였다. 부모교육은 10~20명 정도의 구성원으로 1주에 1회씩 90분간 계속되는 15주 코스의 '부모상담모임(guidance group for parents)'을 통해서 이루어진다. 이 교육은 지도자의 도움 안에서 이루어지고 지도자들은 부모들에게 연령에 알맞은 자녀양육 기술을 배우도록 도와준다(김영옥, 2015).

부모들의 상담모임은 토의집단 형식을 취하는데 대개의 경우 자녀의 연령에 따라서 취학 전, 유아기, 사춘기, 청년기 등으로 나누어 발달상 일어나는 유사문제를 다룬다. 부모들이 솔직하게 자녀의 문제를 토의할 수 있도록 지도자가 모델을 제공하면 부모들은 자신들의 감정을 정확하게 표현하게 되면서 자신감이 향상되는 것이다. 부모들이 자신의 느낌을 표현할 때는 자유스러운 분위기에서 유아의 이름이 적힌 카드가 놓인 원탁 테이블에 앉아 자기 경험을 토의하게 된다. 이때 연령에 따라 구분하는 이유는 자녀교육과 밀접하게 관련된 사례를 다루기 위해서이다.

### 4) Gordon의 부모 효율성 훈련

Gordon의 부모효율성 이론(Parent Effectiveness Training)의 기본 가정은 부모–자녀 간의 효율적인 인간관계 형성기법을 개발하는 데 있으며, 가장 중요한 가정 중의 하나는 효율적인 수용능력을 개발 및 활용하는 것이다. 따라서 부모는 수용적인 언어사용능력을 향상시키고 자녀의 행동을 긍정적으로 받아들이는 비언어적 메시지를 필요에 따라 효과적으로 활용하는 기법을 훈련받게 된다.

Gordon은 유아의 행동과 관련된 문제 소지자를 세 가지 유형으로 나누었는데,

부모가 문제를 소지한 경우, 자녀가 문제를 소지한 경우, 그리고 부모–자녀 모두 문제를 소지하지 않는 경우이다(김명희, 1996; 이재연·김경희, 2003). 그래서 부모–자녀관계가 원만해지기 위해서는 효율적인 의사소통 기술이 필요하며 부모는 자녀에게 상담자의 역할을 해야 한다. 따라서 부모효율성 훈련에서 중요한 점은 상담자 기술을 익히는 일로서 부모의 수용능력과 자녀를 돕는 기술, 적극적 경청이라고 설명한다.

Gordon의 PET에서는 부모–자녀 간의 바람직한 관계를 증진시킬 수 있는 기법을 중요시한다. Gordon은 부모의 역할을 효율적으로 수행하기 위해서는 안내자, 촉진자, 조력자, 상담자의 역할을 해야 한다고 하였다. Gordon의 여러 가지 기법 중에서도 가장 대표적인 것은 적극적 경청(active listening), 나–전달기법(I–message), 무승부법(no-lose method)이다. 적극적 경청을 통해 부모는 자녀의 의사를 이해하고 그대로 자녀에게 전달할 수 있으며 이때 평가, 의견, 충고, 분석, 질문 등을 되도록 하지 말아야 한다. 적극적 경청이 자녀의 말을 진지하게 듣는 것이라면 '나–전달기법'은 유아의 행동으로 인한 부모의 감정과 생각을 객관적으로 전달하는 기법이다. 민주적 방법이라고도 알려진 무승부법은 부모–자녀 간에 객관적인 태도로 문제를 토의하면서 해결해 나가는 방법이다. 이 방법은 부모가 자녀의 인격을 존중할 때 사용할 수 있으며, 갈등을 해결함에 있어서 두 사람 모두의 요구가 절충되어야 한다.

부모의 효율성 훈련은 Gordon이 조직한 PET 협회 주관으로 운영되며 강사교육과 부모대상의 일반교육으로 나누어 실시된다. 강사교육은 본부 소속 전문가들로부터 강사지침서의 내용을 교육받는데 이론교육과 실습교육으로 구성되어 있다. 강사훈련을 받는 동안 부모를 대상으로 실습하는 과정을 거친다. 강사는 학교의 상담자, 목회자, 가정문제 전문가, 심리학자, 유치원 교사, 부모교육이나 청소년 전문가, 사회사업가 등 인간관계를 다루는 분야를 전공한 사람이거나 또는 PET 프로그램에 직접 참여한 후 강사자격을 취득할 수 있는 과정을 밟기도 한다.

강사에 대한 평가는 부모로부터 받은 평가지로 자신이 평가한다. 훈련을 받은 후에는 자신이 속한 지역사회에서 모임을 조직하고 PET 프로그램을 실시한다. 교육 자료는 Gordon의 저서 PET 및 본부에서 마련해 주는 자료들을 사용하며 PET 그룹은 보통 1학급당 10명 정도로 구성된다.

Gordon에 따르면, 부모교육은 문제를 가진 부모 개인보다 집단으로 훈련하는 것이 더 효과적이라고 한다. 이는 다른 부모들의 자녀양육 문제를 듣고 그들의 자녀양육 방법을 배울 수 있기 때문이다.

### 5) 효율적인 부모역할 수행을 위한 체계적 훈련(STEP)

STEP(Systematic Training for Effective Parenting)은 Dinkmeyer와 Mckay가 체계화한 종합적이고 단계적인 부모교육 프로그램으로 기본 가설은 민주적인 가정이다(김영옥, 2015). 부모로 하여금 자녀양육의 방법과 결과를 알게 하여 책임 있는 자녀양육과 만족감을 느끼게 함으로써 민주사회에 있어 자녀양육을 바람직하게 할 수 있는 방법을 제시하였다. 최근 STEP 프로그램은 6세 이하의 자녀와 10대 부모를 위한 프로그램을 개발하여 대상에 따라 다양하게 적용되고 있다.

STEP에서 활용되는 교육방법은 부모가 기본 원리와 교육내용 및 방법을 학습하며 실습에 참여하는 것이다. 또한 지도자를 통한 융통성 있는 토의, 과제를 가지고 활동할 뿐만 아니라 지도자는 교재, 테이프, 토의, 참고자료 및 문헌을 사용한다. 무엇보다도 대화의 기법을 개발하고 환경을 계획하며 부모 자신과 유아를 변화시키는 다섯 가지 기술을 강조한다.

첫째, 의사소통을 위한 대화기술로 말하기 기법과 듣기 기법으로 나뉜다. 듣기 기법은 반영적인 경청, 적극적 경청, 감정이입 그리고 감정 이입적 반응 등을 내용으로 하고 있다. 말하기 기법은 자녀의 행동에 대한 설명, 행동으로 기인된 감정에 대한 설명을 통해 자녀의 가치와 존중을 나타내는 언어를 사용하는 기법이다.

대표적인 기법으로 나-메시지가 있다.

둘째, 환경을 계획하는 기술은 가족 모두의 노력이 필요하며 무료하고 싫증 나는 환경이 되지 않도록 긍정적이고 풍요로운 환경으로 전환시키거나 안정된 환경을 만드는 등 의도적 계획기술이 필요하다.

셋째, 부모 자신의 변화 기술로 다른 부모들의 경우와 자신을 비교하여 봄으로써 스스로 자신의 태도를 되돌아보고 변화하려는 자세를 가지도록 하는 데 있다.

넷째, 자녀를 변화시키는 기술로 자연적·논리적 귀결에 의한 보상체계는 어떤 한계를 설정하고 그 한계를 위배했을 때 사용하는 방법이다.

다섯째, 가족문제 해결 기술(family-problem solving skills)은 가족 내에서 어떤 문제가 발생했을 때 그 문제를 체계적으로 해결하는 과정과 관련된 기법이다. 대개는 Gordon이 주장한 무승부법과 Dreikurs의 가족상담 기법이 사용된다.

STEP은 집단적 방법을 활용하여 훈련받은 전문가가 집단의 토의와 연구를 이끌며 프로그램에 참가한 부모들은 지침서에 의한 체계적인 교육을 받게 된다. 지도자가 될 수 있는 사람은 심리학자, 사회사업가, 상담가, 목사, 소아과 의사, 교육자 등으로서 일정 기간 훈련을 받는다. 이들은 지도자 지침서를 가지고 집단을 운영하며 이때 자료는 테이프, 카세트, 차트 및 다른 책이 융통성 있게 사용된다. 자녀들의 잘못된 행동을 이해하는 방법과 기술, 의사소통의 기술과 적용방법, 가족의 중요성 등을 부모들에게 인식시키고 자연적·논리적 귀결과 나-메시지 사용법을 강조하여 각 단계마다 직접 가정에서 자녀들에게 적용한 후 서로 토의하고 체크할 수 있도록 세부적인 기술도 소개한다.

부모교육 프로그램을 통해 부모-자녀관계 수행을 위한 인간의 행동이론을 이해시키며 민주적 부모들을 위한 교재를 사용하며 부모들은 각 모임에서 테이프를 이용하여 설명을 듣고 생각과 의견을 교환하며 집에서 해야 할 과제도 주어진다.

교육대상은 대부분 일반 유아의 부모이며 장애를 가진 부모나 유아일 경우에는 전문가의 도움을 받도록 하고 있다. 한 집단은 10~12명으로서 지도자가 계속적으로 프로그램을 운영한다. 첫 모임 시 이름, 주소, 전화번호 등과 날짜와 시간, 장소, 모임 계획을 적어낸다. 참석한 부모들은 간단한 간식을 나누면서 서로 사귀는 시간을 갖기도 하며, 주로 둥글게 앉아서 안락하고 편안한 분위기를 만들어 토의한다. 모임은 약 2시간 정도로 참석자들의 활동, 문제 상황, 역할놀이 등으로 이루어지며, 경우에 따라 시간이 연장되기도 한다.

부모들이 모임의 과정과 목적을 올바르게 설정하도록 도움을 주며 토의에 참여하고 연구할 수 있도록 계속적인 도움을 주어야 한다. 토의에 대한 반응(feedback)은 긍정적이고 명료하게 하며 '지금 바로 여기에서(here and now)'에 초점을 맞추어 정보를 준다. 따라서 부모와 자녀의 긍정적인 행동에 초점을 두고 용기와 가치를 가질 수 있도록 최대한의 노력을 하는 것이 중요하다. 마지막 주의 수업 시간에는 지도자가 각 부모들을 위해 전반적인 요약 및 정리를 해주고 그들이 STEP의 기술단계를 적용해야 하는 중요성을 강조하며 STEP으로부터 배운 것이 무엇인지도 질문하며 토의하게 된다.

## 3. 부모교육의 실제

### MBTI를 활용한 부모교육 프로그램

#### 1) 이론 강의: MBTI 설명

심리학자 Jung에 의하면, 인간에게는 타고난 선천적인 마음의 경향이 있으며 타고난 인식과 판단의 경향이 있다고 한다. 이것을 아는 것은 자신의 성격을 이해하고 수용하며, 성숙시키는 데 도움이 된다. 그리고 우리는 자신을 참으로 사랑하고 수용하는 것만큼 타인을 수용하고 이해할 수 있다.

Myers와 Briggs는 Jung 등의 이론에 기초하여 사람의 성격유형을 판별할 수 있는 검사도구(MBTI: Myers-Briggs Type Indicator)를 개발하였다. 이 검사는 선천적인 성격적 경향과 잠재력을 알고 받아들임으로써, 나는 남과 다르며 남 또한 나와 다르게 존재한다는 것을 터득하고 나누자는 것이다.

인간관계에서 겪는 갈등과 오해는 각자가 타고난 인식과 판단의 선호 경향이 근본적으로 다르다는 것을 충분히 체험하고 이해하면 해결될 것이 많다고 보며 모든 사람이 다 같아지는 것이 성숙이 아니라고 본다.

Myers와 Briggs는 Jung의 이론을 근거로 하여 성격유형의 4가지 지표를 제시하였다.

### (1) 성격유형의 4가지 지표

#### ① 외향성과 내향성(EI: Extroversion, Introversion)

외향성(Extroversion)은 에너지 방향이 주로 외부세계를 향한다. 외향성의 사람들은 사람들과의 만남이나 활동을 통해 활력을 얻는다. 행동지향적이고 때로는 충동적으로 사람들을 만나며 솔직하고 사교성이 많으며 대화를 즐긴다.

내향성(Introversion)은 자기 내부세계를 지향한다. 바깥세계보다는 자기 내부의 개념이나 생각, 또는 이념에 더 관심을 둔다. 내향형은 개인적인 공간과 혼자 하는 일을 좋아한다. 그래서 내향형은 외부활동에서 쉽게 피로를 느끼며 혼자 있는 시간을 통해 에너지를 충전한다.

#### ② 감각형과 직관형(SN: Sensing, Intuition)

인식은 개인이 정보를 수집하는 기능으로 사물, 사람 사건 및 사상을 깨닫게 되는 다양한 방법을 가리킨다. 정보를 수집할 때 감각을 통해 정보를 인식하기도 하고 또는 통찰을 통해 가능성, 의미, 관계를 파악할 수 있다.

감각형의 사람은 감각기관을 통해 관찰 가능한 사실이나 사건을 잘 받아들인다. 감각은 현재 일어나고 있는 일만을 의식하기 때문에 현재 자신이 경험하고 있는 일을 중시하며 현실적이고, 관찰능력이 뛰어나고 세세한 것까지 기억을 잘하며 구체적 사실을 중시하기 때문에 전체를 보지 못할 위험이 있다.

직관형의 사람은 오관(시각, 청각, 후각, 미각, 촉각의 다섯 가지 감각기관)보다 통찰, 육감, 영감에 의존하여 구체적인 사실보다 사건의 이면에 있는 의미 관계 가능성 또는 비전을 보고자 한다. 직관형은 새로운 가능성을 추구하고 현재에 안주하기보다 미래의 성취와 변화, 그리고 다양성을 즐기며 새로운 일이나 복잡한 일에 잘 뛰어든다. 상상력이 풍부하고 이론적이며 추상적이고 미래지향적이며 창조적이다. 그러나 구체적인 것을 잘 보지 못하고 전체를 보려고 하기 때문에 세세한 부분을 간과하기 쉽다. 과수원의 나무에서 사과가 떨어지는 것을 본 감각형의 사람은 '저 사과는 덜 익어서 맛이 없을 텐데…'라는 반응을 보이지만, 반면에 직관형의 사람은 '벌써 가을이구나, 스피노자는 내일 지구가 멸망해도 오늘 한그루의 사과나무를 심는다고 했지.'와 같이 대조적인 반응을 보인다.

#### ③ 사고형과 감정형(TF: Thinking, Feeling)

감각과 직관을 통해 정보를 얻으면 그 정보에 바탕을 두고 판단, 결정 또는 선택을 하게 된다. 사고형은 상대방, 인정, 체면보다 논리적 분석과 원리에 따라 판단한다. 감정형은 개인적, 인간적, 사회적 가치에 기준을 두고 판단한다. 예를 들어, 돈을 빌려줄 때 사고형은 돈을 어디에 쓸 것인지. 제때에 갚을 수 있는지 등 돈을 빌려주어야 할 만한 상황을 파악하려고 한다. 그러나 감정형은 사람과의 관계에 초점을 두고 돈을 빌려주지 못했을 때 상대방이 느끼게 될 서운함이나 당황함에 더 많이 주의를 기울인다.

사고형은 객관적인 기준을 바탕으로 인정에 치우치지 않고 원칙, 정의, 공정성, 무엇이 옳고 그른가에 따라 판단한다. 따라서 일관성, 타당성을 중시하기 때문에 '냉정하다. 차갑다. 인간미가 부족하다'는 말을 들을 수 있다. 반면에, 감정형은 주관적이고 인간적이기 때문에 논리나 분석보다 자신이 타인에게 미치는 영향을 고려하기 때문에 친화적이며 따뜻하고 조화로운 인간관계를 중시한다. 동정심이 많고 사람의 마음을 다치지 않도록 노력한다.

감정형이 보기에 사고형은 딱딱하고 인간미가 없으며 경직되어 있는 원칙주의자들이다. 이와 반대로 사고형의 입장에서 보면 감정형은 우유부단하여 결단력이 없어서 상황에 따라 변한다.

④ 판단형과 인식형(JP: Judgment, Perception)

판단과 인식은 외부세계에 대한 태도나 적응에 있어서 어떤 과정을 더 선호하는가를 보여준다. 외부세계를 조직화하는 방법에 있어서 판단과 인식은 차이를 보인다. 판단형은 의사를 결정하고, 활동을 계획하고, 어떤 일을 조직하고, 체계적으로 진행시키고, 종결짓는 것을 좋아한다. 단계적이고 순차적인 행동을 선호하는 판단형은 외형적으로 빈틈없고 단호하며 목적의식이 뚜렷하다.

인식형은 들어오는 정보 자체를 즐긴다. 삶을 통제하고 조절하기보다 상황에 맞추어 잘 적응하며 이해하는 편이다. 자발적이고 적응적인 행동을 하며 새로운 사건이나 변화를 추구하기 때문에 아무것도 잃은 것이 없다.

판단형은 일을 마무리해야 마음이 편하기 때문에 한 가지 일을 빨리 끝내고 다른 일을 추진하며 동시에 두 가지 일을 하지 못한다. 반면에, 인식형은 동시에 두 가지 이상의 일을 할 수 있으나 마무리가 약하다. 판단형은 단기전에 강하고 인식형은 장기전에 강하다. 판단형이 보기에 인식형은 느리고 답답하다. 인식형에게 판단형은 성급하고 여유가 없으며 조급하다. 판단형은 노는 것도 일처럼 하며 인식형은 일도 놀 듯이 한다. 판단형은 시간에 쫓기며 살고 있고, 인식형은 여유를 갖고 살고 있다.

## (2) 성격유형에 따른 부모의 양육태도

### ① 외향형·내향형의 부모

외향형의 부모(E)

- 강점: 외부세계 경험, 솔선수범의 본보기, 여러 사람과 모임 접촉
- 단점: 자녀와만 지내는 것, 지나친 관여, 자녀의 말 경청

내향형의 부모(I)

- 강점: 깊이 있는 관찰, 지적인 시간제공, 침착한 모습의 본보기
- 단점: 대가족/많은 아이들 대하기, 동시에 여러 가지 일하기

### ② 감각형·직관형의 부모

감각형의 부모(S)

- 강점: 자녀욕구 충족, 감각적 경험제공, 쾌적한 가정환경 조심
- 단점: 자녀의 상상과 환상이해, 사소한 일에 신경, 스트레스 많음

직관형의 부모(N)

- 강점: 상상력/창조성 지지, 아이디어/통찰력, 잠재력 격려
- 단점: 비현실적 기대, 지금 현재의 쾌락 즐기기, 구체적 지시

### ③ 사고형·감정형의 부모

사고형의 부모(T)

- 강점: 분석/문제해결력, 지적 발달 촉진, 정의와 공정성 추구

– 단점: 아이를 그대로 수용, 미묘한 정서이해

감정형의 부모(F)

– 강점: 신체적/정서적 친밀감, 다른 사람과 사이좋게 지냄, 신뢰감

– 단점: 자녀 스스로 통제하도록 하기, 자녀의 말 경청, 소란스러움

④ 판단형-인식형(J-P)

판단형의 부모(J)

– 강점: 준비물/과제물 챙기기, 시간 지키기, 지시/한계 설정

– 단점: 자녀 스스로 통제하도록 하기, 자녀의 말 경청, 소란스러움

인식형의 부모(P)

– 강점: 수용적/관대, 경청하기, 자녀의 선택 존중

– 단점: 집안일 정리정돈, 시간 지키기, 한계설정, 일 마무리 하기

## 2) MBTI 검사 및 활동

### (1) 검사 전 활동

대부분의 사람들은 심리검사를 하면 불안, 즉 자신의 숨겨진 성격적 결함이나 능력의 한계가 드러나지 않을까 하는 불필요한 불안을 느끼므로 충분한 오리엔테이션이 필요하다. 그러나 MBTI 검사는 성격의 좋고 나쁨 또는 능력이 더 좋고 나쁨을 진단하는 것이 아니라 각 개인이 16가지 성격유형 중 어디에 속하는지를 알려주는 검사이다. 따라서 본 검사는 자신의 평상시의 생활모습이나 생각에 기초하여 응답함으로써 자신의 진정한 유형을 찾아낼 수 있다.

오른손/왼손 이름 쓰기나 팔짱 껴보기를 실습으로 해본 후 자신이 선천적으로 쉽게 하는 포즈가 있고 편한 글씨 쓰기가 있다는 것을 체험한다. 그러나 왼손으로 이름 쓰기도 가능하고, 좀 어렵지만 다른 방식으로 팔짱 끼는 것도 가능하다는 것을 설명한다. MBTI 검사는 자신이 선천적으로 좀 더 편한 성격이 어떤 것인지를 알아보는 것이고, 좀 불편하지만 내 안에 있는 다른 모습을 찾는 것이라는 것을 충분하게 이야기한다.

### (2) MBTI 검사 실시

검사 매뉴얼에 의해 실시한다. 한국심리검사연구소에서 구매한 공식적인 검사지를 활용한다. 시간제한은 없다는 것 등의 〈검사 전 유의사항〉을 꼭 읽고 실시하는 것이 좋다. 스스로 채점할 수 있도록 채점 방법을 안내하거나 프로그램 진행자가 일괄 채점하여 프로파일만 제시할 수도 있다.

### (3) MBTI 검사 후 활동

프로그램 진행자가 전반적인 MBTI 성격유형검사에 대해 자세하게 설명한다. 검사 실시 전에는 개요만 설명하고, 검사를 실시한 후에 선호지표별로 자세하게 설명을 하는 것이 좋다. 인원이 적다면 전체적으로 함께 작업과 나눔 활동을 해도 되고, 인원이 많은 경우에는 지표별로 나눠서 작업을 하게 하고 전체적으로 나눔을 하는 것이 좋다. 작업 및 나눔 활동의 예로 다음과 같은 것을 들 수 있다.

- 부모들이 자신의 프로파일을 보고 성격을 짧게 발표한다
- 가족들 간에 성격 차이로 불편을 느낀 경우를 이야기한다.
- 자녀의 성격을 유추해보고 그 성격 유형의 장점을 찾아본다.
- 부모 자신 성격의 장점과 보완점을 찾아서 적는다.
- 부모 자신의 부모와 어떤 성격이 같고 어떤 성격이 다른지 기록한다.

## 부모교육의 토론주제

1. 우리 지역사회의 기관이나 단체에서 하는 부모교육 프로그램을 조사하여 적어보시오.

2. 대중매체에서 하는 부모교육 특강을 시청 후 소감을 적어보시오.

CHAPTER

11

# 부모상담

## 1. 부모상담의 원리

일반적으로 사람들은 자신의 행동을 정당화시키려는 성향이 있다. 남의 실수보다 나의 실수를 너그럽게 용서하게 되는 태도를 갖고 있는 것이다. 너볼이 남에게 자신의 존재를 인정받고자 하는 욕구를 가지고 있다(김윤옥·황선희, 2006). 이렇듯 누군가에게 관심 받고 싶어 하고 자신의 행동을 정당화하면서까지 자신의 잘못을 노골적으로 지적당하고 싶어 하지 않는 것이 사람의 본능이다. 그래서 부모상담을 진행할 때 처음에는 부모가 하는 말을 충분히 많이 들어주어야 할 필요가 있다. 상담자는 그들을 비난하고 가르치려고 해서는 안 된다. 다만 각각의 치료방법에 따라 말해 줄 필요는 있는데, 인지-정서-행동치료에서는 함께 마음을 나누고, 필요한 정보를 제공하면서 내담자의 생각, 마음, 행동을 변화시키라고 하였다. 물론 그전에 충분히 들어주고 말해줄 때 질타하는 어조가 아니라 배려 있는 말로 상대방을 존중하면서 말해야 마음을 변화시킬 수 있을 것이다. 두 번째는 부정적인 시각으로 부모를 바라보면서 "그래서 아이가 그런 문제행동을 보이는 거예요."

라고 말하는 것보다는 긍정적인 시각으로 긍정적인 피드백의 예를 사용하여야 한다. 그로 인해 할 수 있다는 격려를 받아서 부모가 실행하도록 도와야 할 것이다. 세 번째는 부모상담의 경우가 부모 자신이 양육태도나 가치관을 변화시키기 위해 찾아온 경우가 있는 반면, 아동상담을 하면서 함께 부모 상담을 받는 경우가 있는데, 이때의 경우는 다르게 적용될 것이다. 예를 들어, 부모 자신이 상담을 받으러 온 경우라면 몇 번의 상담을 할 것인지 계획하고, 구체적인 목표를 잡고 도달하도록 함께 노력하게 될 것이다. 반면 아동상담을 하다가 부모에게 자문을 구하기 위해 부모 상담을 하는 경우라면 노골적으로 부모의 양육관을 끄집어내서 상처를 주는 일은 없어야 할 것이다(신혜영, 2013). 부모 상담을 할 때 상담자가 다루어야 할 내용의 특징을 살펴보면 다음과 같다.

첫째, 상담을 받는 사실이나 배워야 할 지식보다는 감정, 정서, 마음을 중하게 여겨서 부모를 대해야 한다. 부모의 잘못된 양육태도나 가치관으로 인해 그들은 신체적으로도 고통스럽겠지만 더욱이 마음이 아플 것이다. 어떤 사실을 직접적으로 아는 것도 분명 중요하지만 감정을 중요하게 여겨야 할 것이다. 학생들이 걱정이 너무 심해져서 공부를 할 수 없게 되는 상황과 비슷하다. 따라서 적절하게 가지고 있는 정서를 표현할 수 있도록 도와주고 말할 수 있도록 할 때 새로운 생각도 가능하게 된다. 그러므로 부모가 하는 말뿐만 아니라 제스처, 행동, 표정 등을 주의깊이 살피고 파악하여 상담 자료로 활용해야 할 것이다.

둘째, 상담자는 과거보다는 현재를 중시하도록 한다. 그래서 질문을 할 때, "현재 자신의 문제를 잘 의식하지 못할 때 자신이 가장 쉽게 욕구 좌절을 느끼는 일은 무엇인가?", "내담자의 가장 민감한 부분은 무엇인가?" 같은 질문을 하여 현재에 중점을 두도록 해야 한다.

셋째, 부모도 충분히 지지를 받게 되면 힘이 생긴다. 따라서 잘 들어주고 그들 스스로 해법을 찾도록 도와야 할 것이다. 그래서 상담은 통찰을 도와주는 것이다. 예를 들어, "아하! 그래서 그랬구나!"라고 알고, 미래를 설계할 수 있게 된다.

부모상담 시 알아야 할 원리(유연화·서정연, 2016)는 다음과 같다

첫째, 원활한 의사소통이 가능하도록 커뮤니케이션 기술을 가져야 한다. 그래서 학부모의 말을 도중에 끊지 않고 잘 들으며 상담 속에서 유아의 환경과 성향에 대해 이해하도록 할 수 있다.

둘째, 신뢰를 주고 친절한 태도로 대해야 한다. 부모가 이야기할 수 있도록 유쾌한 분위기를 만들되, 너무 재미 위주로만 가다 보면 상담의 논지가 흐려질 수 있기 때문에 주의해야 한다.

셋째, 부모가 알아듣기 쉽고 편한 말로 해야 한다. 일반적으로 사용하는 어휘를 사용해야 하는데 교육전문용어를 쉬운 용어로 풀어서 설명해야 할 것이다. 모르는 용어를 사용한다고 부모가 전문가를 더욱 높게 보는 게 아님을 알고 부모의 눈높이에 맞추어 대화해야 한다.

## 2. 부모상담의 방법

### 1) 상담 형태

면담형태로 이루어진 최초의 상담은 유아교육기관에 보내기 위해 부모가 유아의 손을 잡고 유아교육기관을 함께 방문하면서 유아 및 가정에 대한 정보를 말하게 되면서 이루어진다. 그러나 이 시기에 주로 유아교육기관을 보낼지 말지 선택의 기로에 놓여 있는 부모가 많다 보니, 확실히 주기적으로 면담이 이루어진다고 말하기는 어렵다. 유아교육 기록지에 의한 면담, 일상적 상담, 특별한 문제행동 상

담 등이 있다.

첫째, 정기 면담은 자녀가 유아교육기관에서 잘 적응하고 있는지에 대해 의견을 교환하는 기회가 된다. 이러한 부모면담은 대체적으로 일 년에 2회가 이루어지는데 예를 들어, 4월에 교사가 아동을 파악하기 위해 이루어지고, 11월에 1년 동안 지내 온 아이의 발달상황에 대한 주제로 상담을 진행한다. 그에 따른 결과가 어떠한지 알게 된다. 정기 면담은 약 20분간 이루어진다.

둘째, 수시로 이루어지는 전화면담이 있다. 이때는 전화하면서 간단한 내용을 전달하거나 필요에 의한 내용을 주고받게 된다.

셋째, 기록지에 의한 정기 학부모면담이 있다. 기록지는 면담할 때 쓴 기록지, 교육상담 시 작성한 기록지 등이 있다. 집에 보내어 기록하게 한 후에 기록지를 다시 유아교육기관으로 보낸다. 예를 들어, 가정에서의 생활은 어떠한지 부모견해를 적어주시는데 언어, 사회성, 생활습관, 장점, 부모의 양육태도, 어린이의 생활태도, 부모의 요구 등을 적을 수 있다. 면담 시에 부모에 대해 적은 교사의 견해 및 정보를 제공한 후에 결과에 대해 적어 놓은 결과를 기록지에 보관해 놓을 수 있다.

넷째, 알림장 및 핸드폰 어플을 활용한 교사-부모 의사소통 및 교육상담이 이루어진다.

다섯째, '특별한 문제행동들'의 상담이 이루어진다. 때때로 유아교육기관에 있는 유아 중에는 특별한 부적응행동을 보이는 유아가 있는데 그들을 돕기 위해 발달상황을 관찰하고, 전문가와의 연계로 지원할 수 있는 부분을 함께 토의할 수 있다. 더불어 교사뿐만 아니라 문제를 토의하기 위해 부모도 함께 의견을 제안하는 토론의 장을 열어볼 수 있다.

여섯째, 일상적 상담은 아동이 귀가 및 등원 시에 자유롭게 말한다. 주로 일상적인 대화를 중심으로 이루어지며 유아의 하루 생활 및 전달사항들로 이루어진다.

## 2) 부모상담 대처방법

다양한 상황에서 부모를 상담하면서 때로는 더 어려운 상황에 직면하기도 하는데 그럴 때에 대처할 수 있는 몇 가지 방법을 제시하였다.

### (1) 잘 모르는 전문적인 답변을 요구하는 질문을 받았을 때 대처방법

모를 때는 '모른다'고 밝히는 것이 최상의 방법이다. 그런 후에 확실한 내용을 찾아서 후에 전화나 서면으로 혹은 직접 만날 때 알려 드리겠다고 말한다(유연화·서정연, 2016). 관련된 정보를 찾아볼 수 있는 서적, 인터넷, 전문기관, 전문가 등을 소개하는 것이 좋다.

### (2) 장애아동 부모 상담 시 주의할 점

장애아 부모들은 심리적, 신체적으로 매우 힘든 상태이므로 좀 더 관심을 가지고 정서적 공감을 해야 한다(최명선·홍기묵·송현정·김이경·서은미, 2012). 장애의 원인을 부모 탓으로 돌리지 않고 다양한 사람에게도 장애가 발생할 수 있음을 알리고 어떻게 미래를 살아갈 수 있을지에 초점을 두고 이야기 나누도록 해야 한다.

### (3) 힘든 상황을 상담하는 부모

듣는다는 것은 소극적인 행위가 아니다. 경청은 주의집중을 요구한다. 상대방이 말하는 것들을 잘 듣고 공감을 표현해야 한다. 다독거릴 필요도 있고 울음을 달랠 필요도 없다. 오히려 충분히 감정을 표현하도록 지켜봐 주어야 한다. 다만 앞서 부모의 이야기를 건성건성 들었다면 이야기의 핵심을 잃어버렸을 것이다. 그러므로 잘 듣고 일방적인 교사의 의견 제시보다는 부모가 어떻게 생각하는지를 물어보고 의도를 정확하게 표현하도록 하여 부적절한 충고를 하는 실수를 예방해야 한다. 또한 가능하면 해결책을 함께 생각하여 긍정적인 영향을 줄 수 있는 방안을 강구할 수 있다.

## 3. 부모상담의 실제

### 1) 일반상담 과정

상담을 시작하기 전 상담자는 먼저 내담자의 자발적인 동의를 얻어야 한다(Welfel, 2006). 또한 내담자가 원할 경우에는 언제든지 상담을 중단할 수 있어야 한다. 이러한 과정은 다음과 같다.

#### (1) 첫 면접

처음 상담실을 찾은 아동의 부모에게 상담자는 가능한 한 필요한 많은 정보를 얻기 위해서 다양한 방식으로 면접을 하게 된다. 모든 가족구성원이 참여하는 면접이 좋긴 하지만, 여러 가지 어려움이 있어서 실제로는 아동과 부모를 대상으로 해서 실시하게 된다. 처음 면접에서 하게 되는 일들은 다음과 같다(이숙, 2004).

첫째, 접수면접자의 진단과 평가에 대한 확인을 한다.

둘째, 상담자가 진단한 문제, 신체적·물리적 환경, 내담자의 심리, 지적·기능적 발달 수준, 대인관계, 가족 및 기타 환경, 상담에 대한 기대와 동기를 듣는다.

셋째, 상담자가 가진 가정에 대해 검토와 확인을 한다.

넷째, 구조화를 한다. 상담자의 역할과 한계, 내담자의 역할, 행동, 권리와 의무, 상담 주기와 시간, 기간을 고려하여 상담진행 상황을 설명해준다.

다섯째, 상담목표를 설정한다. 목표를 세우기 위한 도움으로 구체적인 경험에서 명료화하고, 과거의 주요 경험을 언어화시킴으로써 내담자의 주요 행동과 감정을 구체적으로 이해한다.

### (2) 사례개념화

사례개념화란 상담자가 접수 면접에서 얻은 많은 정보들을 통해 내담 아동의 문제에 영향을 미치는 요인들을 찾아내어 체계화하는 작업이다(문혁준 외, 2014).

### (3) 상담계획

상담계획에는 상담목표, 기법 및 전략, 활동 등을 포함하여 아동의 문제와 활용하게 될 기법을 구체적이고 명확하게 기술하는 것이다. 전체 상담 목표의 개수와 전략은 아동의 문제와 연령 및 인지적 능력 등을 모두 고려하여 설정하게 된다.

### (4) 종결

종결은 상담자의 판단에 의한 종결과 내담자의 제안에 의한 종결이 있고, 갑작스러운 종결과 합의된 종결이 있다. 종결에서의 주요과제는 먼저 상담 목표의 달성 혹은 변화에 대해 평가해야 한다. 상담 종결을 결정할 때는 단순히 내담 아동의 증상 완화에만 의지하지 않아야 한다(문혁준 외, 2014). 때로는 다른 부적응행동으로 나타나기도 하기 때문에 부모, 외부적 환경 및 아동의 변화 등을 고려하여 결정해야 한다(최명선 외, 2012). 따라서 상담자와 내담 아동 간의 감정 및 관계에 대해 알아보고, 상담 종결 후의 아동이 갖게 된 자신감과 학습의 전이가 이루어졌는지 확인하여 추후 상담이나 다른 조력자와 연결시켜 줄 수 있다.

## 2) 학부모 상담의 과정

어린이집과 유치원에서 이루어지는 학부모 상담은 정기적으로 1학기와 2학기 이루어지고, 비정기적인 면담은 부모나 교사의 필요에 의해 이루어진다. 학부모상담의 준비는 다음과 같다.

### (1) 사전준비

통신문을 통해 최소 2주 전에 안내문을 통해 면담을 알린 후 부모가 가능한 시간과 교사의 시간을 맞추어 적절한 날짜 및 시간을 정한다. 미리 아동에 관련된 개인별 자료를 준비해 둔다. 예를 들어, 관찰일지, 행동발달기록부, 포트폴리오, 활동사진, 검사결과지, 생활기록부, 자유선택활동 놀이 계획표 등을 준비한다.

### (2) 당일 준비

혹시 누락되었을지 모르는 내용을 사전 준비사항을 통해 재점검한다. 그리고 학급 또는 유아교육기관이나 어린이집 내에 있는 화분들을 배치하고, 교실에 좌석을 마련하여 아늑하고 편안한 환경을 조성한다. 더불어 면담대상 유아와 관련된 파일 등을 교사가 손쉽게 가져와서 보여줄 수 있도록 준비하여 당일에 어수선한 모습을 보이지 않도록 한다.

### (3) 진행방법

면담을 시작하기 전에 날씨에 관한 내용이나 당일 유아의 기분상태 등에 관한 이야기를 먼저 꺼냄으로써 긴장 또는 서먹한 분위기를 완화하여 부모가 마음을 열고 편안하게 상담할 수 있도록 한다. 또한 면담을 할 때 교사는 그 내용을 가능한 한 기록해 두도록 한다. 면담일정 계획표에 따라 유아와 관련된 사전준비 파일내용을 참고자료로 삼아 면담을 실시한다. 이때 유아의 발달상황이나 부모의 양육행동 설문지도 참고자료로 활용할 수 있다. 부모가 면담 도중 면담내용과 관계가 적은 의견을 말할 경우에는 부모의 의견에 공감한다는 말과 함께 주제에서 벗어나고 있음을 알리고 파악하고자 하는 바를 다시 강조하되 부모의 마음이 상하지 않도록 주의하도록 한다.

#### (4) 평가

면담은 정해진 날짜나 시간에만 이루어지는 것이 아니라 필요에 따라 수시로 이루어질 수 있으며 이는 전화 또는 메일, 통신문, 홈페이지 등을 활용할 수 있다. 또한 반드시 메모나 기록하는 습관을 갖도록 한다. 면담이 끝난 즉시 교사는 상담일지를 작성한 뒤 개인별 상담내용의 과정 및 방향성을 분석하여 다음 면담에 활용하도록 한다.

### 3) 부모 상담 진행 시 유의사항

#### (1) 학부모 대기실

시간보다 먼저 오신 분들이 기다리는 장소로 현관이나 한 교실을 지정하여 준비한다. 경쾌한 클래식 음악을 준비하여 원 전체가 밝고 화사한 느낌을 갖도록 한다. 둥근 책상 위에 흰 탁보를 준비하고, 몇 권의 책을 준비하여 기다리는 동안 지루하지 않도록 한다.

#### (2) 교실

교실 가운데쯤에 둥근 책상을 두고, 깨끗한 탁보와 꽃을 준비하여 부드럽고 편안한 분위기를 조성한다. 학부모가 앉는 위치는 출입문 쪽 방향을 피하고, 교실에서 가장 정리정돈이 잘되고, 자신 있는 부분이 보이는 곳으로 한다. 교실 작품 게시판이나 사물함, 이름표, 책상 등에 해당원아의 이름이 혹시 빠지지 않았는지 미리 확인하여 준비한다. 상담 자료는 상담기록부와 학부모가 궁금할 자료 등을 미리 준비하여 당황하지 않도록 한다. 예를 들어, 수업 활동물, 교재, 스케치북,

자유선택활동 활동지 등을 미리 준비한다. 다과는 그날 상담이 없는 교사가 학부모 안내와 차를 준비한다.

(3) 원장실(상담실)

원장과 상담 시 학부모에게 원장의 마인드를 최대한 드러낼 수 있도록 한다. 편안하게 앉을 수 있는 소파, 상담테이블 위는 원장의 교육적 마인드를 보일 수 있는 스크랩 자료나 학부모들이 보낸 편지 등 원아와 찍은 사진을 볼 수 있도록 전시하고, 가능한 정돈된 분위기를 느낄 수 있도록 준비한다.

(4) 상담일 복장

교사는 학부모에게 신뢰감과 전문성을 느낄 수 있도록 정장 스타일을 권한다. 원장은 따뜻한 느낌을 줄 수 있도록 밝고 화사한 컬러의 단정한 차림을 권한다.

(5) 상담진행

상담기간 동안 반별 상담시간을 고려하여 교사들의 업무를 정해 원활히 진행되도록 준비한다. 현관에서는 아이들과 학부모를 맞이하고 교실을 안내하며, 차를 준비하여 내오도록 한다. 갈 때도 학부모를 배웅한다. 현관이라는 공간에서는 주로 안내하는 교사가 반갑게 인사하며, 원장님 실이나 해당 교실로 안내한다. 상담이 진행되는 경우에 오신 경우, 준비된 대기석에 앉아 책이나 원아들의 활동사진, 책 등을 보며 기다릴 수 있도록 한다. 교실에서는 해당 학부모가 들어오면 환하고 밝게, 자신감 있는 모습으로 인사한다.

### (6) 상담 후 관리

상담시간 동안 자세하게 기록하지 못한 부분은 당일 상담을 마친 후 꼭 기록하여 상담내용을 정리하도록 한다. 학부모의 당부 사항 등은 분류하여 보고 사항이나 중점 지도사항 등을 시행하며 원아에 대한 당부 사항 등은 원내 다른 교사와도 의견을 나누어 협조를 구한다. 상담내용은 원내 교사 외에 타인에게 전달해서는 절대 안 된다. 상담에 불참한 학부모와 다시 시간을 조정하여 상담을 진행하도록 하거나, 참석이 어려운 경우 전화 상담으로 대체하도록 한다.

부모상담은 기본적으로 아동을 관찰한 교사의 기록을 토대로 이루어지며, 부모상담이 있을 것이라고 안내한 사전조사지에 관심 있다는 상담내용을 적어서 낸 기록지를 토대로 이루어진다. 다음은 한국교육출판 편집부(2012)에서 제시하고 있는 유아교육기관에서 활용할 수 있는 부모면담 및 상담 자료의 예시를 살펴보고자 한다.

# 유아 발달 체크리스트

관찰아동 :____________________ 생년월일 ________________(남, 여)

관 찰 자:____________________

| 관찰일 | 1회 | 2회 | 3회 | 4회 | 5회 | 6회 |
|---|---|---|---|---|---|---|
| | | | | | | |

| 영역 | 내용 | 1회 | 2회 | 3회 | 4회 | 5회 | 6회 |
|---|---|---|---|---|---|---|---|
| 기본생활습관 | 1. 정리정돈을 할 수 있다. (장난감, 작업, 간식 책상) | | | | | | |
| | 2. 간식/식사 전에 손을 씻는다. | | | | | | |
| | 3. 규칙(차례, 약속)을 잘 지키는 편이다. | | | | | | |
| | 4. 어른에게 존댓말을 사용한다. | | | | | | |
| | 5. 음식을 골고루 먹는다. | | | | | | |
| | 6. 낮잠을 잔다. | | | | | | |
| | 7. 교사의 지시를 잘 이해하고 따른다. | | | | | | |
| | 8. 물건을 소중히 다루고 아껴 쓴다. | | | | | | |
| | 9. 고마워, 괜찮아, 미안해 등의 말을 적절하게 사용한다. | | | | | | |
| | 10. 혼자서 옷을 입을 수 있다. | | | | | | |
| | 11. 화장실 사용 후 뒤처리를 혼자서 한다. | | | | | | |
| 신체발달 | 1. 자세가 바르다. (앉을 때, 걸을 때, 서 있을 때). | | | | | | |
| | 2. 행동이 민첩하다. | | | | | | |
| | 3. 양발을 바꾸어 가며 계단을 오르내릴 수 있다. | | | | | | |
| | 4. 바깥놀이에 활발히 참여한다. | | | | | | |
| | 5. 한 발로 깡총 뛰기를 할 수 있다. | | | | | | |
| | 6. 공을 던지고 받을 수 있다. | | | | | | |
| | 7. 그네를 혼자 구를 수 있다. | | | | | | |
| | 8. 매트에서 구르기를 할 수 있다. | | | | | | |

| 영역 | 내용 | 1회 | 2회 | 3회 | 4회 | 5회 | 6회 |
|---|---|---|---|---|---|---|---|
| 신체발달 | 9. 손 사용에 있어서 선호도를 보인다. (왼손, 오른손) | | | | | | |
| | 10. 손잡이나 병뚜껑을 쉽게 돌린다. | | | | | | |
| | 11. 주스나 우유를 흘리지 않고 따를 수 있다. | | | | | | |
| | 12. 지퍼를 열고 잠글 수 있다. | | | | | | |
| | 13. 단추를 열고 잠글 수 있다. | | | | | | |
| | 14. 작은 물건을 집을 수 있다. (손바닥으로, 손가락으로) | | | | | | |
| | 15. 가위질을 할 수 있다. | | | | | | |
| 인지발달 | 1. 질문을 많이 한다. | | | | | | |
| | 2. 사물을 주의 깊게 본다. | | | | | | |
| | 3. 상식이 풍부하다. | | | | | | |
| | 4. 문제 상황이 생겼을 때 다양한 방법으로 해결을 시도한다. | | | | | | |
| | 5. 자연현상에 대하여 관심이 있다. (계절, 낮과 밤, 날씨, 동·식물의 변화) | | | | | | |
| | 6. 기본 도형의 이름을 안다. | | | | | | |
| | 7. 기본 색깔의 이름을 안다. | | | | | | |
| | 8. 사건을 순서에 따라 배열한다. | | | | | | |
| | 9. 사물을 한 가지 속성에 따라 분류한다. (색, 모양, 크기) | | | | | | |
| | 10. 5까지는 합리적인 수 세기를 한다. | | | | | | |
| | 11. 하루 일과의 순서를 안다. | | | | | | |
| | 12. 하루 전에 무슨 일이 일어났는지를 안다. | | | | | | |
| | 13. 사물의 수량이 많고 적음을 보고 변별한다. | | | | | | |
| | 14. 일대일 대응으로 두 집단의 수를 짝 짓는다. | | | | | | |
| | 15. 일상생활에서 사용되는 수의 활용에 관심을 갖는다. | | | | | | |
| | 16. 자신을 중심으로 위, 아래, 앞, 뒤를 구별한다. | | | | | | |
| | 17. 자신을 중심으로 왼쪽, 오른쪽을 안다. | | | | | | |

| 영역 | 내용 | 1회 | 2회 | 3회 | 4회 | 5회 | 6회 |
|---|---|---|---|---|---|---|---|
| 언어발달 | 1. 주의 깊게 듣는다. | | | | | | |
| | 2. 기초적인 낱말과 문장을 듣고 이해한다. | | | | | | |
| | 3. 분명한 발음으로 말한다. | | | | | | |
| | 4. 자신의 의견을 분명히 말한다. | | | | | | |
| | 5. 또래와 대화를 할 수 있다. | | | | | | |
| | 6. 상황에 따라 알맞게 말할 수 있다. | | | | | | |
| | 7. 이야기를 듣고 기억해내어 이야기한다. | | | | | | |
| | 8. 교사가 나타내는 신호나 지시에 따른다. | | | | | | |
| | 9. 읽어준 글을 자기 생각대로 이해하여 순서대로 말한다. | | | | | | |
| | 10. 글자에 관심을 보인다. | | | | | | |
| | 11. 글자의 기초가 되는 모양을 그린다. | | | | | | |
| | 12. 자기 이름과 간단한 글자를 읽는다. | | | | | | |
| | 13. 어른의 도움 없이 혼자 책을 읽는다. | | | | | | |
| | 14. 책 읽기를 즐겨한다. | | | | | | |
| | 15. 새로 내놓은 책에 관심을 갖는다. | | | | | | |
| | 16. 자기 이름과 간단한 글자를 쓴다. | | | | | | |
| | 17. 어른의 도움 없이 혼자 문장을 쓴다. | | | | | | |
| | 18. 연필을 바로 쥔다. | | | | | | |
| | 19. 바르게 앉아서 쓴다. | | | | | | |
| | 20. 창의적으로 이야기를 꾸며 말할 수 있다. | | | | | | |
| 부적응행동 | 1. 자기 의사를 잘 표현하지 못한다. | | | | | | |
| | 2. 다른 사람과 말할 때 마주 쳐다보지 못한다. | | | | | | |
| | 3. 다른 사람과 이야기할 때 '예, 아니요'라고만 대답한다. | | | | | | |
| | 4. 용품(크레파스, 놀잇감)이 없어도 같이 쓰자는 말을 못한다. | | | | | | |
| | 5. 친구들에게 자기감정이나 의사를 나타내지 못한다. | | | | | | |
| | 6. 낯선 사람 앞에서는 말을 못한다. | | | | | | |
| | 7. 공연히 얼굴을 붉히거나 유난히 수줍음을 탄다. | | | | | | |
| | 8. 남이 조금만 뭐라고 해도 당황하거나 쩔쩔맨다. | | | | | | |
| | 9. 어른이 조금이라도 꾸중을 하기만 하면 울기부터 한다. | | | | | | |
| | 10. 지명을 받았을 때 재촉받고서야 마지못해 일어난다. | | | | | | |
| | 11. 선생님의 질문에 알면서도 더듬거리거나 말을 하지 않는다. | | | | | | |

| 영역 | 내용 | 1회 | 2회 | 3회 | 4회 | 5회 | 6회 |
|---|---|---|---|---|---|---|---|
| 자기정체성 | 1. 엄마와 쉽게 떨어진다. | | | | | | |
| | 2. 교사에게 매달리거나 달라붙지 않는다. | | | | | | |
| | 3. 교사의 권유 없이 활동을 스스로 선택해서 논다. | | | | | | |
| | 4. 자신의 권리와 의견을 주장한다. | | | | | | |
| | 5. 자기가 하는 일에 열중한다. (집중력이 있다) | | | | | | |
| | 6. 자기가 하는 일에 자신감을 보인다. | | | | | | |
| | 7. 자기가 시작한 일을 끝마친다. | | | | | | |
| | 8. 언어와 행동이 늘 긍정적이다. | | | | | | |
| | 9. 자신의 작품에 대체로 만족한다. | | | | | | |
| 사회정서발달 | 1. 자신의 감정을 말로 표현할 수 있다. | | | | | | |
| | 2. 새로운 환경이나 교구에 흥미를 보인다. | | | | | | |
| | 3. 성격이 명랑하다. | | | | | | |
| | 4. 감정이 쉽게 바뀌는 편이다. | | | | | | |
| | 5. 혼자서 노는 편이다. | | | | | | |
| | 6. 친하게 지내는 친구가 있다. | | | | | | |
| | 7. 놀이에서 주로 지도자 역할을 한다. | | | | | | |
| | 8. 이미 진행되고 있는 놀이에 자연스럽게 끼어든다. | | | | | | |
| | 9. 문제 상황이 생겼을 때 혼자서 잘 해결한다. | | | | | | |
| | 10. 문제 상황이 생겼을 때 말로 해결한다. | | | | | | |
| | 11. 다양한 놀이에 참여한다. | | | | | | |
| | 12. 친구들의 활동을 방해하지 않는다. | | | | | | |
| 친사회성발달 | 1. 다른 사람의 감정을 이해하고 그에 맞는 말이나 행동을 한다. | | | | | | |
| | 2. 친구와 나누어 쓸 수 있다. | | | | | | |
| | 3. 친구에게 양보할 줄 안다. | | | | | | |
| | 4. 놀이나 작업을 할 때 협동을 잘한다. | | | | | | |
| | 5. 다른 사람의 부탁을 잘 들어준다. | | | | | | |
| | 6. 친구나 교사를 잘 도와준다. | | | | | | |

| 영역 | 내용 | 1회 | 2회 | 3회 | 4회 | 5회 | 6회 |
|---|---|---|---|---|---|---|---|
| 공격적인 행동 | 1. 가만히 있는 친구를 공연히 툭툭 치거나 민다. | | | | | | |
| | 2. 물건을 다른 사람에게 던진다. | | | | | | |
| | 3. 다른 사람을 발로 차거나 때린다. | | | | | | |
| | 4. 친구를 꼬집거나 깨문다. | | | | | | |
| | 5. 다른 아이가 하는 일을 건드려서 망쳐놓는다. | | | | | | |
| | 6. 친구가 가지고 놀고 있는 장난감을 빼앗는다. | | | | | | |
| 표현력과 창의력 | 1. 음악이나 악기 소리에 맞추어 몸을 움직인다. | | | | | | |
| | 2. 악기를 연주하는 일에 관심을 보인다. | | | | | | |
| | 3. 자신의 생각과 느낌을 그림으로 표현할 수 있다. | | | | | | |
| | 4. 독창적이고 다양한 형태의 표현을 시도한다. | | | | | | |
| | 5. 여러 가지 재료를 이용하여 다양한 방법으로 만들고 꾸밀 수 있다. | | | | | | |
| | 6. 역할 놀이에서 맡은 역할을 잘해낸다. | | | | | | |
| | 7. 놀이의 주제를 다양하게 선택한다. | | | | | | |

예시 1

## 학부모 상담 안내

적응기간을 마치고 자녀교육에 도움을 드리고자 다음과 같이 1학기 개별상담 시간을 마련하였습니다. 개별상담의 목적은 원과 가정에서 어떻게 생활하고 있는지 학부모와 선생님의 긴밀한 상담을 통해 보다 효과적인 교육이 이루어지도록 하는 데 있습니다. 저희 교사들은 최선을 다해 귀댁의 자녀가 건강하게 성장할 수 있도록 함께 고민하겠습니다.
아래의 내용을 확인하시고, 효과적인 상담이 진행될 수 있도록 협조 부탁드립니다.

- 상담일시: 월 일 요일 시 분
  (상담시간에 참석이 어려운 가정에서는 미리 원으로 연락주셔서 조정하여 주시기 바랍니다.)
- 상담주제: 자녀의 양육에 관한 내용(생활습관, 부모와의 관계, 성격, 또래 관계 등)
- 상담방법: 원장님과 상담 후 담임교사와의 상담이 진행됩니다.
  (상담시간: 원장님-10~15분 / 담임교사-20~30분)
- 상담준비: 효과적인 상담을 위해 아래의 설문지에 궁금하신 점이나 상담하시고자 하는 주된 내용을 기록하셔서 ○월 ○일까지 보내주시면 참고로 하겠습니다.

---------------------------- 절취선 ----------------------------

## 개별상담 설문지

| 반명: | 원아명: |
|---|---|
| 원 장 | |
| 담임교사 | |

예시 2

## 1학기 개별상담 안내

안녕하십니까?

본원에서는 유아들의 전인적인 발달을 돕기 위해 원 생활과 발달 상황에 대하여 가정과 협력하고자 개별상담의 기회와 시간을 마련하였습니다. 학부모님과 개별적으로 아래와 같이 상담할 시간을 마련하여 알려드리오니, 바쁘시겠지만 좀 더 바람직한 유아의 성장, 발달을 위하여 꼭 참석하셔서 함께 해주시기 바랍니다.

1. 상담일시: ○○○○년 ○월 ○일 ○○시 ○ ○분부터 ○시 ○○분까지

2. 장 소: 각반 교실

3. 학부모 유의사항
   - 상담날짜와 시간을 확인하여 착오가 없으시길 바랍니다.
   - 개인 상담시간은 20~25분으로 계획되었으니, 다음 학부모의 상담을 위하여 정해진 시간에 꼭 방문하시길 바랍니다.
   - 상담하시고자 하는 내용을 미리 준비하시면 좀 더 유익한 상담시간이 될 것입니다.
   - 개인 사정으로 상담시간의 조정이 필요하신 학부모님은 담임교사와 통화하시어 시간을 조정하시기 바랍니다.

※학부모님과 유익한 상담을 위하여 원에서도 유아에 대한 자료를 준비하고 기다리겠습니다.

년 월 일

원 장

예시 3

## 상담을 위한 부모면담 자료

(자료는 자세하게 기록하셔서 상담일 전까지 제출하여 주시기 바랍니다.)

유아명: ____________________ 상담참여 부모님: ______________

1. 가족상황을 적어주세요. (현재 동거인)

2. 가족 중 유아와 가장 많은 시간을 보내는 사람은 누구인가요?

3. 부모님은 어떤 취미를 가지고 있으신가요?

4. 부모님은 맞벌이십니까? 부모님이 유아와 가정에서 함께하는 시간은 얼마나 되시나요?

5. 자녀에 대해 교사가 알아야 할 중요한 사항이 있다면 무엇인가요?

6. 자녀가 좋아하는 음식과 싫어하는 음식은 무엇이나요?

7. 자녀의 식습관은 어떤가요?

8. 식습관에 대해 가정에서는 어떻게 가르치고 있으신가요?

9. 자녀의 수면습관은 어떤가요?

10. 자녀의 장점이나 단점에 대해 알고 있다면 자세하게 적어주세요.

11. 부모님의 양육태도는 민주적, 권위적, 개방적, 보수적, 무관심 중 어떤 태도를 가지고 계신가요?

12. 최근에 발견하게 된 새로운 행동이 있으신가요?

13. 가정에서 유아를 위한 학습은 어떻게 하시나요?

14. 자녀에게 바라는 점이 있으시다면 기록해주세요.

15. 교사에게 바라는 점이 있으시다면 기록해주세요.

16. 원에 바라는 점이 있으시다면 기록해주세요.

예시 4

## 개별상담 자료(A)

아동이름: 생년월일:
상 담 일: 교 실 명 :
상담교사 :

① 건강생활

| | |
|---|---|
| 교사의 관찰 및 의견 | |
| 학부모의 의견 및 관찰 | |
| 목표 | |

② 사회생활

| | |
|---|---|
| 교사의 관찰 및 의견 | |
| 학부모의 의견 및 관찰 | |
| 목표 | |

③ 표현생활

| | |
|---|---|
| 교사의 관찰 및 의견 | |
| 학부모의 의견 및 관찰 | |
| 목표 | |

④ 언어생활

| | |
|---|---|
| 교사의 관찰 및 의견 | |
| 학부모의 의견 및 관찰 | |
| 목표 | |

⑤ 탐구생활

| | |
|---|---|
| 교사의 관찰 및 의견 | |
| 학부모의 의견 및 관찰 | |
| 목표 | |

예시 5

## 개별상담 자료(B)

| 상담일: 년 월 일 | 원아명: |
|---|---|
| 원에서의 식습관 | |
| 자유선택활동 시 참여영역 | |
| 인지수업에 관한 관심도 | |
| 교사와의 상호작용 | |
| 원에서의 적응력 | |
| 사회성(친구와 어울리기) | |
| 대그룹활동 시 참여도 | |
| 기본생활습관 · 정리정돈 | |
| 음률 · 신체표현활동 | |
| 미술활동의 표현력 | |
| 교사의 중점지도사항 | |

*개별상담 내용*(교사가 학부모님께)

① 원 생활에 대해 유아가 전달하는 내용에는 어떤 점이 있습니까?(흥미도)

② 가정에서 주로 양육을 담당하시는 분은 누구입니까?

③ 가정에서의 부모님의 양육태도(교육/훈육)방법은 어떻습니까?

④ 가정에서 형제자매들과는 사이좋게 지내고 있습니까?

⑤ 부모님과 같이 하기를 좋아하는 것은 무엇입니까?

⑥ 주말에는 주로 누구와 어떻게 지내고 있습니까?

⑦ 유아가 특별하게 관심을 보이는 것은 무엇입니까?

⑧ 부모님 입장에서 유아에게 바라는 점이 있다면 무엇입니까?(중점지도 교육)

⑨ 원에 바라는 요구나 의견을 적어주세요.

예시 6

## 부모상담 시 토론할 사항

① 보여줄 자료들:

② 유아의 장점 :

③ 유아의 단점 :

④ 이전에 토론되지 않은 부모의 관심사에 대한 질문 :

⑤ 올해 교사와 부모의 목표

예시 7

## 부모상담 일지(A)

상담일자: 년 월 일

<table>
<tr><td colspan="2">아동명</td><td></td><td>생년월일</td><td></td></tr>
<tr><td colspan="2">보호자명</td><td></td><td>상담자</td><td></td></tr>
<tr><td rowspan="6">발달사항</td><td></td><td colspan="2">교사의견</td><td>부모의견</td></tr>
<tr><td>신체발달</td><td colspan="2"></td><td></td></tr>
<tr><td>인지발달</td><td colspan="2"></td><td></td></tr>
<tr><td>언어발달</td><td colspan="2"></td><td></td></tr>
<tr><td>사회성발달</td><td colspan="2"></td><td></td></tr>
<tr><td>정서발달</td><td colspan="2"></td><td></td></tr>
<tr><td colspan="2">생활습관</td><td colspan="2"></td><td></td></tr>
<tr><td colspan="2">건의사항</td><td colspan="3"></td></tr>
<tr><td colspan="2">기 타</td><td colspan="3"></td></tr>
</table>

예시 8

# 부모상담 일지(B)

<table>
<tr><td colspan="2">일 시</td><td></td><td>교 사</td><td></td></tr>
<tr><td colspan="2">유아명</td><td></td><td>생년월일</td><td>20 년 월 일 (만 세)</td></tr>
<tr><td colspan="2">참여자</td><td></td><td>형 태</td><td>방문( )<br>전화( )</td></tr>
<tr><td colspan="2">구 분</td><td colspan="2">교사의견</td><td>부모의견</td></tr>
<tr><td rowspan="5">현행수준</td><td>생활습관</td><td colspan="2"></td><td></td></tr>
<tr><td>대인관계<br>(어른, 형제, 또래)</td><td colspan="2"></td><td></td></tr>
<tr><td>발달 정도<br>(언어, 신체 등)</td><td colspan="2"></td><td></td></tr>
<tr><td>행동특성</td><td colspan="2"></td><td></td></tr>
<tr><td>기타</td><td colspan="2"></td><td></td></tr>
<tr><td colspan="2">상담하기를<br>원하는 내용</td><td colspan="2"></td><td></td></tr>
<tr><td colspan="2">종합의견</td><td colspan="3"></td></tr>
<tr><td colspan="2">건의사항</td><td colspan="3"></td></tr>
</table>

예시 9

# 학부모 상담일지

| 반명 | | 이름 | | 생년월일 | |
|---|---|---|---|---|---|
| 번호 | 상담제목 | | | 상담내용 | |
| 1 | • 원아의 원 생활에 대한 적응 정도는? (보호자 답변)<br>• 원 생활 전달 및 표현 정도 | | | | |
| 2 | • 원에 보내면서 학부모님의 느낌은? | | | | |
| 3 | • 원아의 원 생활(교사답변)<br>– 학습활동 수행능력(이해력) 및 태도<br>– 예절 및 기본생활습관<br>· 인사하기, 대소변 가리기<br>· 자기물건 챙기기, 청결하기<br>– 교우관계<br>– 놀이형태, 공격성, 협동능력<br>– 미술의 흥미도와 표현능력 및 창의성, 협동력<br>– 언어전달 프로그램<br>– 학습 교재에 대한 어머님의 견해 | | | | |
| 4 | • 가정에서 원아 생활(보호자 답변)<br>– 가정에서의 주양육자<br>– 원아 성격의 장/단점(염려되는 점)<br>– 아버지의 관심도<br>– 놀아주시거나 휴일에 보내는 시간 | | | | |
| 5 | • 단체급식 및 후식, 오후 간식<br>– 급식의 식단 및 후식<br>• 원에서 먹는 양, 편식 정도<br>– 가정에서의 식사습관 및 편식 정도 | | | | |
| 6 | • 현장학습(보호자 답변)<br>– 한 달에 몇 번 정도 희망하는가?<br>– 엄마 또는 보모와 함께하기를 희망하는 프로그램을 추천하신다면? | | | | |
| 7 | • 현재 하고 있는 특기교육은?<br>– 유난히 흥미를 보이거나 재능을 보이는 활동이 있는가?<br>– 장래에 어떻게 자라길 희망하는가? | | | | |
| 8 | • 건의사항<br>원이나 원장님, 담임교사에게 부탁하거나 건의할 점 | | | | |

예시 10

## 상담 질문지

학급명: 생년월일: 이름:

1. 가정에서 주로 양육을 담당하시는 분은 누구입니까?

2. 성장과정에서의 변화가 있었습니까?(큰병, 언어습득, 타기관 경험 등)

3. 가정에서 부모님의 양육태도(교육/훈육) 방법은 어떻습니까?

4. 원에서의 생활 태도

| 항목 평가 | 원에서의 생활<br>(교사 견해) | 가정에서의 생활<br>(부모님 견해) | 비고 |
|---|---|---|---|
| 언어 | | | |
| 인지 | | | |
| 사회성 | | | |
| 생활습관 | | | |
| 장점 | | | |

5. 중점지도를 원하는 교육은 어떤 것입니까?

6. 본원에 요구와 의견이 있습니까?

## 부모상담의 토론주제

1. 부모상담을 할 때 상담자로서 보육교사가 다루어야 할 내용의 특징을 설명하시오.

2. 유아교육기관에서 대처하게 될 수 있는 사례로서 책에 언급되지 않은 부모상담 대처방법에 대해 기술하시오. 예를 들어, '경험이 적은 교사를 아랫사람 대하듯 하는 부모를 대할 때는 어떻게 해야 할까요?' 등 예상되는 질문과 답변을 생각해 보시오.

PART IV

# 상담윤리와 전문가 연계

CHAPTER

# 12

# 발달 지원 전문가와 전문기관 현황

## 1. 발달 지원 전문가

아동발달 지원을 돕기 위해서는 다양한 전문가와 전문기관의 지원이 필요하다. 그리하여 유아교육기관에서 부모에게 전문기관을 소개하여 적절한 시기의 발달에 적합한 검사와 치료 및 교육이 이루어질 수 있도록 도울 수 있다. 아동발달을 평가하고 도움을 주는 사람들에는 다양한 사람들이 속할 수 있는데, Stephen과 Umansky(2009)에 따르면, 심리학자, 사회복지사, 간호사, 언어치료사, 영양학자, 작업치료사, 물리치료사, 소아과 의사, 부모, 보육교사 등이 포함된다. 이를 구체적으로 살펴보면 다음과 같다.

### 1) 의료전문가

아동은 특별한 건강치료 요구에 따라 다양한 의학 전문가와 관계를 맺을 수 있다. 일반적으로 아동을 담당하는 전문가들로는 이비인후과 의사(호흡계), 신경과

의사(신경계), 정형외과 의사(골격계), 심장병 전문의(혈액순환계), 내분비의사(내분비계), 안과의사(눈) 등이 있다. 따라서 다양한 의학적 요구가 있는 아동은 의료적인 상황에서 의료전문가에게 도움을 요청하며 다양한 검사를 통해 문제가 확인되면 가족은 즉시 의료 기관에서 치료를 받게 된다. 이처럼 아동의 주요한 건강관리는 소아과 의사나 소아과 전문 간호사가 주기적으로 담당하여 이루어져야 한다.

### 2) 보조의료 전문가

보조의료 전문가에는 언어치료사, 작업치료사, 물리치료사 같은 특별한 전문가들이 있다. 언어치료사는 의사소통과 구강운동 근육 문제와 관련된 장애를 다루고, 물리치료사와 작업치료사는 모두 근육운동 능력과 관련이 있다. 그러나 일반적으로 물리치료사는 주로 걷고 앉고 뛰는 것과 같은 대근육운동을 다루는 반면, 작업치료사는 밥을 먹고, 신발끈을 묶는 것 같은 소근육 운동을 다룬다. 유아의 장애 유형에 따라 다른 보조의료 전문가가 필요하기도 하다.

### 3) 정신건강 전문가

장애아 가족의 경우에, 조기중재에 참여하고 여러 형태의 사회복지 서비스를 받게 되면서 다양한 정신건강 전문가들을 만난다. 심리학자는 평가 이외에도 상담 서비스나 유아의 문제행동 치료 서비스를 제공하고, 사회복지사는 사회복지 서비스와 관련 기관들에 대해 잘 알기 때문에 자연스럽게 서비스 조정자 역할을 한다. 그래서 사회복지사는 상담과 부모훈련 등과 서비스를 제공하기도 한다.

### 4) 교육전문가

보육교사 및 유치원교사로 이뤄진 유아교육 전문가와 유아특수교육 전문가로서 유아가 주로 생활하는 어린이집이나 유치원 환경에서 만나게 된다. 유아교육 전문가는 일반 영유아 교육기관에 있지만 유아특수교육 전문가는 장애 영유아와 함께 일하기에 유아가 생활하는 환경에 따라 달라진다.

## 2. 전문기관 현황

### 1) 아동발달 지원서비스

발달 문제가 우려되는 아동의 심리적, 정서적, 행동적 문제를 해결하고 발달을 돕는 서비스이다. 서비스 대상은 우울, 불안 등 발달 문제를 가지고 있는 18세 이하 아동이다.

#### (1) 영유아발달 지원서비스

사업대상은 전국가구 월평균소득 100% 이하 만 0~6세, 영유아 검진의 발달 평가 결과 추후 검사 필요 등급을 받은 영유아 및 기타 본 서비스가 필요하다고 보건소장, 유아교육기관장이 인정하는 영유아이며, 청소년 심리지원서비스, 장애아동재활치료 등과 중복지원이 불가하다. 사업내용은 발달기초영역, 언어발달영역, 초기 인지영역, 정서, 사회성발달 영역문제를 분석하여 발달을 촉진할 수 있는 중재서비스를 설계하여 주 2회 6개월간 제공하고, 부모 상담 및 월별 보고서 작성, 송부를 통해 피드백하고 조정하는 것이다. 지원금액은 월 20만 원(정부 14~18만 원, 본인 2~6만 원, 2017년 기준)이다.

### (2) 아동정서발달 지원서비스

사업대상은 전국가구 월평균소득 100% 이하 만 8~13세, 「정신보건사업안내」의 아동, 청소년 심층사정평가도구 중 어느 하나를 활용한 검사 결과 절단점 이상인 아동(검사결과 포함) 또는 학교장, 정신보건센터장이 추천하는 학교 부적응 및 정서, 행동 문제, 문화적 소외로 어려움을 겪고 있는 아동으로 정서불안, 학습부진, 문제행동, 왕따, 은둔형 외톨이, 문화결핍 아동 등을 포함하고 있다. 사업내용은 주 1회 클래식악기교육 및 정서순화프로그램 등을 지원하고 기타 악기 무상 대여, 임상사례 지원, 일반연주회 관람(반기별), 향상음악회 참여(반기별) 등을 지원한다. 월 4회 기관방문(12개월 지원)하고 지원금액은 월 20만 원 내외(정부 14~18만 원, 본인 2~6만 원, 2017년 기준)이다.

### (3) 아동, 청소년 심리지원 서비스

사업대상은 전국가구 월평균소득 100% 이하 가정의 만 18세 이하로서 다음 중 어느 하나를 충족하는 문제행동 위험군 아동 중 서비스 지원이 우선적으로 필요하다고 판단되는 아동[단, 장애아동의 경우 발달재활서비스에서 제외되는 9개 유형(지체, 정신, 신장, 심장, 호흡기, 간장, 안면, 장루 및 요루, 간질)만 포함한다. 또한 의사 진단서, 소견서, 임상심리사 소견서, 청소년 상담사 소견서를 받은 아동, 청소년이거나, 정신보건센터장이 추천한 아동, 청소년이거나, 「초·중등교육법」에 의한 정교사, 전문상담교사, 보건교사, 유치원장, 어린이집 원장이 추천한 아동(추천 시에는 추천자가 「정신보건사업안내」의 아동, 청소년 심층사정평가 도구 중 어느 하나를 활용하여 검사한 후 절단점 이상인 경우 추천)이면 된다.

사업내용은 심리상담, 놀이치료, 미술치료, 언어치료, 인지치료 중 아동의 특성에 따라 필요한 서비스를 선별하여 지원하며, 심리검사, 부모훈련 등 부가서비스를 선택적으로 제공한다. 주 1회 기관방문(12개월 지원)으로 지원금액은: 월 16만 원(정부 12~14만 원, 본인 1~5만 원, 2017년 기준)이다.

#### (4) 인터넷 과몰입 아동청소년 치유서비스

사업 대상은 전국 가구 월평균소득 100% 이하 가정의 만 18세 이하 아동, 인터넷 중독 선별검사 결과, 고위험군, 잠재 위험군 판정을 받은 아동이다. 사업내용은 인터넷중독 위험 정도 검사, 치료설계 전일 워크숍을 하고, 심리상담(6개월), 대체활동(3개월), 맞춤형 사후관리(3개월), 가족캠프(1박 2일), 대체활동, 부모상담(월 1회)이 이루어진다. 주 1회 기관방문 (12개월 지원)이며 지원 금액은: 월 20만 원 내외(정부 14~18만 원, 본인 2~6만 원, 2017년 기준)이다.

### 2) 한국행동수정연구소 발달 지원(www.childcare.co.kr)

#### (1) 조기치료 교육

조기치료 교육의 목표는 취학 전 영유아들에게 성공적 학습에 필수적인 기능을 가르치는 것이다. 자폐 및 발달장애 아동들은 선천적 또는 후천적 결함으로 인하여 정상발달에서 크게 이탈했는데 언어발달의 지체, 인지능력의 결함, 사회정서적 미숙, 게다가 신체적 운동능력의 결함을 보이기도 한다. 더욱 심각한 것은 모든 영역에서의 발달적 결손은 새로운 장애요인으로 재투입되어 정상적 성장과 발달을 저해하는 제2차적 요인이 되어 있어 날이 갈수록 정상에서 멀어져 영원히 회복이 불가능할 수 있다.

#### (2) 취학 준비 프로그램, 취학 아동 프로그램

취학 준비 프로그램은 6세 아동을 대상으로 개별치료 형식으로 주 2회 6개월 과정으로 진행된다. 주의집중 훈련, 공부시간 늘리기, 정해진 시간에 공부하기, 읽기와 쓰기, 수 개념, 어휘력 증진과 말하기 훈련 등이 주 내용이다. 취학아동 프로그램은 특수학급 또는 특수학교에 취학한 아동을 대상으로 하며, 정해진 시간에 전문 행동분석가 또는 행동치료사가 아동의 학급에 파견되어 아동의 능력, 발달 정도, 학습 정도에 상응하는 언어, 인지, 사회적 행동의 발달을 촉진하는 학습 프로그램을 부모 및 학교 당국과의 협의하에 진행한다. 또한 학급 내에서 학습에 저해되는 여러 가지 부적응 및 문제행동을 분석하고 수정하는 역할도 수행한다.

#### (3) 부모교육 프로그램, 가족지원 프로그램

부모교육 프로그램은 장애에 대한 이해와 부모가 취할 태도, 자녀의 문제행동을 고치기 위한 행동수정의 기법 및 가정 연계 프로그램의 활용방법 등을 부모들에게 가르치기 위하여 강의, 토의, 시범과 연습, 숙제, 일방경을 통한 관찰과 수업 참여 등의 방법을 활용하여 주 1회 실시된다. 가족지원 프로그램은 장애가족으로 인하여 심리적 갈등과 고통에 시달리는 부모와 가족들을 돕기 위하여, 5~10 가족(부모, 형제, 가능하면 아동 자신도 포함)으로 집단을 구성하여 주말 모임을 갖는다. 주제는 매 회기마다 다르지만 주로 가족 자신들이 가지고 있는 문제를 확인하고, 해결방안을 모색하고, 또 가족자원 및 지역사회 자원의 활용방안을 탐색하도록 돕는 프로그램이다. 시범, 연습, 역할놀이 등이 적절히 활용된다.

#### (4) 전문기 훈련 프로그램

자폐 및 발달장애아의 조기 치료와 교육현장에서 전문직을 수행할 교사들을 대상으로 부적응행동의 분석과 행동수정 기법, 발달적 결손행동의 진단과 조기 치료교육을 위한 개별화 프로그래밍 기법 등을 워크숍 및 현장실습을 통하여 8주 과정으로 진행된다. 워크숍은 이론 강의, 토론, 역할놀이, 연습, 숙제 등으로 구성되며, 실습은 본 연구소의 조기치료교육원이나 수강생이 근무하는 시설에서 시행됩니다. 그리고 그 결과에 대하여 매주 토론하고 수퍼비전을 받도록 한다

### 3) 아동발달 지원센터: 우석대 산학협력단

환경(빈곤, 다문화, 조손, 한 부모, 대체가정 등)에 의해 잠재적 발달문제를 가질 가능성이 높은 취약계층 아동이 정상적인 발달을 도모하고 건강한 사회 구성원으로서 성장하여 미래통합에 기여하도록 하는 것을 목적으로 다음과 같은 세부 목표를 갖는다. 첫째, 환경적 위험을 가진 취약계층 아동의 언어, 인지, 운동, 정서 및 행동 발달을 조기에 선별하고 중재(교육)하여 정상적인 사회화를 촉진할 수 있는 맞춤형 서비스 지원이다. 둘째, 전문 아동 관련 서비스가 절대적으로 부족한 전라북도 내 소외지역에 본 서비스 확대를 통해 읍, 면, 리까지 '찾아가는 방문서비스' 실시한다. 셋째, 환경으로 인한 발달지체 위험성이 높은 아동의 정상적 발달촉진을 위해 부모 및 관련교사를 대상으로 한 양육과 교육에 대한 방향성을 제시한다. 넷째, 환경적 위험을 가진 취약계층 아동의 전반적인 발달 문제를 이해하고 체계적인 선별과 중재서비스를 제공할 수 있는 전문인력을 양성한다.

### 4) 발달 지원 서비스 종류

#### (1) 놀이치료

놀이라는 아동의 자연적인 의사소통의 매개체를 통해서 치료사는 아동의 감정, 사고, 경험, 행동을 탐색하고 아동이 충분히 표현하도록 표현을 존중하고 수용 및 격려해준다. 아동의 아픔과 어려움을 표현하게 함으로써 자기를 이해하며 스스로 조절해 나갈 수 있도록 한다. 놀이치료는 충분히 표현할 수 있는 놀이를 통해서 아동이 행동 전체에 반응할 수 있는 기회를 준다(김순혜, 2004). 또한 놀이를 통해 아동이 스스로의 문제를 해결할 수 있는 조절을 하게 되고 그로 인해 건강한 성장과 발달을 이룰 수 있도록 도움을 준다.

### (2) 모래놀이치료

모래놀이치료는 모래상자라고 하는 도구를 이용하여 아동이 내면에 가지고 있는 슬픔, 기쁨, 갈등, 분노, 불안, 즐거움 등을 표현함으로써 아동을 치료하는 데 목적을 두고 있다(김순혜, 2004). 즉, 모래가 담긴 상자 안에 다양한 놀잇감을 배열하고 놀이하면서, 아동 자신의 무의식 속에 담긴 내면을 끌어올리고 이를 치료사가 함께 이야기하면서 치유할 수 있도록 하는 기법이다.

모래놀이치료 과정에서 소품을 어느 정도 갖추고 있어야 하는 기준이 있는 것은 아니지만 아동이 자신이 생각하는 이미지와 일치하는 상징물이 있어야 하므로 준비해 놓는 것이 좋다.

### (3) 언어치료

언어장애란 자신이 말하는 것을 듣는 사람이 이해하는 데 어려움을 겪고 있거나, 혹은 다른 사람에게 자신의 의도를 어떤 식으로 적절하게 표현해야 하는지 모를 것을 의미한다(김춘경, 2004). 따라서 언어치료는 조기에 발견하여 어떤 문제로 인해 발생했는지 원인을 파악하고 이에 맞는 적절한 치료와 교육을 실시해야 하며, 상황에 따라서는 부모상담과 교육을 통하여 근본적인 원인을 파악하고 아동이 언어장애가 왜 발생했는지 알아보고 일상생활에서 언어발달을 촉진할 수 있는 방안을 강구할 수 있어야 한다.

### (4) 음악치료

음악치료란 음악치료 전문가가 음악을 이용하여 내담자의 마음을 함께 교감함으로써 내담자의 감정을 긍정적이고 안정적인 심리상태로 도와주는 치료법이다. 음악치료는 스트레스하의 고통으로부터 신체적, 정신적, 감정적 이상상태를 이루게 해주며 다양한 도구들을 이용하여 정서를 안정시키고, 자신의 무의식의 내면을 의식으로 표출하게 함으로써 자기 이해를 확장시킬 수 있는 장점이 있다

### (5) 미술치료

미술치료는 미술 작업을 통하여 정서적 갈등과 심리적 증상을 완화시키고 창조적으로 생활할 수 있도록 도와주는 심리치료법이다(김순혜, 2004). 미술 매체를 통한 심리치료가 가능한 것은 매체를 이용한 창작이 주관적 경험으로 개인에 따라 다양하게 표현되기 때문에 개인의 갈등적인 심리, 정서 상태를 파악하여 스스로 느낄 수 있는 작업을 통하여 갈등요소를 경감시키거나 제거시킬 수 있기 때문이다.

**|표 12-1| 장애아동 지원센터 구분**

| 구분 | 명칭 | 내용 및 특성 | 사이트 주소 |
|---|---|---|---|
| 지원 기관 | 한국교육, 보육지원 아동발달 지원연구소 | • 장애아동과 청소년 및 그 가족들의 재활 및 복지향상을 위한 치료교육과 상담 관련 연구 단체 | http://www.childsupport.re.kr/ |
| | 중앙장애아동, 발달 장애인 지원센터 | • 지체별로 지원센터 설치됨<br>• 영유아기, 학령기 등 모든 생애주기별 서비스 분야 제시 | http://www.broso.or.kr |
| | 한국발달 장애인가족연구소 (제나프라이드) | • 발달장애인과 그 가족을 위한 조사연구사업, 프로그램 실시 기관 | http://www.genapride.org/ |
| | 이화여자대학교 발달장애아동센터 | • 장애아동의 조기 발견 및 진단, 개별 아동에 대한 체계적 교육 및 치료프로그램 실시하는 센터 | http://home.ewha.ac.kr/~ disabled/ |
| 온라인 커뮤니티 | 발달장애 정보나눔터 | • 발달장애자녀를 둔 부모들을 중심으로 운영되는 온라인 카페<br>• 발달장애 자녀 치료, 교육, 자립 등 관련 정보 공유 | http://cafe.daum.net/jape1234/ |
| 의료 기관 | 서울시 어린이병원 | • 발달장애 아동 재활치료 및 발달지연 아동 낮병동 운영 등 저소득층 어린이를 위한 보건 의료서비스 제공 | http://childhosp.seoul.go.kr |
| | 서울시 은평병원 어린이발달센터 | • 발달 지연 등을 보이는 아동의 조기진단, 치료 중심의 전문치료센터 | http://blog.daum.net/ephosp |

| 구분 | 명칭 | 내용 및 특성 | 사이트 주소 |
|---|---|---|---|
| 정책 개발, 지원 | 한국장애인 개발원 | • 장애인 재활체육, 문화복지, 일자리지원 등 사업 안내 및 정책자료 수록. | http://www.koddi.or.kr/ |
| | 한국보건복지 정보개발원 | • 사회복무 교육, 정책연계, 협력 등 사업 및 학습 지원 안내. | http://www.khwis.or.kr/ |
| | 한국보육 진흥원 | • 보육시설평가인증, 보육인력지원, 육아 지원 등 사업 안내. | https://www.kcpi.or.kr |
| | 한국건강 가정진흥원 | • 건강가정, 다문화가족, 가족친화센터 등 주요사업 및 가족정책 정보 등 안내. | http://www.kihf.or.kr/ |
| | 한국사회복지 협의회 | • 조사연구, 국제협력, 지방협의회육성 등 주요사업 안내. | http://kncsw.bokji.net |
| 교육, 보육 지원 | 국립특수교육원 | • 특수교육 관련 연구, 정책개발, 교육과정 및 교과서 개발 등 수행 | http://www.knise.kr/index_http.jsp |
| | 특수교육 지원 센터 지원사이트 | • 장애학생 교육,특수교육지원센터 관련 정보 공유를 위한 사이트 | http://support.knise.kr |
| | 에듀에이블 | • 온라인 특수교육 커뮤니티, 시각, 청각, 정신지체 장애 교육용 프로그램, 학습 자료 제공 | www.eduable.net |
| 학회 | 한국유아특수 교육학회 | • 유아특수교육 관련 학술연구 단체 | http://www.kecse.org/ |
| | 한국특수교육 총연합회 | • 특수교육 관련 장애별, 직종별 단체 연합 단체 | http://kase.or.kr/ |
| | 한국학습 장애학회 | • 학습장애 연구 및 교육, 특수교사 교육 및 관련 전문가 양성 등 | http://www.korealda.or.kr/ |
| | 한국통합 교육연구회 | • 장애 학생의 통합교육에 대한 학술연구를 진행하는 학회 | http://inclusion.co.kr/ |

| 구분 | | 명칭 | 내용 및 특성 | 사이트 주소 |
|---|---|---|---|---|
| 홈스쿨링 | 전연령 | 중앙교수<br>학습센터<br>멀티미디어<br>학습자료(에듀넷) | • 가정에서 활용가능한 영어, 한자, 미술활동 등 영상자료 및 활동지를 제공하는 사이트<br>–셀프러닝(무료회원가입 후 이용) 메뉴에서 이용 | http://www.edunet4u.net |
| | | 지니키즈<br>(㈜지니 키즈) | • 놀이와 함께 창의성, 지능, 학습능력을 발달시키는 인터넷 학습 사이트<br>–만 3~9세까지 개인별 놀이학습 콘텐츠 제공 | http://www.genikids.com |
| | 0~만 6세 유아 | 키드키즈<br>(㈜키드 키즈) | • 동요, 동영상, 애니메이션, 활동지, 사진, 학습지 등 가정에서 활용가능한 자료 수록(클립자료실 참조)<br>–회원등급제 운영(무료회원은 콘텐츠 이용 제한) | http://www.kidkids.net |
| | | 에듀 아이캔<br>(㈜중앙 에듀,<br>중앙아동연구소) | • 유아를 위한 멀티미디어 교육자료 제공<br>–연회비 납부 시 모든 프로그램 이용 가능(플래시 동영상 제외) | http://www.eduican.com |
| | | 재미나라<br>(㈜한솔교육) | • 만 2~5세 대상의 생활습관 콘텐츠, 동요 · 동화 · 한자 · 과학 분야 맛보기 콘텐츠 무료 이용 가능<br>–'프린트 나라' 메뉴의 콘텐츠는 종이 출력해 활용가능 | http://www.jaeminara.co.kr |
| | 초등 이상의 장애 아동 | 키세넷<br>(경기도 교육청 운영) | • 특수교육대상 학생 및 학부모, 교사에게 유용한 정보 제공(정책, 법령, 교과별 학습자료 등) | http://www.kysenet.org/ |
| | | 꿀맛닷컴(서울시<br>교육연구정보원<br>교수학습지원센터) | • 초 · 중 · 고등학생을 대상 교과별 학습자료 제공<br>–단원별, 학기별 진단검사 결과에 따른 상담 지원 | http://www.kkulmat.com |
| | | 오메가창의력교실<br>(㈜티나라 교육) | • 초등교육용 자료 제공하며, 학생들의 흥미를 유도하는 학습서비스 제공<br>(*무료회원 시, 이용 제한 있음. 전체 자료 열람 원하는 경우, 유료 정회원 등록 후 이용해야 함) | http://www.omegaedu.co.kr |

<table>
<tr><th>구분</th><th>명칭</th><th>내용 및 특성</th><th>사이트 주소</th></tr>
<tr><td rowspan="3">장애아동 · 발달장애인 지원 정보 제공 해외 사이트</td><td>미국 연방정부의 발달장애인국</td><td>• 당사자, 가족, 전문가를 위한 정보 제공</td><td>http://www.acf.hhs.gov/programs/add/</td></tr>
<tr><td>영국 발달장애인 지원 및 권리옹호 조직</td><td>• 당사자, 가족, 전문가를 위한 정보 제공</td><td>http://www.mencap.org.uk/</td></tr>
<tr><td>미국의 장애아동 지원 사이트</td><td>• 장애아동과 관련한 법, 권리, 조기개입, 특수교육, 관련 기관 안내</td><td>http://nichcy.org/</td></tr>
<tr><td>광역 지방자치 단체 장애인 정책 안내 홈페이지</td><td colspan="3">특별시 | [서울시] 장애인 홈페이지<br><br>광역시<br>| [부산시] 장애인 홈페이지<br>| [대구시] 장애인 정책 안내 페이지<br>| [인천시] 장애인 사이트<br>| [대전시] 장애인 정책 안내 페이지<br>| [광주시] 장애인 정책 안내 페이지<br>| [울산시] 장애인 상담 페이지 *관련 상담만 가능<br><br>도<br>| [경기도] 장애인 홈페이지<br>| [강원도] 장애인 정책 안내 페이지<br>| [충청북도] 장애인 홈페이지<br>| [충청남도] 통합복지 홈페이지<br>| [전라북도] 장애인 홈페이지 http://friend.jeonbuk.go.kr/<br><br>| [전라남도] 장애인사랑나눔터<br>| [경상북도] 장애인 정책 안내 페이지<br>| [경상남도] 장애인 정책 안내 페이지<br><br>특별자치행정구역(시/도)<br>| [제주도] 장애인 홈페이지<br>| [세종시] 사회복지 홈페이지</td></tr>
</table>

**|표 12-2| 전북권 장애아동상담지원센터**

| 구분 | 명칭 | 내용 및 특성 |
|---|---|---|
| 전주 지원 센터 | 전주은화특수교육지원센터 | 발달, 특수교육 |
| | 특수심리, 운동발달센터 | 발달, 특수교육 |
| | 하늘땅발달센터 | 발달 지원 |
| | 동그라미아동발달센터 | 발달 지원 |
| | 아이세움언어발달센터 | 발달 지원 |
| | 전주아동발달센터 | 발달 지원 |
| | 쉐마언어발달센터 | 발달 지원 |
| | 전주우리언어감각발달센터 | 발달 지원 |
| | 해맑은아동심리발달센터 | 발달 지원 |
| | 희망터슬링운동센터 | 발달 지원 |
| | 밝은언어심리센터 | 발달 지원 |
| | 전주 마라아동청소년상담센터 | 발달 지원, 상담 |
| 전주 아동 병원 | 다솔아동병원 | 소아과 진료 및 상담, 치료 |
| | 미르아동병원 | |
| 시군구 지원 센터 | 이랑아동발달통합지원센터 | 발달 지원 |
| | 부안아동발달 지원센터 | 발달 지원 |
| | 맑은소리언어인지발달센터 | 발달 지원 |
| | 에디슨아동발달센터 | 발달 지원 |
| | 남원아동발달센터 | 발달 지원 |
| | 그린맘심리발달연구소 | 발달 지원 |
| | 아이소리지역아동센터 | 발달 지원 |
| | 피터팬음악놀이치료센터 | 발달 지원 |
| | 이샘언어학습놀이발달센터 | 발달 지원 |

## 발달 지원 전문가와 전문기관 현황의 토론주제

1. 우리 지역에 있는 유아 발달을 돕는 기관을 조사하여 특징을 기술하시오.

2. 여러분 주변의 아동을 발달 지원 전문가에게 의뢰한다고 가정하고, 한 기관을 선택하고 왜 그 아동을 그 기관에게 의뢰하고 싶은지 적어보시오.

CHAPTER

13

# 상담윤리와 법적 조항

## 1. 아동상담의 윤리

아동상담에서 윤리적인 문제들은 도덕적 의무와 책임에 대한 개인적인 기준과 직업적인 기준에서 비롯된다(Schmidt & Meara, 1984). 이에 상담자가 윤리적으로 지켜야 할 의무사항은 상담에서 알게 된 정보에 대해 비밀유지 해야 하며, 부수적인 사항으로 내담자 사생활에 대한 보장, 상담 내용을 기록한 파일에 대해 관리해야 하는 것이다. 상담과정에서 오고 간 모든 말은 비밀을 유지해야만 하는데, 대부분 내담자에게 기밀엄수의 원칙을 설명해주며, 일부 상담자는 타인에게 상담 내용에 대해 비밀 누설해서는 안 된다(구은미·박성혜·이영미·이혜경, 2014). 또한 아동이 이야기하는 과정에서 잘못한 행동에 대해서는 비난하거나 가르치려고 하면서 판단하려고 해서도 안 된다.

이처럼 아동을 상담하는 것은 아동의 생각이나 행동을 판단하지 않고 비밀을 말하지 않는 등 상담자가 가져야 할 개인적이고 전문적인 윤리의식이 필요하다. 물론 모든 전문직은 전문지식과 훈련을 필요로 하고, 그 결과가 미치는 영향이 크기 때문에 직업윤리는 중요하다. 특히 아동상담은 때로는 아동의 이야기를 들을 때 상담자의 가치와 갈등을 빚는 경우에도 발생하는데, 그러한 상황에서도 열린 마음으로 수용하면서 들어주어야 할 것이다.

미국은 상담자의 윤리적 문제를 상담협회, 심리협회, 사회사업가협회의 윤리기준에 기초하여 평가되며 관리된다. 우리나라는 상담관련학회를 중심으로 마련하고 있다. 윤리강령의 구성요소를 살펴보면 다음과 같다.

|표 13-1| 윤리강령의 구성요소

| ACA(미국상담협회) | APA(미국심리협회) | 한국상담심리학회 |
|---|---|---|
| • 상담관계<br>• 비밀노트<br>• 전문적 책임<br>• 다른 전문가들과의 관계<br>• 평가, 요구조사, 해석<br>• 교수, 훈련 그리고 감독<br>• 연구와 출판<br>• 윤리적 논제 결정 | • 일반규범<br>• 감정, 평가 및 중재<br>• 광고 및 기타 공적 진술<br>• 치료<br>• 사생활과 비밀보호<br>• 교육, 훈련, 지도, 감독, 연구, 발표<br>• 법정 활동<br>• 윤리문제 해결 | • 전문가의 태도<br>• 사회적 책임<br>• 인간 권리와 존엄성에 대한 존중<br>• 상담관계<br>• 정보의 비밀<br>• 상담연구<br>• 심리검사<br>• 윤리문제 해결 |

출처: 최원호(2008).

심리상담 전문가 윤리강령으로 한국 상담심리치료학회(2015)에서 언급한 항목은 사회관계, 정보의 보호, 내담자의 복지, 상담관계, 상담연구, 심리검사, 타 전문직과의 관계, 윤리문제 해결이며 이를 구체적으로 살펴보면 다음과 같다.

## 1) 사회관계

- 상담자는 자기가 속한 기관의 목적 및 방침에 모순되지 않는 활동을 할 책임이 있다. 만일 그의 전문적 활동이 소속기관의 목적과 모순되고, 윤리적 행동기준에 관하여 직무수행 과정에서의 갈등을 해소할 수 없을 경우에는 그

소속 기관과의 관계를 종결해야 한다.

- 상담자는 사회윤리 및 자기가 속한 지역사회의 도덕적 기준을 존중하며, 사회 공익과 자기가 종사하는 전문직의 올바른 이익을 위하여 최선을 다한다.
- 상담자는 자기가 실제로 갖추고 있는 자격 및 경험의 수준을 벗어나는 인상을 타인에게 주어서는 안 되며, 타인이 실제와 다른 인식을 가지고 있을 경우 이를 시정해줄 책임이 있다.

## 2) 정보의 보호

- 상담자는 사생활과 비밀유지에 대한 내담자의 권리를 최대한 존중해야 할 의무가 있다.
- 상담자는 내담자에 대한 상담 기록 및 보관을 윤리 규준에 따라 시행한다. 또한 상담자는 녹음 및 기록에 관해 내담자의 동의를 구해야 한다.
- 상담자는 아래와 같은 내담자 개인 및 사회에 임박한 위험이 있다고 판단될 때 매우 조심스러운 고려 후에, 내담자에 관한 정보를 적정한 전문인 혹은 사회 당국에 제공한다. 이런 경우 상담 시작 전에 이러한 비밀보호의 한계를 알려준다.
  ① 내담자의 생명이나 사회의 안전을 위협하는 경우
  ② 내담자가 감염성이 있는 치명적인 질병이 있다는 확실한 정보를 가졌을 경우
  ③ 법적으로 정보의 공개가 요구되는 경우
- 상담자는 내담자에 대한 정보를 동료상담자 혹은 수퍼바이저에게 제공할 경우 사실적이고 객관적인 정보로 구성하며, 내담자의 구체적 신분에 대해 파악할 수 없도록 할 책임이 있다. 더 많은 사항을 밝히기 위해서는 사적인 정보의 공개에 앞서 내담자에게 알린다.

• 내담자에 관한 정보를 교육 및 연구의 목적으로 사용할 경우에는 내담자와 합의를 거쳐야 하며, 그의 신분이 전혀 노출되지 않도록 해야 한다.

## 3) 내담자의 복지

• 상담자는 상담활동의 과정에서 소속 기관 및 비전문인과의 갈등이 있을 경우, 내담자의 복지를 우선적으로 고려하고 자신의 전문적 집단의 이익은 부차적인 것으로 간주한다.
• 내담자에게 적절한 전문적인 도움을 주는 것이 어렵다고 판단되면 상담자는 상담관계를 시작하지 말아야 하며, 이미 시작된 상담관계인 경우는 즉시 종결하여야 한다. 이 경우 상담자는 내담자에게 적절한 다른 대안을 제시해 주어야 한다.
• 상담자는 상담의 목적에 위배되지 않는 경우에 한하여 검사를 실시하거나 내담자 이외의 관련 인물을 면접한다.

## 4) 상담관계

• 상담자는 내담자와의 친밀한 관계를 인식하고, 내담자에 대한 존중감을 유지하며 내담자를 이용하여 상담자 개인의 필요를 충족하고자 하는 활동 및 행동을 해서는 안 된다.
• 상담자는 상담 전에 상담관계에 영향을 줄 수 있는 상담의 목표, 기술, 규칙, 한계 등에 관해서 내담자에게 알려 주어야 한다.
• 상담자는 객관성과 전문적인 판단에 영향을 미칠 수 있는 이중 관계를 피해야 한다. 단 내담자의 복지를 위해 상담자와 내담자가 사전 동의를 한 경우와 그에 대한 자문이나 수퍼비전이 병행될 때는, 상담관계를 맺을 수도 있다.
• 상담자는 내담자와 어떤 형태의 성적 관계도 가져서는 안 된다. 상담자는 내

담자와 성적 관계를 맺었거나 유지하는 경우 상담 관계를 형성해서는 안 된다. 특히 상담관계가 종결된 이후에도 최소 2년 내에는 내담자와 성적 관계를 맺지 않는다.

### 5) 상담연구

- 상담연구자는 연구의 결과가 상담의 이론과 실제에 바람직한 기여를 하도록 노력해야 하고, 연구로 인한 문제에 대해 책임을 져야 한다.
- 상담연구자는 피험자에게 연구의 필요성을 포함하여 연구에 관한 전반적인 사항에 대해 상세히 설명하여 동의를 얻어야 하며, 그들이 자발적으로 연구에 참여하도록 해야 한다.
- 연구결과를 발표할 때에는 그 결과와 관련된 모든 정보를 정확하게 서술해야 하며, 객관적이고 공정한 발표가 되게 하고, 연구결과가 다른 상담자의 연구를 위한 자료가 될 수 있도록 해야 한다.

### 6) 심리검사

- 상담자는 내담자의 환경(사회적, 문화적, 상황적 특성 등)과 개별적 특성을 고려한 후, 내담자를 조력하기 위한 목적에 적합한 심리검사를 선택해야 한다.
- 심리검사를 실시할 때에는 자격이 있는 사람이 표준화된 절차에 따라 실시해야 하며, 그 과정을 경시해서는 안 된다.
- 상담자는 내담자에게 심리검사 결과를 수치만을 알리거나 제3자에게 알리는 등 검사결과가 잘못 통지되지 않도록 해야 한다.

## 7) 타 전문직과의 관계

- 상담자는 상호 합의한 경우를 제외하고는 타 전문인으로부터 도움을 받고 있는 내담자를 대상으로 상담을 하지 않는다. 공동으로 도움을 줄 경우에는 타 전문인과의 관계와 조건에 관하여 분명히 할 필요가 있다.
- 상담자는 자기가 아는 전문/비전문인의 윤리적 행동에 관하여 중대한 의문을 발견했을 경우, 그러한 상황을 시정하는 노력을 할 책임이 있다.
- 상담자는 자신의 전문적 자격이 타 전문분야에서 오용되는 것에 적절하게 대처하며, 자신의 이익을 위해 타 전문직을 손상시키는 언어 및 행동을 삼간다.

## 8) 윤리문제 해결

- 상담자는 윤리강령 및 시행세칙을 숙지하고 이를 실천할 의무가 있다.
- 상담자는 학회의 윤리 강령뿐만 아니라 상담관련 타 전문기관의 윤리 규준에 대해서도 충분히 이해하고 있어야 한다. 상담자에게 주어진 윤리적 책임에 대한 지식의 결여와 이해 부족이 상담자의 비윤리적 행위에 대한 면책사유가 되지 않는다.
- 상담자가 윤리적인 문제에서 의구심을 유발하는 근거가 있을 때, 윤리위원회는 본 윤리강령 및 시행세칙에 따라 적절한 조치를 취할 수 있다.
- 상담자는 윤리강령을 위반한 것으로 지목되는 사람에 대해 윤리위원회의 조사, 요청, 소송절차에 협력한다. 또한 자신이 연루된 사안의 조사에도 적극 협력해야 한다. 아울러 윤리문제에 대한 불만접수로부터 불만사항 처리가 완료될 때까지 학회와 윤리위원회에 협력하지 않는 것 자체가 본 윤리강령의 위반이며, 위반 시 징계 등 상응하는 조치를 취할 수 있다.

「아동복지법」은 2017년 10월 24일 일부 개정(2018년 4월 25일 시행)되었고, 「아동복지법」에서 아동상담 관련 법적 조항은 다음과 같다.

**제3조 (정의)**

⑪ "아동복지시설 종사자"란 아동복지시설에서 아동의 상담·지도·치료·양육, 그 밖에 아동의 복지에 관한 업무를 담당하는 사람을 말한다.

**제4조 (국가와 지방자치단체의 책무)**

① 국가와 지방자치단체는 아동의 안전·건강 및 복지 증진을 위하여 아동과 그 보호자 및 가정을 지원하기 위한 정책을 수립·시행하여야 한다.

⑥ 국가와 지방자치단체는 아동의 보호자가 아동을 행복하고 안전하게 양육하기 위하여 필요한 교육을 지원하여야 한다. 〈2018. 3. 23 시행〉

**제13조 (아동복지전담공무원)**

② 전담공무원은 「사회복지사업법」 제11조에 따른 사회복지사의 자격을 가진 사람으로 하고 그 임용 등에 필요한 사항은 해당 시·도 및 시·군·구의 조례로 정한다.

③ 전담공무원은 아동에 대한 상담 및 보호조치, 가정환경에 대한 조사, 아동복지시설에 대한 지도·감독, 아동범죄 예방을 위한 현장확인 및 지도·감독 등 지역 단위에서 아동의 복지증진을 위한 업무를 수행한다.

④ 관계 행정기관, 아동복지시설 및 아동복지단체(아동의 권리를 보장하고 복지증진을 목적으로 설립된 기관 및 단체를 말한다. 이하 같다)를 설치·운영하는 자는 전담공무원이 협조를 요청하는 경우 정당한 사유가 없는 한 이에 따라야 한다. 〈개정 2016. 3. 22.〉

**제15조 (보호조치)**

① 시·도지사 또는 시장·군수·구청장은 그 관할 구역에서 보호대상아동을 발견하거나 보호자의 의뢰를 받은 때에는 아동의 최상의 이익을 위하여 대통령령으로 정하는 바에 따라 다음 각 호에 해당하는 보호조치를 하여야 한다. 〈개정 2014. 1. 28.〉

1. 전담공무원 또는 아동위원에게 보호대상아동 또는 그 보호자에 대한 상담·지도를 수행하게 하는 것
4. 보호대상아동을 그 보호조치에 적합한 아동복지시설에 입소시키는 것
5. 약물 및 알코올중독, 정서·행동·발달 장애, 성폭력·아동학대 피해 등으로 특수한 치료나 요양 등의 보호를 필요로 하는 아동을 전문치료기관 또는 요양소에 입원 또는 입소시키는 것

② 시·도지사 또는 시장·군수·구청장은 제1항 제1호 및 제2호의 보호조치가 적합하지 아니한 보호대상아동에 대하여 제1항 제3호부터 제6호까지의 보호조치를 할 수 있다. 이 경우 제1항 제3호부터 제5호까지의 보호조치를 하기 전에 보호대상아동에 대한 상담, 건강검진, 심리검사 및 가정환경에 대한 조사를 실시하여야 한다. 〈개정 2016. 3. 22.〉

③ 시·도지사 또는 시장·군수·구청장은 제1항에 따른 보호조치를 하려는 경우 보호대상아동의 개별 보호·관리 계획을 세워 보호하여야 하며, 그 계획을 수립할 때 해당 보호대상아동의 보호자를 참여시킬 수 있다. 〈신설 2016. 3. 22.〉

④ 시·도지사 또는 시장·군수·구청장은 제1항 제3호부터 제6호까지의 보호조치를 함에 있어서 해당 보호대상아동의 의사를 존중하여야 하며, 보호자가 있을 때에는 그 의견을 들어야 한다. 다만, 아동의 보호자가 「아동학대범죄의 처벌 등에 관한 특례법」 제2조 제5호의 아동학대 행위자인 경우에는 그러하지 아니한다. 〈개정 2014. 1. 28., 2016. 3. 22.〉

⑤ 시·도지사 또는 시장·군수·구청장은 제1항 제3호부터 제6호까지의 보호조치

를 할 때까지 필요하면 제52조 제1항 제2호에 따른 아동일시보호시설에 보호대상아동을 입소시켜 보호하거나, 적합한 위탁가정 또는 적당하다고 인정하는 자에게 일시 위탁하여 보호하게 할 수 있다. 이 경우 보호기간 동안 보호대상아동에 대한 상담, 건강검진, 심리검사 및 가정환경에 대한 조사를 실시하고 그 결과를 보호조치 시에 고려하여야 한다. 〈개정 2016. 3. 22.〉

⑥ 시·도지사 또는 시장·군수·구청장은 그 관할 구역에서 약물 및 알코올 중독, 정서·행동·발달 장애 등의 문제를 일으킬 가능성이 있는 아동의 가정에 대하여 예방차원의 적절한 조치를 강구하여야 한다. 〈개정 2016. 3. 22.〉

⑦ 누구든지 제1항에 따른 보호조치와 관련하여 그 대상이 되는 아동복지시설의 종사자를 신체적·정신적으로 위협하는 행위를 하여서는 아니 된다. 〈개정 2016. 3. 22.〉

⑧ 시·도지사 또는 시장·군수·구청장은 아동의 가정위탁보호를 희망하는 사람에 대하여 범죄경력을 확인하여야 한다. 이 경우 본인의 동의를 받아 관계기관의 장에게 범죄의 경력 조회를 요청하여야 한다. 〈개정 2016. 3. 22.〉

⑨ 가정위탁지원센터의 장은 위탁아동, 가정위탁보호를 희망하는 사람, 위탁아동의 부모 등의 신원확인 등의 조치를 시·도지사 또는 시장·군수·구청장에게 협조 요청할 수 있으며, 요청을 받은 시·도지사 또는 시장·군수·구청장은 정당한 사유가 없는 한 이에 응하여야 한다. 〈개정 2016. 3. 22.〉

⑩ 제2항 및 제5항에 따른 상담, 건강검진, 심리검사 및 가정환경에 대한 조사, 제8항에 따른 범죄경력 조회 및 제9항에 따른 신원확인의 요청 절차·범위 등에 필요한 사항은 대통령령으로 정한다. 〈개정 2016. 3. 22.〉

[시행일: 2018. 3. 23.] 제15조

**제15조의2(사회보장정보시스템의 이용)**

시·도지사 또는 시장·군수·구청장은 「사회보장기본법」 제37조 제2항에 따라 설치된 사회보장정보시스템을 이용하여 제15조에 따른 보호대상아동에 대한 상담,

건강검진, 심리검사, 가정환경에 대한 조사 및 개별 보호·관리 계획 등 보호조치에 필요한 정보를 관리하여야 한다.

[본조신설 2016. 3. 22.]

[시행일: 2019. 3. 23.] 제15조의2

**제29조2 (아동학대 행위자에 대한 상담·교육 등의 권고)**

아동보호전문기관의 장은 아동학대행위자에 대하여 상담·교육 및 심리적 치료 등 필요한 지원을 받을 것을 권고할 수 있다. 이 경우 아동학대행위자는 정당한 사유가 없으면 상담·교육 및 심리적 치료 등에 성실히 참여하여야 한다. 〈개정 2016. 3. 22.〉

[본조신설 2014. 1. 28.]

**제36조 (보건소)**

1. 아동의 전염병 예방조치
2. 아동의 건강상담, 신체검사와 보건위생에 관한 지도
3. 아동의 영양개선

**제46조 (아동보호전문기관의 업무)**

① 중앙아동보호전문기관은 다음 각 호의 업무를 수행한다. 〈개정 2014. 1. 28.〉

5. 상담원 직무교육, 아동학대예방 관련 교육 및 홍보

② 지역아동보호전문기관은 다음 각 호의 업무를 수행한다. 〈개정 2014. 1. 28., 2016. 3. 22.〉

2. 피해아동상담·조사를 위한 진술녹화실 설치·운영
3. 피해아동, 피해아동의·가족 및 아동학대행위자를 위한 상담·치료 및 교육

**제49조 (가정위탁지원센터의 업무)**

① 중앙가정위탁지원센터는 다음 각 호의 업무를 수행한다.

5. 상담원에 대한 교육 등 가정위탁에 관한 교육 및 홍보

② 지역가정위탁지원센터는 다음 각 호의 업무를 수행한다.

2. 가정위탁을 하고자 하는 가정에 대한 조사 및 가정위탁 대상 아동에 대한 상담

**제52조 (아동복지시설의 종류)**

① 아동복지시설의 종류는 다음과 같다. 〈개정 2016. 3. 22.〉

6. 아동상담소: 아동과 그 가족의 문제에 관한 상담, 치료, 예방 및 연구 등을 목적으로 하는 시설
7. 아동전용시설: 어린이공원, 어린이놀이터, 아동회관, 체육·연극·영화·과학실험전시 시설, 아동휴게숙박시설, 야영장 등 아동에게 건전한 놀이·오락, 그 밖의 각종 편의를 제공하여 심신의 건강유지와 복지증진에 필요한 서비스를 제공하는 것을 목적으로 하는 시설

② 제1항에 따른 아동복지시설은 통합하여 설치할 수 있다.

③ 제1항에 따른 아동복지시설은 각 시설 고유의 목적 사업을 해치지 아니하고 각 시설별 설치기준 및 운영기준을 충족하는 경우 다음 각 호의 사업을 추가로 실시할 수 있다.

1. 아동가정지원사업: 지역사회아동의 건전한 발달을 위하여 아동, 가정, 지역주민에게 상담, 조언 및 정보를 제공하여 주는 사업
3. 아동전문상담사업: 학교부적응 아동 등을 대상으로 올바른 인격형성을 위한 상담, 치료 및 학교폭력예방을 실시하는 사업

## 상담 윤리와 법적 조항의 토론주제

1. 대학 내의 학생상담센터나 외부 기관의 상담실을 통해 상담을 받아보고, 내담자 경험에 대해 설명하시오.

2. 상담의 법적 조항 중에 관심 있는 법 조항과 이유를 설명하시오.

# 참고문헌

강혜원·김성원·석은조·오성숙·최효정(2012). 유아 생활지도 및 상담. 서울: 양서원.

고인숙(2008). 아동 문제행동 및 관찰. 서울: 교육아카데미.

곽금주(2002). 아동심리평가와 검사. 서울: 학지사.

구은미·박성혜·이영미·이혜경(2014). 아동상담. 경기: 양서원.

김명희(1996). 현대사회와 부모교육. 경기: 학문출판사.

김순혜(2004). 현대아동상담. 서울: 학지사.

김영숙, 윤여홍(2001). 교사와 부모를 위한 특수아 상담의 이해. 서울: 교육과학사.

김영옥(2015). 부모교육. 서울: 양서원.

김윤옥(2004). 나는 매일매일 자라요. 서울: 싸리나무.

김윤옥·황선희(2006). 아동상담론. 경기: 형설출판사.

김재은(2000). 개정 유아의 발달심리. 서울: 창지사.

______(2002). 유아 문제행동의 특징과 지도방법. 경기: 국민서관.

김정휘(1998). 교육심리학탐구. 서울: 형성출판사.

김정희(2013). 동적가족화(KFD)의 이해. 서울: 양서원,

김지영(2005). 발달심리 아동이야기. 경북: 신지서원.

김진영(2003). 아동청소년 지도를 위한 상담과정과 문제행동상담. 서울: 교육과학사.

김춘경(2004). 아동상담. 서울: 학지사.

노명숙·신리행(2017). 영유아발달의 지원. 경기: 교문사.

다음백과사전http://100.daum.net/

문혁준·김정민·김태은·양성은·이진숙·이희선(2014). 아동상담. 서울: 창지사.

문혁준·김경은·서소정·성미영·안선희·임정하·하지영·황혜정(2014). 유아발달. 서울: 창지사.

박영숙·박기환·오현숙·하은혜·최윤경(2010). 최신심리평가: 아동 청소년 성인대상. 서울: 하나의학사.

백혜정(2005). 초등학생의 문제행동에 영향을 미치는 부모관련 변인 및 자아관. 한국청소년개발원.

서울초등상담연구회(2016). 초등상담백과. 서울: 지식프레임.

신혜영(2013). 아동 문제행동에 대한 부모상담. 서울: 파란마음.

신혜원(2014). 부적응행동지도. 서울: 양서원.

안영진·장선철(2001). 아동상담. 서울: 동문사.

유연화·서정연(2016). 부모상담의 실제. 경기: 공동체.

이숙(2004). 아동상담. 서울: 양서원.

이연섭·강문희(2010). 유아교육개론. 경기: 양서원

이정환·박은혜(2009). 교사를 위한 유아 관찰 워크북. 서울: 아이코리아.

이재연·김경희(2003). 부모교육. 서울: 양서원.

정선철·정현숙(2016). 유아생활지도. 서울: 태영출판사.

정필승(2014). 임신 초기에 자연 유산과 염색체 이상을 예측하기 위한 난황 크기의 중요성, 울산대학교 대학원 석사학위논문.

최명선·홍기묵·송현정·김이경·서은미(2012). 아동상담 처음부터 끝까지–아이의 행동문제로 어려움을 겪고 계신 부모를 위한 안내서. 경기: 이담북스.

최원호(2008). 상담윤리의 이론과 실제. 서울: 학지사

하은혜·오경자·이혜련·홍강의(1995). 한국판 CBCL의 문제행동 증후군 지도 재구성을 위한 연구, 精神 醫學 20, 서울大學校 醫科大學 精神科學敎室, 45–52.

하타노 기요오·이나가키 가요코(2001). 유능감을 키우는 교실. 서울: 정민사.

한국 상담심리치료학회(2015). http://www.krcpa.or.kr

한국 교육출판 편집부(2012). 학부모 상담법. 서울: 꼬망세미디어.

Aslin, R. N., Pisoni, D. B., & Jusczyk, P. W.(1983). Auditory development and speech perception in infancy, *Handbook of child psychology: formerly Carmichael's Manual of child psychology*. New York: Wiley.

Bellak, L. & Bellak, S. S.(1949). *Children's Apperception Test*, CPS. Paidos Mexicana Editorial.

Berk, L. E.(1988). *Child development*(5th ed.). Boston, MA: Allyn and Bacon.

Bowlby, J.(1969). *Attachment and Loss*(Vol. 1). Attachment. New York: W.H.Freeman.

Bremner, J. G. & Bryant, P.(1977). Place versus response as the basis of spatial errors de by young children, *Journal of Experimental Child Psychology, 23*, 162–177.

Carl Rogers(1956). The Necessary and Sufficient Conditions of Therapeutic Personality Change, *The Journal of Consulting Psychology, 21*, pp. 95–8211;103. University of Chicago.

Cernoch, J. M. & Porter, R. M(1985). Recognition of maternal axillary odors by infants. *Child Development, 56*, 1593-1598

Dawn, P. F. & Vincent, C. A., *Essentials of specific learning disability identification*, 학습 장애 진단과 판별. 김동일 역(2016). 서울: 학지사.

Ganchrow, J. R., Steiner, J. E., & Daher, M.(1983). Neonatal facial expressions to different qualities and intensities of gustatory stimuli. *Infant Behavior and Development, 6*, 189–200.

Haynes, H., White, B. L. & Held, R.(1965). Visual accommodation in human infants. *Science, 148*. 528–530.

Hurlock, E. B.(1976). *Child Growth and Development*, 유아의 성장과 발달. 한순옥 역(1983). 서울: 백록출판사.

Izard, C. E. & Malatesta, C. Z.(1987). Perspectives on emotional development: I. Differential emotions theory of early emotional development. In J. D. Osofsky(Ed.), *Handbook of infant development*(2d ed. pp. 494–554). New York: Wiley-Interscience.

Kaufman, J. M.(1979). *Characteristics of emotional behavioral disorders*(7th ed.). Upper Saddle River, NJ: Prentice Hall.

KLine, P.(1993). *New approaches in psychological measurement*. Chichester: Wiley.

Landreth, G.(1991). *Play therapy: The art of the relationship*. Muncie, IN: Accelerated Development.

Lazarus, A. A.(1992). The multi modal approach to the treatment of minor depression. *American Journal of Psychotherapy, 86*(1), 50–56.

Lyons-Ruth, K., Zeanah, C. H., & Benoit, D.(2003). Disorder and risk for disorder during infancy and toddler hood. In E. J. Mash & R. A. Barkley(Eds.), *Child psychopathology*(pp. 589–8211; 631). New York: Guilford.

H. H. Newman, Frank N. Freeman, Karl J. & Holzinger(1937). Twins: A Study of Heredity and Environment. *American Journal of Psychiatry, 94*(1), pp. 230–8211;231, Chicago: University of Chicago Press.

Rothbart, M. K. & Bates, J. E.(1998). Temperament. In N.Eisenberg(Ed.), *Handbook of child psychology, 3. Social, emotional and personality development*(5th ed., pp. 105–176). New York: Wiley.

Jerome M. Sattler(1992). *Assessment of Children: cognitive applications*. San Diego: Sattler Publications.

Schmidt, L. D. & Meara(1984). *Professional and legal issues in counseling psychology*. New York: Wiley.

Siqueland, E. R. & Lipsitt, L. P.(1966). Conditioned head turning in human newborns. Journal of experiment, *Child Psychology, 3*, 356–376.

Sroufe.L., & Waters, E.(1976). The ontogenesis of smiling and laughing: A perspective on the organization of development in infancy. *Psychological Review, 83*, 173–189.

Stack, D. M. & Muir, D. W.(1992). Adult tactile stimulation during face-to-face interactions modulates 5--month-olds' affect and attention. *Child Development, 63*, 1509–1525.

Stephen R. Hooper, Warren Umansk(2011). *Young Children with Special Needs*. Pearson: Merrill.

Thomas, A., Chess, S. & Birch, H. G.(1970), The origin of personality, *Scientific*

*American*, 102–109.

____________________(1965). *Your Child Is A Person: A Psychological Approach To Childhood Without Guilt*. New York: The Viking Press.

Touwen, B. C. L.(1984). Primitive reflexes-conceptional or semantic problem? in Continuity of Neural Functions from Prenatal to Postnatal Life, ed. H. F. R. Prechtl(Oxford: Spastics International Medical Publications; Great Britain: Blackwell Scientific Publication Ltd. Ed.), 115–8211;125.

Welfel, E. R.(2006). Ethics in counseling and psychotherapy: Standards, research, and emerging issues(3rd ed.). Pacific Grove, CA: Brooks/Cole.

Whitehurst, G. J., Fischel, J., Lonigan, C. J., Valdez-Menchaca, M. C., DeBarysche. G. D., & Caulfield, M. B.(1988). Verbal interaction in families of normal and expressive-language-delayed children. *Developmental Psychology, 24*(5), 690–699.

http://ccpdi.usu.edu/files/uploads/z–play2.pdf on 2018. 1. 4.

## 저자소개

### 노 명 숙

전) 성균관대학교 대학원 박사(가족학 전공)

서초구건강가정지원센터장

서울시교육청 청소년상담센터 전문상담원

현) 전주비전대학교 아동복지학과 교수/진로심리상담센터장

# 아동관찰 및 행동연구


초판 1쇄 발행 2018년 2월 28일
초판 2쇄 발행 2019년 8월 1일

지 은 이 | 노명숙
펴 낸 이 | 김기섭
책임편집 | 이윤미
펴 낸 곳 | 창지사 www.changjisa.com
08589 서울시 금천구 가산디지털 1로 83 파트너스타워 1차 9층
전화(02) 719-2211~3
팩스(02) 701-9386
등 록 | 1977년 4월 28일·제1-421호





ISBN 978-89-426-0990-1 (93370)

값 17,000원

「이 도서의 국립중앙도서관 출판예정도서목록(CIP)은 서지정보유통지원시스템 홈페이지 (http://seoji.nl.go.kr)와 국가자료공동목록시스템(http://www.nl.go.kr/kolisnet)에서 이용하실 수 있습니다.(CIP제어번호: CIP 2018006645」